国家社科基金年度项目

多方法融合的区域生态经济效益评价研究

周　洋　周伟杰　著

中国财经出版传媒集团
中国财政经济出版社

图书在版编目（CIP）数据

多方法融合的区域生态经济效益评价研究 / 周洋，周伟杰著. --北京：中国财政经济出版社，2023.7

ISBN 978-7-5223-2236-0

Ⅰ.①多… Ⅱ.①周… ②周… Ⅲ.①区域经济学-生态经济学-经济效果-经济评价-研究 Ⅳ.①F062.2

中国国家版本馆 CIP 数据核字（2023）第 096441 号

责任编辑：张　莹　　责任校对：徐艳丽
封面设计：中通世奥　　责任印制：刘春年

多方法融合的区域生态经济效益评价研究
DUOFANGFA RONGHE DE QUYU
SHENGTAIJINGJI XIAOYI PINGJIA YANJIU

中国财政经济出版社 出版

URL：http：//www.cfeph.cn
E-mail：cfeph@cfeph.cn

社址：北京市海淀区阜成路甲 28 号　邮政编码：100142
营销中心电话：010-88191522
天猫网店：中国财政经济出版社旗舰店
网址：https：//zgczjjcbs.tmall.com
北京财经印刷厂印刷　各地新华书店经销
成品尺寸：170mm×240mm　16 开　15.75 印张　227 000 字
2023 年 7 月第 1 版　2023 年 7 月北京第 1 次印刷
定价：60.00 元
ISBN 978-7-5223-2236-0
（图书出现印装问题，本社负责调换，电话：010-88190548）
本社质量投诉电话：010-88190744
打击盗版举报热线：010-88191661　QQ：2242791300

前　　言

2021 年，我国首次将“双碳”目标写入政府工作报告，这进一步坚定了我国以生态为优先、低碳为主导的高质量发展的决心和方向。在这一大背景下，生态经济及区域生态经济成为当前社会科学领域的研究热点。生态经济涉及诸多理论、方法和实践，其很多研究成果已被收录到相关文献中。然而，关于生态经济效益评价的研究成果相对较少，关于区域生态经济效益评价的研究则更稀缺。目前，评价生态环境质量的常用指数包括 ESI 和 EPI 等，但这些指数缺少能够整体反映人文要素、自然资源、环境和经济社会效益等协调、合理布局和分布的空间统计分析指标，因此，现有的区域生态经济效益评价指标不能够真正有效地评价生态效果。其实，许多空间统计学中的经典理论并不直接使用，该理论对空间权重矩阵定义具有很大局限性。例如，使用 Moran’s I 指数、Geary’s C 指数和空间自回归系数等的空间权重矩阵是基于空间邻近规则（例如邻接规则、距离规则等）来确定的。这种确定标准在地理学中的应用是合理的，但在空间社会经济分析中往往顾此失彼，所以在经济分析中出现了边缘效应、解释谬误等问题，直接降低了空间统计分析的精度，影响了其使用效果。

本书研究的是多方法融合的空间统计分析方法，旨在建立一种基于改进支持向量机和小波神经网络集成的混合人工智能技术来确定空间权重矩阵的方法和算法。本书提出了改进的空间统计方法，其中，包括以下两个方面：第一，利用小波神经网络进行特征选择，基于方差占比方法构建改进的样本加权支持向量机。这种方法可用于估计影响空间相关结构变量的函数 g（x）的具体形式。第二，设计了一种合理的空间数据模式 X，以充分反映社会经济问题的时空影响因素及空间依赖性（空间自相关）和空间非均质性（空间结构），然后再利用上述混合人工智能技术进行空间权重矩阵的确定，提高空间统计分析的精度和使用效果。

本书借助生态经济学、区域经济学和空间统计等理论，利用所建立的模型和方法，构建了一个可以同时衡量自然资源价值和人类经济活动价值，并且能够测量它们之间关系的评价指标体系，用来分析区域生态经济效益评价问题。本书以国内各省份和地区为分析对象进行实证分析，评价它们的区域生态经济效益，以此找出区域生态经济效益在空间上的差异性和相关性，分析它们的空间效应和空间溢出效应。同时，对存在的问题和差距进行深入分析，在分析结果的基础上，对模型进行修正和完善，以拓展模型的适应性。

本书采用的基于改进支持向量机和小波神经网络集成的混合人工智能技术和空间权重矩阵的确定方法效果很好，能有效地处理与时空相关的数据之间的空间依赖、空间关联或空间自相关，真实反映数据之间的统计关系，并且能更好地处理有关时空特性的影响因素，避免出现“虚假解释”的问题。最后，本书从区域内部和区域间两个层面进行了探讨，为政府主管部门提出了科学的决策方法，也提出了提高区域生态经济效益的对策、新的途径和工具，对区域生态经济的可持续发展具有积极的促进作用和实践意义。

周　洋　周伟杰

2023 年 2 月

目　录

第 1 章

绪　论

在加强生态文明建设的战略背景下，本书试图构建一种基于改进支持向量机和小波神经网络集成的混合人工智能方法，并且利用多方法融合进行区域生态经济效益评价。在对现有研究进行归纳和总结的情况下，本章提出研究的目标、思路和方法，为后续的研究奠定了基础。

1.1 研究背景及问题提出

自党的十八大以来，我国的经济实力、科技实力、综合国力和国际影响力都得到了大幅度提高[1]。如今，我国的经济已经进入高质量发展阶段，当然，经济社会发展的主题也必须以推动高质量发展为核心[2]。在生态文明建设方面，我国取得了举世瞩目的重大成就。习近平总书记站在中华民族永续发展的高度，将“促进人与自然和谐共生”作为中国式现代化的本质要求之一，并提出了“绿水青山就是金山银山”的理念。此外，习近平总书记还要求大力推动生态文明理论创新、实践创新、制度创新。生态文明建设从认识到实践各个层面都发生了历史性、转折性、全局性的变化。这些变化在实践中也创造了举世瞩目的生态奇迹和绿色发展奇迹[2]。因此，生态文明建设也成为新时代十年伟大变革之一[3]。在2020年的联合国大会上，我国郑重宣示“中国二氧化碳排放力争于2030年前达到峰值，2060年前实现碳中和”。2021年，我国首次将“双碳”写入政府工作报告，表明了我国走生态优先、绿色低碳的高质量发展道路的坚定决心。但也应该认识到，我国生态文明建设正处于压力叠加、负重前行的关键时期，需要提供更多优质的生态产品，以满足人民群众日益增长的对优美生态环境的需求。

在新时代的背景下，高质量发展已经成为重要的发展目标。要实现经济发展和生态环境保护建设的协调发展，我们必须建设良好的生态环境，并坚持贯彻新发展理念——“绿水青山就是金山银山”。我们要以生态优先、绿色发展为导向，保持加强生态文明建设的战略定力，探索以生态优先、绿色发展为导向的高质量发展新路子，加大生态系统保护力度，打好污染防治攻坚战。在此背景下，大力发展生态经济已经成为我国未来经济发展的一个重要方向，也是解决我国经济发展与环境问题之间日益突出的矛盾的关键。促进经济向生态化转型，探索经济与生态协调发展的途径，是亟须解决的重要课题。生态经济学正是研究和解决这一难题的学科[1]。

生态经济学是从经济学角度来研究经济系统和生态系统所构成的复合系统的结构、功能及其运动规律的学科[2]，其研究重点在于探究生态环境与社会经济的相互作用，并协调经济发展和生态环境之间的关系[3]。生态经济学不仅关注经济发展和物质富裕，更关注人类所依赖的生存环境状态，这是可持续发展经济学的核心内容[4]。生态经济效益是生态经济研究的核心问题，是生态经济学的基本理论范畴[5]。它是对传统经济效益的一个重要补充，主要考虑生态经济收益和生态经济成本之间的差距[5-6]。作为当前社会科学领域研究的一个热点，生态经济以及区域生态经济涉及理论、方法和实践等多个方面[7-8]。

西方的生态经济学是在将社会和经济系统嵌入生物物理世界的愿景下建立的，这一理论基础与标准经济学的增长范式形成强烈的对立[9]。国内外学者进行了大量的积极探索（例如：Spash[10]，2020；Rees[11]，2020；Bruel[12]，2019；Liu YanBing[13]，2022；Wang Cui[14]，2021；陈燕丽[15]，2020；任腾等[16]，2020；郝寿义[17]，2016；金碚等[18]，2015），取得了丰富的研究成果，但总体来看，有关生态经济效益评价的研究成果较少，对区域生态经济效益评价的研究更为稀缺。

对区域生态经济效益进行评估是一项非常复杂的工程，也是促进经济生态化转型和制定相关促进和提升区域经济生态效益政策和措施的基础。纵观现有的研究成果，国际上评价生态环境质量常用的评价指数有ESI（Environmental Sustainability Index）和EPI（Environmental Performance Index）。现有的区域经济生态效益评价研究角度和方法也是局限在指标体系评价、模型评价等常用方面，多用指标体系来描述和分析区域生态经济效益，如均衡分析法（Takeshi[19]，2018；胡振华等[20]，2016；柯文岚等[21]，2013；郭莉等[6]，2006）、因子分析法（Andrusiak[3]，2022；于沛永[22]，2022；Song Malin[23]，2021；清福华[24]，2017；杨青等[25]，2015；陈傲[26]，2008）、DEA法（Ren Teng[27]，2022；张馨文等[28]，2020；赵银兵等[29]，2018；钟方雷等[30]，2017；廖冰等[31]，2016；周洋等[32]，

20[illegible]；刘丙泉等[33]，2010）、生态足迹模型（Sun Yifang[34]，2022；唐廉等[35]，2017；葛鹏飞[36]，2015；周韫力[37]，2014；赵先贵等[38]，2007）。但这些方法缺少能够整体反映人文要素、自然资源、环境、社会经济效益等协调、合理布局与分布的空间统计分析指标，致使现有的区域生态经济效益评价指标不能够真正评价生态效益，导致了生态效益和经济效益的割裂。

传统基于统计学的方法对区域生态经济效益的评估通常需要从大量的数据中分析，需要耗费大量的人力和物力。随着现代信息技术的快速发展，特别是人工智能和空间遥感相关技术的快速发展，采用先进的人工智能算法结合空间统计相关数据，对区域经济生态效益进行评估已成为可能[39]。这将大大提高区域生态经济效益评估效率，降低评估成本，为制定各种促进区域生态经济发展和提升其生态经济效益的措施提供有效的数据分析支持[40]。

为了提高区域生态经济效益评价的准确性和分析效率，本书探索了一种基于多种方法融合的空间统计分析方法。该方法采用了先进的支持向量机和小波神经网络等混合人工智能技术，并构建了一个区域生态经济效益分析模型。通过这个模型，我们可以对区域生态经济效益进行分析和评价。

1.2 研究目的及意义

1.2.1 研究目的

本书的主要研究目的在于构建基于改进支持向量机和小波神经网络集成的混合人工智能技术和空间权重矩阵的确定方法，并在此基础上利用改进的空间统计分析方法，进行区域生态经济效益评价。

1.2.1.1 改进原有空间统计方法

本研究旨在确定立足于空间权重矩阵的方法，利用改进支持向量机和小波神经网络的混合人工智能技术，建立空间权重矩阵，并分析时空相关数据之间的空间依赖、空间关联或空间自相关。该方法能够正确反映数据之间在空间位置上的统计关系，更好地处理有关时空特性的影响因素，并有效避免“虚假的解释”。

1.2.1.2 构建区域生态经济效益评价体系

根据区域生态经济效益评价的一般理论和方法，构建能够充分体现区域生态经济效益的科学合理的评价指标体系；构建可以同时衡量自然资源价值和人类经济活动价值以及两者之间关系的测度评价体系；评价体系的构建以期解决区域生态经济效益评价中诸多因素之间的协调和合理布局，考虑这些因素之间的空间分布模式以及相互之间的作用关系和变化机理，真正实现生态效益和经济效益评价的统一。

1.2.1.3 进行区域生态经济效益评价实证研究

利用构筑的模型和方法，以全国主要省份和地区为分析对象，进行实证研究。为能充分说明近年来我国区域生态经济效益的综合情况，综合反映区域生态经济效益的时空差异，本书收集了2004—2021年共18年的数据，从纵横两个维度进行分析，评价它们的区域生态经济效益，充分展示区域评价指标的历史变化，从而找出问题和差距。同时，根据实证分析结果，修改和完善模型，提高模型的适应性。

1.2.1.4 对策与建议

根据实证分析结果，针对现实存在的问题和不足之处，立足于国家高质量发展战略、生态文明建设战略和区域协同发展战略，从战略高度和长远发展角度，有针对性地提出提高区域生态经济效益和促进区域协同高质量发展的对策与建议。

1.2.2 研究意义

推动经济高质量发展，就是要贯彻新的发展理念，在重视经济发展的同时，统筹好经济发展和生态环境保护的关系，加强生态环境的保护，建设良好生态环境，实现生态和经济共同发展的目标。针对当前区域生态经济效益评价现有研究在理论和方法上的不足，应用支持向量机和小波神经网络结合的人工智能方法来探索新的区域生态经济效益评价方法，具有重要的学术价值和实践意义。

1.2.2.1 学术意义

（1）空间统计方法改进。针对原有空间统计方法中空间权重矩阵确定方法的缺陷，进行方法创新探索，建立基于改进支持向量机和小波神经网络集成的混合人工智能技术的空间权重矩阵确定方法，使之更加适用于区域生态经济效益评价。针对传统基于统计学的区域生态经济效益评价方法存在需要消耗大量人力和物力的缺陷，改进原有空间统计方法，分析与时空相关的数据间的空间依赖、空间关联或空间自相关，正确反映空间位置的数据间统计关系，更好地处理有关时空特性的影响因素，有效避免“虚假的解释”。为区域生态经济效益评价方法创新研究，提供了有益探索。

（2）区域生态经济效益评价。利用所建模型与分析方法，探讨区域生态经济效益评价问题，解决区域生态经济效益评价中诸多因数之间的协调和合理布局，考虑这些因素之间的空间分布模式，分析因素相互之间的影响作用关系和变化机理，真正实现生态效益和经济效益评价的统一。

1.2.2.2 实践意义

本书对于实践具有指导意义，主要表现在以下三个方面。

（1）进行区域经济效益评价方法研究，为政府部门、地方政府及环境部门评价区域生态经济效率、实时监测生态环境，提供了更为科学有效的方法支持，为区域生态经济效益评价提供科学依据。

（2）借助生态经济学、区域经济学、空间统计等理论，应用所建模型和方法，既可以衡量自然资源的价值，又可以衡量人类经济活动的价值，还可以衡量它们之间关系的测度指标体系，为与生态经济相关的旅游经济等其他经济效益评价计算提供了借鉴。

（3）搜集整理18年的数据，客观、合理评价我国主要省份的区域生态经济效益，探寻制约生态经济效益的问题根源，在此基础上提出相应的政策建议和切实可行的对策，为国家和区域宏观决策、区域综合治理及生态经济发展提供现实可靠的理论依据和科学指导。

1.3 文献综述

通过对现有文献在空间统计分析和区域生态经济效益评价两个方面的研究现状进行综合分析，本书总结了前人的研究成果，并分析了现有研究存在的不足。这一综合分析为本书的研究奠定了基础，同时梳理研究方向和研究思路，以确保本研究成果的前沿性和先进性。

1.3.1 空间统计分析研究现状

1.3.1.1 空间统计学及其应用研究现状

空间统计学是应用统计学的一个分支，涉及在空间环境中对数据进行建模、分析和预测的技术。作为一个新兴领域，空间统计学的核心就是认识与地理位置相关的数据间的空间依赖、空间关联或空间自相关性，利用地理信息系统、地图学和统计学等技术，对空间数据进行处理和分析，探索数据之间的空间关系和空间分布规律，为决策制定和资源管理提供支持。20 世纪 70 年代以来，伴随计算机的普及和运算速度的提高，探索性的空间数据分析（Exploratory Spatial Data Analysis，ESDA）技术逐渐发展和完善，为实现空间分析提供了有效途径。空间统计与智能分析在空间数据集成、空间信息分析、空间决策支持以及相应的应用领域（包括人口、经济、环境、公共卫生、人文研究以及其他一些领域）受到越来越广泛的重视（李恩平等[41]，2017；鲁凤等[42]，2007；Páez[43]，2005）。

空间统计方法在诸如地区经济发展、经济互动关联分析、土地利用、人口分布、生态环境质量等研究领域得到了广泛的应用，取得了良好的效果。陈艺华等[44]（2022）以长三角为研究区，构建了生态空间质量评价体系，并分析了生态空间质量的空间分布以及生态空间满足人类需求程度的空间分异和演变特征。罗雨森等[45]（2020）采用全局熵值法对中国31个省份的知识产权资源水平进行了动态评价，并通过空间统计方法分析了中国创新资源的集聚模式。何莉[46]（2019）利用变差系数、基尼指数和探索性空间数据分析技术（ESDA）等方法分析了历年中国对外贸易发展的省际差异，并利用泰尔指数对总体的对外贸易发展差异进行了东部、中部、西部地区的结构分解。研究结果揭示了中国对外贸易发展存在非常明显的地区差异，其演变具有显著的阶段性特征。孙智君[47]（2018）采用空间统计标准差椭圆方法测度了中国高技术制造业与五类细分行业的集聚水平，并利用GIS空间可视化技术分析了高技术制造业集聚的时空演变特征。研究还提出了从加强对高技术制造业转移与承接的引导和积极促进中部地区高技术制造业发展等方面进一步促进中国高技术制造业的持续健康发展。付建辉[48]（2016）选取浙江省90个区县的GDP数据进行空间自相关分析，分析相关原因，并提出切实建议。孙盼盼、戴学峰[49]（2014）借助ArcGIS技术，以全国31个省、自治区和直辖市的人均旅游收入的空间分布格局及其演变过程为研究对象，对中国区域旅游经济差异的空间格局、互动关联模式以及演变过程进行分析。王海军等[50]（2016）选取黑河上游山区作为实验区，构建Logistic－CA－Markov（LCM）模型，对实验区模拟并预测未来30年实验区情况，LCM模型具有较强的模拟能力。马二量等[51]（2016）运用2005—2012年人口数据，利用地理统计方法对西北地区的第二产业、第三产业及城市人口集聚进行分析，结果表明：产业与城市人口集聚存在明显关联，城市人口集聚程度随着产业集聚程度的提高不断加深，两者存在明显的共生性增长态势，并提出了产业及城市发展的调适措施。刘峰等[52]（2004）将空间统计分析与GIS相结合的方法，对甘肃省天水市人口分布模式进行初步研究，采用距离标准空间权重矩阵，运用Moran's I指数、LocalMoran's I、Moran散点图等指标对其进行空间关联分析。白永亮等[53]（2016）以工业SO_2污染为研究对象，选取2012年全国283个地级市工业SO_2排放量截面数据，通过计算全国工业

SO_2 污染的全局空间自相关、局部空间自相关、空间核密度及未来空间集聚趋势预测，发现工业 SO_2 污染总体呈现空间集聚特征。认为污染物的空间集聚与扩散是污染联防联控的基础，应根据污染区空间格局和聚类趋势，进行协同防控的空间协作、协同机制构建、分类分级分区管理和管理技术创新。罗畏、邹峥嵘[54]（2012）结合惠州市 2008 年空气现状调查中的硫酸盐化速率数据，将空间统计分析方法应用于环境质量评价领域，采用邻接矩阵，分析计算Moran's I 指数、LocalMoran's I 以及局部 G 统计量，探索区域环境质量在空间上的分布特征，挖掘环境质量数据中的空间关联关系，并指出运用空间统计学的方法可以深入挖掘环境质量数据中的信息，弥补 GIS 在环境质量分析中的不足，应用前景广阔。翁钢民等[55]（2015）构建了旅游业与生态环境耦合协调发展模型，应用我国 31 个省、直辖市、自治区近 6 年的旅游业发展及生态环境数据，运用全局和局部 Moran 指数检验及 LISA 显著性检验的空间统计分析法研究各省旅游业与生态环境协调性的空间关联效应。卢小兰[56]（2014）依据 PRED 框架，构建评价指标体系，基于空间统计方法分析资源环境压力、承载力和承载率的空间相关性。

1.3.1.2　空间统计学在区域经济中的应用状况

随着区域经济理念的不断加强，空间统计分析的理论和方法凭借其精确性、全面性的特点引入区域经济发展的研究之中。在区域经济研究中，空间统计学的应用越来越广泛，主要表现在以下四个方面。

（1）区域经济增长模型。空间统计学可以用来估计区域经济增长模型，分析不同地区经济增长的差异，并探讨影响经济增长的因素，如劳动力、投资、技术进步等（肖巧俐等[57]，2023；胡可欣等[58]，2023）。

（2）区域劳动力市场。空间统计学可以用来研究区域劳动力市场的结构和特点，如就业率、劳动力流动性等，同时可以分析劳动力的地理分布和其他社会经济变量之间的关系。

（3）区域贸易和产业。空间统计学可以用来研究不同地区之间的贸易流动和产业特征，如区域专业化、集群效应等，分析其对地区经济发展的影响。

（4）地方政府政策评估。空间统计学可以用来评估地方政府的政策，如税收、补贴、基础设施等，分析政策实施对经济增长、就业和贸易流动等方面的影响。

总之，空间统计学的应用在区域经济研究中是非常广泛和重要的，可以帮助我们更好地理解和解释区域经济发展的特点、规律和影响因素。

肖巧俐等[57]（2023）对区域经济增长的空间收敛俱乐部进行识别，并对不同俱乐部的经济增长动能进行探析，探索性空间数据分析方法和非线性时变因子模型 log-t 检验。胡可欣[58]（2023）认为在分析中国区域经济增长是否存在趋同时，已有的实证文献在很大程度上忽视了趋同速率的空间异质性。其研究基于新古典经济增长理论，构建空间杜宾面板分位数模型，考察了中国多个地级市经济增长趋同的空间异质性。研究结果研究表明，中国各地市经济增长总体上呈趋同状态，趋同速率随分位点增大呈“U”形。识别区域经济增长的空间异质性，对于政府更好地实施区域协调发展战略，缩小区域经济差异非常重要。王逸初等[59]（2022）研究交通基础设施的空间溢出效应，利用中国30个省份近20年的多个指标数据，通过构建不同权重矩阵下的空间计量模型，实证测度了中国交通基础设施（公路、铁路）对区域经济增长的空间溢出效应。仲深等[60]（2018）通过构建面板数据的固定效应模型和空间计量经济模型，运用中国30个地区的面板数据，对我国金融集聚对区域经济增长的影响进行了实证研究。结果表明，金融集聚与区域经济增长之间呈现出高度正相关关系，在空间上存在显著的空间溢出效应。吕海萍等[61]（2017）构建了创新资源协同势能与区域经济增长面板计量模型，以中国31个省域为样本数据，分析法研究中国创新资源协同空间联系的动态变化特征，探讨创新资源协同空间联系与区域经济增长关系。实证结果表明中国区域经济增长存在显著的空间溢出效应，创新资源协同空间联系对区域经济增长表现出显著的促进效应，可以通过直接效应、间接效应和总效应空间溢出促进区域经济增长。郭先登[62]（2017）以城市群为研究对象，认为城市群是拥有各种生产要素汇聚与扩散的强大功能性域际空间载体，以相邻单体城市为合作形成的，是区域协调协同一体化发展新常态。应深刻认识城市群基本发展规律，把握好城市群基本发展趋势，将城市群打造成为国民经济发展的增长极点与核心支点。邓淑芬等[63]（2018）以服务业为研究对象、构建基于协同学的耦合理论的服务业与区域经济空间的适配模型进行研究，测度与分析中国省市服务业与区域经济空间的协调适配效率，认为服务业集聚依赖于区域经济空间内的资源、要素，须两者相互协调适配，才能获得共同发展。潘文卿[64]（2015）以中国八大区域的区域间投入产出表为基础，通过一个静态多区域投入产出模型，对比分析了这两个不同年份中国区域经济发展的区域内乘数效应、区域间溢出效应与反馈效应及其变化特征；通过建立比较静态分析模型，进一步考察了中国经济总量变动中三类效应的贡献，并从来源地区与影响因素两个方面对区域间溢出效应的变化进行了结构分解。鲁凤、徐建华[42]（2007）运用 GIS 技术与空间统计分析的综合集成方法，对 1978—2001 年全国各省区人均 GDP 的结构及其空间动态演变进行分析和研究，采用完善的 ESDA 方法，建立简单的二进制邻接空间权重矩阵，运用 Moran's I 指数、Moran 散点图和 LISA 等，来揭示全国各省区经济发展水平及增长的空间自相关和空间异质性，以有效地认识中国经济活动的空间分布特征，揭示空间联系的结构，认识其内在规律性及其动态演变过程，并对实证研究的结果进行了成因分析。龚双辉[65]（2007）认为中国区域经济通过地理位置建立模型可以更加精确的研究一些问题，并运用与上述相似的方法对江苏省 1978—2005 年人均 GDP 的结构及其空间动态演变进行分析和研究，并指出传统的区域度量法，忽视了地理位置因素，无法真正反映区域差异变化的空间特征，而以空间关联为测度为核心的全局Moran's I 分析和散点图分析，通过定义权重矩阵，较好地解决区域之间的空间关系问题，为区域经济空间差异的定量分析提供有力的支撑。另外，对于各省市区域及县域经济实力差异，学者们大都采用空间统计分析与 GIS 相结合的方法，建立合适的指标体系，利用邻接规则的空间权重矩阵，运用Moran's I 指数、LocalMoran's I、Moran 散点图等指标进行自相关分析，确定各区域的空间经济模式和空间关联（赵晓光等[66]，2016；陈鹏等[67]，2016；王雪青等[68]，2014；黄飞飞等[69]，2009）。

许多空间统计学中的经典理论并不直接适用于经济学问题，特别是经典空间统计学中对空间权重矩阵的定义具有很大的限制性。杨振山等[70]（2010）认为空间统计在城市和区域研究中的应用主要体现在社会经济要素集聚、土地利用和城市结构、交通以及房地产四个方面，对其展开深入分析，指出各个方面中空间统计方法的一些局限性，并就空间尺度、空间权重矩阵、边缘效应和解释谬误等方面着重阐述了应用时应注意的问题，不仅丰富和提高了城市和区域研究中理论与知识，揭示一些社会现象或过程背后的机理，为城市和区域发展政策提供更好的服务，还更好地促进了空间统计在城市区域研究中的应用。

1.3.1.3 空间权重确定方法

空间权重是用于衡量地理空间上两个或多个地理实体之间联系程度的工具。空间权重是建立表达空间交互结构的权重矩阵，空间统计分析方法在各领域的运用主要是依据空间权重矩阵，合理构造空间权重是空间计量经济学中的一个难点之一。空间权重确定方法通常有五种。

（1）固定距离空间权重。固定距离空间权重，指在一个给定的距离内的所有邻居实体都被视为有相同的权重，而距离超出这个阈值的邻居则没有权重。这种方法常用于简单地将邻居分为两类，如近邻和远邻。

（2）反比距离空间权重。反比距离空间权重，指权重是一个地理实体与其邻居之间距离的倒数。该方法通常用于离得比较近的邻居之间联系更为密切的情况。

（3）核密度空间权重。核密度空间权重，通过核函数将距离转换为权重。该方法适用于离得比较远的邻居之间但联系也很紧密的情况，可以反映出实体的空间分布情况。

（4）自适应空间权重。自适应空间权重，是指根据实体之间的距离和地理上的空间分布情况，通过调整距离的阈值来动态地计算权重的方法。该方法适用于实体之间的联系不仅取决于距离，还受到地理环境和地形等因素的影响的情况。

（5）基于邻域关系的空间权重。基于邻域关系的空间权重，指基于实体之间的邻域关系来确定权重的方法。该方法可以基于邻居之间的共同属性、相似性和联系等因素来确定权重，如基于地理边界、社会联系、相同产业等因素。

国内外有关文献表明，空间权重构造合理与否关系到空间计量模型的最终估计结果和解释结果。目前空间权重矩阵的确定主要依赖于空间邻近规则，如邻接规则和距离规则等，分别以有无共同边界或两者之间距离小于某个阀值为标准（Griffith[71]，2018；张燕文[72]，2006；王远飞等[73]，2007）。大量研究表明，该标准在地域科学的应用中是合理的，而在大部分空间社会经济分析中却往往顾此失彼。另外，Moran's I 或LocalMoran's I 指数、GerayC 指数、空间自回归系数等都使用了空间权重矩阵。但由于权重矩阵确定标准与方法的局限性，出现了诸如边缘效应、解释谬误（Ecological Fallacy）等问题，直接降低了空间统计分析的精度，影响了使用效果。

近年来，许多学者对此进行了研究。夏伦[74]（2021）针对传统空间权重矩阵需要事先假定空间结构关系的局限性，提出一个具有非参数空间权重的函数系数空间杜宾模型。运用级数逼近法，通过非参数两阶段最小二乘估计方法估计未知函数的系数和空间权重函数，为了进一步提高估计精度，通过局部线性回归方法构造未知函数系数的第二步估计，并利用蒙特卡洛模拟结果评估了所提出的估计方法在有限样本条件下的性能。庞宁等[75]（2018）采用多属性频率权重以及多目标簇集质量聚类准则，提出一种分类数据子空间聚类算法。该算法利用粗糙集理论中的等价类，定义了一种多属性权重计算方法，有效地提高了属性的聚类区分能力。张可云[76]（2017）认为空间权重矩阵设定方法应首先对外生构建的空间权重矩阵基于邻接关系和距离函数进行分类研究，针对不同结构的空间单元进行多种设定方法的适用性分析，进而讨论利用 Voronoi 图构建离散点空间权重矩阵的应用方法。王守坤[77]（2013）基于不同的空间效应产生起点及不同的理论基础，归纳了现有空间计量文献中邻接矩阵、反距离矩阵、经济特征矩阵以及嵌套矩阵等主要权重形式，并总结了其共同点、优缺点、演变脉络及使用注意事项。针对截面式权重矩阵本身面临的限制构造了一种必要的转换，通过转换实现对不同地理区域之间空间效应的考察，以及从截面权重到面板权重的转换。李婧等[78]（2010）在指出K值最邻近矩阵方法不合理之处的基础上，假定空间效应强度决定于地理距离，提出能反映空间影响强度的空间地理距离权重矩阵。王美今等[79]（2010）认为空间截面之间只要拥有共同边界就会产生空间自相关性，建立的空间邻接权重矩阵赋值规则为：两截面有共同边界时为1，否则为0。潘文卿[80]（2012）认为非邻接关系的反地理距离权重更合理，采用空间单元地理距离的平方项或水平值的倒数构建地理距离权重矩阵，空间效应随距离变化的速度更快。朱平芳[81]（2011）提出不同空间单元经济因素的绝对差异的经济距离权重。莫国莉[82]（2018）认为，传统的空间权重不能随经济属性值变化而变化，因而无法准确刻画复杂空间交互关系，于是构建几种了变权函数及对应的变权空间权重。并以多个股指建立空间面板模型进行检验及实证分析，结果表明与传统的空间权重相比变权空间权重具有更强的适应性和有效性，其提供了一种刻画空间效应及进行空间相关分析的新思路。黄精等[83]（2017）基于渗透搜索算法，通过局部Moran's I的比较得到新的邻接关系区域，结合基于经济距离的权重构造出新的权重矩阵。黄飞等[84]（2017）基于社会经济和地理特征两方面构建六个空间权重矩阵，以长三角区域创新空间集聚为研究对象，进行实证分析。周四军等[85]（2017）通过建立动态空间杜宾模型测算我国各省的能源效率值，并分析影响省际能源效率的因素，结果表明省际能源效率存在空间正相关性和溢出效应，且不同空间权重矩阵导致溢出效应差异性。任英华等[86]（201[illegible]）构建四种不同空间权重矩阵的空间面板计量模型，研究文化产业空间集聚机制及溢出效应。结果表明具有相似经济属性的地区文化产业存在示范效应，而地理位置上的邻接不能显著地促进地区间文化产业聚集与发展。

空间权重矩阵是实际数据到空间计量模型的映射，用以量化空间溢出效应，是空间计量经济学的研究热点。学者们对空间权重确定方法进行研究并取得了大量成果，但也存在许多不足之处。

（一）现有研究成果空间权重设置方法相对简单，对准确刻画空间效应的综合性及复杂性缺乏有效性，构建的静态嵌套权重也缺乏现实合理性。

（2）虽有部分学者探索了几种具有时变特征的空间权重，但其拟合效果却不尽如人意。

（3）现有空间权重研究，在基于智能分析方法的权重设置方面，目前鲜有涉及。

1.3.2 区域生态经济效益评价研究现状

1.3.2.1 区域生态经济学研究现状

生态经济学（Ecological Economics）概念是由美国经济学家肯尼斯·鲍尔丁在20世纪60年代首次提出，到20世纪80年代才形成一门正式学科，并成立了国际生态经济学会，由此国内外学者展开了生态经济学的广泛探讨和研究。目前，以生态经济为理论基础的区域生态经济是当前社会科学领域研究的一个热点，涉及理论、方法与实践的诸多方面。

区域生态经济学是研究区域经济与生态环境关系的学科，其研究内容主要包括生态环境与经济增长、生态环境保护与产业结构调整、资源利用与环境效益等方面。区域生态经济学的研究现状主要有五个方面。

（1）生态环境与经济增长。研究生态环境对经济增长的影响和经济增长对生态环境的影响，包括经济增长与环境污染、资源开发与环境保护等。

（2）生态环境保护与产业结构调整。研究生态环境保护对区域产业结构的影响，如对重污染产业的限制和对绿色产业的扶持，以及如何通过产业结构调整来实现生态环境保护。

（3）资源利用与环境效益。研究资源利用与环境效益之间的关系，包括如何提高资源利用效率、如何减少资源浪费、如何优化资源配置等。

（4）区域生态经济模型。研究区域生态经济模型的构建和应用，通过建立数学模型来预测生态环境与经济发展的趋势、评估生态环境政策的效果等。

（5）生态补偿与生态优先。研究如何通过生态补偿机制来实现生态环境保护和经济发展的协调，以及如何实现生态优先的发展理念。总之，区域生态经济学研究现状已经形成了一个系统的理论框架和方法体系，同时也积累了大量的实证研究成果，这些研究成果有助于制定合理的生态环境政策，促进经济可持续发展。

对于理论方面的探讨，王书华[87]（2008）系统地探讨了区域生态经济的概念、内涵、价值理论、动力学理论和安全学理论，并选取了两种明显不同的生态经济类型进行可持续状态评估，全面认识生态经济系统的供需平衡状况，对其产生生态赤字或生态盈余的原因、变动趋势做进一步分析。在目标规划模型的基础上，针对结构和功能增强的调整方向提出适用于研究区的生态经济恢复重建造型。该书不仅为区域生态经济理论的发展奠定了良好的基础，也为其实践的发展提供了理论指导。沈满洪[88]（2009）从生态经济学的定义、范畴以及规律进行研究，认为生态经济学是一门研究和解决生态经济问题，探究生态经济系统运行规律的经济科学，旨在实现经济生态化、生态经济化和生态系统与经济系统之间的协调发展。生态经济学的基本范畴包含生态经济系统、生态经济效益、生态经济产业、生态经济制度、生态经济消费等方面。生态经济学的基本规律主要包括生态经济协调发展规律、生态产业链规律、生态需求递增规律和生态价值增值规律，并对其进行着重介绍，进一步加强了生态经济学的理论研究。李周[89]（2008）从生态经济学基础知识、生态系统、生态经济价值、评价、管理，生态足迹理论、能值理论、生态系统服务价值理论与方法、生态农业、生态工业以及生态脆弱地带的保护与发展等方面对生态经济学的主要内容进行了系统介绍和深入分析，更好地指导生态经济实践。

1.3.2.2 区域生态经济效益评价研究现状

对于区域生态经济效益评价方法和实践方面的研究，通常是在生态经济学以及区域生态经济学理论基础之上进行展开，运用较多的主要有构建指标体系对区域生态经济进行综合评价、生态效率、生态足迹以及基于能值分析的区域生态经济综合评价这几种方法。

（1）对生态效率的研究。20 世纪 90 年代，Schaltegger 等最早提出生态效率这一概念，他们认为生态效率可以更加客观和全面的描述人类社会的各种经济行为对生态和自然环境所带来的一系列影响。1992 年，世界可持续发展工商理事会（WBCSD）组织对生态效率这一概念进行了重新界定，为区域生态经济评价提供了思路，生态效率指标凭借其持续改善和简单易操作的特点，被广泛应用。实现生态效率的路径有两个：一是要不断地提供竞价性商品和服务满足人类需要，同时提升人们生活质量；二是要减少资源使用，使其消耗量在地球可承受的范围之内[32]。

用两种研究方法对生态经济效率进行考量：第一种方法为构建指标体系，对不同指标进行赋值（多用专家打分等方法），再进行生态效率评价，如刘秀丽[90]（2022）、盖美[91]（2019）、林文凯[92]（2018）、曾鹏[93]（2013）、Caneqhem[94]（2010）等的研究；第二种方法为采用非参数的形式来分析生态效率，主要有数据包络法（DEA）张馨文[28]（2020）、杨亦民[95]（2017）、周洋[32]（2016）、Kortelainen[96]（2008）、杨斌[97]（2009）、付丽娜[98]（2013）等。专家打分能带来主观性，而非参数的数据包络分析法可有效避免此类主观性，因而目前大多数学者大都采用第二种方法。从研究内容上看，不同区域在社会发展、经济发展和生态环境等方面存在一定程度的关联性，可表现为区域之间经济贸易往来、区域之间产业的协同、区域之间技术集聚与扩散以及区域间人口的流动，因而无法满足传统回归分析方法中样本相互独立的假设。但是，当前对于区域生态效率这一概念还处于探索阶段，并未形成普遍认同的观点。例如，张馨文等[28]（2020）认为，发展生态经济是加快转变经济发展方式、提高发展质量和效益的内在要求，从经济发展、社会进步、环境污染、自然资源四个维度，测算吉林省各地区生态环境变化对经济社会发展影响的绩效，剖析各地区生态经济发展过程中存在的问题，提出适用于吉林省生态经济发展的相关对策建议。郭莉、郭亚军[6]（2006）认为区域生态效率（EE_m）为经济发展水平（EDL_m）和环境影响价值（EI_m）的比值，其中经济发展水平用工业总产值表示，选取工业废水排放、废气排放、SO_2 排放、固体废弃物排放、燃煤消费、原煤消费、原料油消费和工业用水量八项指标来表示。吴小庆等[99]（2009）则将物质流理论应用于生态效率建立了基于物质流账户的 3

个层面的区域生态效率评价指标对江苏省生态效率评价，并且借助物质流账户中的物质输入和物质输出类指标对环境影响价值进行量化。

（2）对生态足迹的研究。1992 年，Rees 提出了生态足迹模型，考虑了自然资源的再生与替代能力、生命支持系统的循环与净化能力以及生物多样性保护等方面，且计算结果直观明了，具有区域可比性。之后 Wackernagel 等对其进行了完善，使之很快成为环境可持续发展度量的一个重要方法[100]。学者们对于生态足迹的计算已经达成共识，一般基于以下两种基本事实：一是人类可以确定自身消费的绝大多数资源、能源及其所产生的废弃物的数量；二是这些资源和废弃物能折算成生产和消纳这些资源和废弃物流的生物生产面积或生态生产面积。

生态足迹及被拓展的生态足迹模型被广泛应用到不同空间、不同时间和不同类型区域的生态经济协调发展状态的定量评估中，如学者张茹倩[101]（2022）、刘家旗[102]（2020）、王丽萍[103]（2018）、史丹[104]（20[illegible]）、焦文珏[105]（2014）、周静[106]（2012）等的研究。但生态足迹也遭到学术界很多人的批评，批评者的意见主要集中在以下几个方面：一是生态足迹中“解决 CO_2 便解决一切”的思想占主导，吸收 CO_2 排放的能源间接占用在生态足迹构成中超过 50%；二是计算生态足迹注重土地的数量却忽略土地的质量，各种土地的折算标准（等量因子）并未统一；三是计算结果容易被低估（张茹倩[101]，2022；吴文彬[107]，2014；刘薇[108]，2009）。

（3）能值分析理论的研究。20 世纪 80 年代后期，能值这一新的科学概念和度量标准，被国际系统生态学和生态经济学领域发展出来。Odum 根据生态系统中的等级原理，提出了能量品质概念，运用能值转换率等概念对能流、物流和价值流进行综合研究，并建立了一套科学的理论体系。运用能值分析对区域经济效益的评价主要是利用能值分析和其他方法相结合的方法，主要用于各省份生态系统及可持续发展的评估。

第一种方法是利用能值分析和生态足迹相结合的方式，如倪瑛[109]（2013）运用基于能值分析的生态足迹改进模型分析评价了 2005—2009 年中国西南地区的可持续发展状况，发现虽然西南地区整体上尚有生态承载力盈余，不过部分省份处于生态承载力超载状态，而且有逐年加重的趋势，面临着严重的资源环境问题。赵淑娟等[110]（2008）应用能值分析理论对生态足迹的计算进行了改进，将研究区的各种能量流转化成同一标准，同时引入能值密度的概念，将这些能量流换算成对应的生物生产性土地面积，并比较生态足迹和生态承载力，从而定量分析研究区环境的可持续发展状况。随后一些学者运用能值方法对各省份可持续发展状况进行分析（陈春锋[111]，2008；王景伟[112]，2010；曹威威[113]，2018 等），发现其优于传统生态足迹这一研究方法。第二种方法是利用能值理论建立基于能值分析的可持续发展指标体系（杨德伟[114]，2006；韩增林[115]，2017；巩芳[116]，2018 等）。杨德伟等[114]（2006）运用能值分析方法，对四川省1998—2003 年生态经济系统的净能值产出率、能值投入率、能值利用强度、可持续发展指数等指标及其变化趋势进行了定量分析，建立反映系统能值特征和评价系统结构功能的能值指标体系。韩增林等[115]（2017）运用能值分析方法，以中国沿海地区及其附近海域为研究区域，构建中国海洋生态经济系统能值分析模型和指标体系，利用 2013 年的数据对中国海洋生态经济系统的可持续发展水平进行能值测度。巩芳等[116]（2018）以内蒙古农业生态系统的可持续发展为研究对象，结合原始数据计算内蒙古农业生态系统的投入能值和产出能值，计算得出可持续发展指数（ESI）、能值自给率（ESR）、人均能值利用量（EPP）、净能值产出率（EYR）和环境负载率（ELR）五个能值评价指标，并对可持续发展程度进行测算。

（4）生态经济评价指标体系的研究。生态经济评价研究中，构建指标体系对区域生态经济进行综合评价在国内研究中是最成熟和最广泛的[117]方法。建立综合指标评价体系主要是从指标的选取和评价模型的建立两个方面展开。对于指标的选取要依靠客观、实用、可操作性，经济效益和生态效益相结合等原则进行，对其指标的筛选主要采用专家调查法和均方差法，对于模型的建立主要依靠层次分析法、模糊识别法和主成分分析等方法。李崇勇等[118]（2007）构建了包含生态环境评价子系统、社会经济评价子系统和综合类评价指标三个子系统的区域生态经济系统可持续发展评价指标体系。周慧杰等[119]（2007）利用层次分析法建立以经济发展、社会进步、资源节约、生态良好、环境改善为准则层的区域生态经济建设指标体系，并采用灰色关联分析方法对广西壮族自治区大新县生态经济建设规划进行评价。贾毅竹等[120]（2010）利用主成分分析方法建立综合指标体系考察松原市滨江新区建设对城市综合生态效益的影响，其指标权重的确定采用的是均方差方法。黄和平等[121]（2014）在借鉴经济增长生态指数及生态效率概念的基础上，运用层次分析法和专家咨询法，构建了包括社会发展、经济增长、生态建设、资源利用和环境保护五个模块在内的生态经济指数评价指标体系和模型，并将其应用到鄱阳湖生态经济区。任腾等[122]（2015）运用综合评价法结合区域生态经济系统的内涵及内部结构特点构建对应的评价指标体系，随后采用 DEAHP 模型确定指标权重，进而对 2007—2012 年湖南省际及三大区域生态经济系统的可持续发展水平进行评价。杨青、张彩彩[25]（2015）从资源消耗、环境污染和经济发展三个维度出发运用因子分析建立相应的指标体系，以 2000—2012 年统计数据为样本，利用投入产出法建立生态经济效益计算模型对陕西省生态经济效益进行评价。而国际上评价生态环境质量常用的评价指数有 ESI（Environmental Sustainability Index，如 Sands[123]，2000；Siche[124]，2008 等）和 EPI（Environmental Performance Index，如 Färe[125]，2004；Perotto[126]，2008 等），并由此衍生出评价生态经济的文献。

但总体来看，有关生态经济效益评价的研究成果较少，尤其是区域生态经济效益评价的研究更少。纵观现有的研究成果，运用生态效率、生态足迹这两种方法的局限性较大，对于区域生态经济效益评价的研究大多采用综合指标体系描述和分析，但是缺少能够整体反映人文要素、自然资源、环境、经济社会效益等协调、合理布局与分布的空间统计分析指标，致使现有的区域生态经济效益评价指标不能够真正评价生态效果，导致生态效益和经济效益的割裂。如果将相关分析方法和空间统计方法进行结合，建立能够整体反映生态效益和经济效益协调发展的空间统计指标体系，区域生态经济效益评价将更全面、更真实。

1.3.3 空间统计方法在区域生态经济效益的应用现状

随着对空间统计方法的重视程度越来越高，其在区域生态经济研究中的应用也越来越广泛。我国学者在区域生态经济空间差异及空间相关性研究、区域海洋生态经济研究等方面也取得了一些研究成果。

林清秀[127]（2012）将闽江流域各县市作为研究对象，构建了环境位、生产位、生活位的生态经济评价体系，采用熵值赋权法确定各指标的权重，运用指数叠加法计算各县市的生态经济发展度。并将各县市的综合发展度作为空间属性值，运用空间统计学中的Moran's I 指数、Moran 散点图、LISA 集聚图等统计量研究闽江流域各县市综合发展度的全局空间自相关性和局部空间自相关性，考察其空间分布特征。全局空间自相关分析结果显示闽江流域各县市综合发展度表现出显著的空间正相关性、集聚现象。叶杨[128]（2014）以系统动力学为基础，将耦合系统划分为人口子系统、生态子系统、经济子系统和金融子系统，构建鄱阳湖地区生态、经济与金融耦合系统模型，建立耦合系统评价指标体系，基于历史数据进行仿真研究。利用耦合度模型及耦合协调度模型计算鄱阳湖地区及城市生态、经济与金融系统的耦合度及耦合协调度。并根据分析结果对鄱阳湖地区生态、经济与金融空间耦合发展模式提出了建议。熊传合等[129]（2015）运用生态足迹模型、生态经济系统发展能力指标分析了 1995—2010 年新疆生态可持续性和生态经济系统可持续性的时空演变过程。穆松林[130]（2016）基于大都市郊区研究视角，采用空间自相关、空间权重函数和综合指数等方法，以独特的地理单元和生态经济载体山区沟域为研究单元，分析北京山区的生态经济发展空间结构。为理解大都市郊区生态经济空间优化路径提供有益思考，在区域层面促进大都市空间结构优化。洪伟东[131]（2017）以区域经济、海洋经济和生态经济理论为基础，构建了区域海洋经济分析和评估方法体系，选择深圳市作为研究对象，采用探索性空间数据分析方法对深圳市 2011—2015 年各区的海洋生态经济数据开展了基于空间格网的海洋生态经济核算及区域空间差异和动态演化分析。研究表明区域海洋生态经济在空间上存在较强的正相关关系，即呈现空间集聚现象。并提出了海洋生态经济区划方案及对策建议，为海洋管理及政策制定提供决策参考。李智等[132]（2017）分别选取生态环境指标与生态服务指标来评价县域生态系统，选取经济指标和社会指标来评价县域经济系统，并利用模糊数学方法建立评价模型，揭示了江苏省县域生态—经济系统协调度的空间分异特征及影响因素。陈水英[133]（2018）也以京津冀地区为研究对象进行研究，分析了京津冀地区生态经济发展的现状，构建了地区生态经济指标评价体系和测算模型，分析京津冀地区城市群土地空间结构的演化趋势，提出了以实现京津冀地区生态经济可持续发展为目标的具体调控方法和措施。卢宗亮等[134]（2018）基于生态位，量化了低效建设用地上的物质与生态空间的竞合关系，重构了低效建设用地的物质和生态空间。

总体来看，目前应用空间统计方法分析区域生态经济问题虽然已经有了一定的研究，但研究成果比较少。现有成果较多集中于生态经济差异、区域生态与经济协同的空间差异及空间相关性分析，有关生态经济效益评价的研究成果较少，尤其是区域生态经济效益的空间差异和空间效应研究更少。现有研究对区域生态经济效益指标体系的构建也不尽相同，影响了研究的可推广性。

1.3.4 区域内生态经济效益提升的研究

1.3.4.1 区域生态经济内部子系统和结构角度的研究

区域生态经济系统内部子系统的协同和结构优化是提升区域生态经济效益的基础，在处理好内部子系统的协同问题基础上，区域间生态经济的空间协同才能更好地发挥作用。学者们对此做了大量研究，取得了丰富的成果。

（1）区域生态和经济协同角度的研究。区域生态经济系统作为一个系统，其生态环境系统同经济系统的协同也成为此领域研究者研究的重点。

程丽[135]（2016）认为生态与经济相辅相成，构建了指标体系，采用熵值法确定指标权重，计算区域环境经济协调度，分析区域环境经济协调发展水平，并以京津冀地区为研究对象进行实证分析。刘瑞清[136]（2016）分析了内蒙古综合发展水平现状，对其城市化和生态环境的协调情况及协调等级进行分析，在此基础上进行预测分析，并从推动城市化、均衡发展、突出龙头城市作用、改善生态环境等方面提出对策建议。任腾[137]（2015）分析了区域生态经济系统的内部结构特征，并构建了协同演化模型，并在考虑内部结构特征基础上构建了区域生态经济效率模型进行测算。最终，从经济、技术创新、人力资本提升、加快金融发展、扩大对外开放五方面提出了促进区域生态经济效率的研究对策。

（2）区域内各个子系统耦合协调角度的研究。学者们进一步扩展研究内容，将区域系统内其他子系统纳入研究范畴，探究其他子系统相互之间的协同。如将能源、人口、创新等系统纳入区域协同研究对象。

陈琼[138]（2012）在分析能源—经济—环境（3E）系统内部子系统之间各自相互关系基础上，进行空间差异性分析，并构建了3E系统协同度的综合评价模型，进行实证分析，从加强基础设施建设、调整能源结构、优化产业结构等方面给出政策建议。邓云君[139]（2018）以长江经济带生态经济发展为研究对象，运用构建的生态经济发展水平耦合协调度模型进行评价，从促进区域生态经济系统的三个子系统（生态可持续性、经济发展和社会进步）发展的角度，提出了优化长江经济带生态经济发展水平的对策及建议。蔡冰冰等[140]（2019）探讨了区域内创新与经济的耦合协调机理，构建了耦合协调模型和空间计量回归模型，利用30个省份2000年以来的数据，对区域创新和区域经济系统耦合协调度的空间格局进行可视化分析，并探究其空间关联特征和影响因素。王雯雯等[141]（2019）研究了安徽省16个地级市区域内人口—经济—生态环境耦合协调情况，并对空间分异规律进行研究，分析其空间分布特征及空间集聚效应。

1.3.4.2 区域生态经济效益提升的其他角度的研究

也有学者从不同角度进行了研究，探讨了区域生态经济效益提升的途径。

谭程程[142]（2012）认为运用能值分析方法能够科学客观地反映系统可持续发展的状况与存在的问题。利用Odum的能值分析理论，结合黑龙江省自身的实际情况和相关数据资料进行静态能值分析，发现黑龙江省生态经济系统发展中存在的问题，并从资源利用、产业结构调整、发展旅游业、对外开放、生态环境治理、教育和科技六大方面提出了生态经济系统可持续发展建议。杨青等[25]（2015）针对陕西省生态经济效益评价结果分析，认为应从调整产业结构、增大新型环保技术投入和倡导低碳绿色生活等方面提出提升生态经济效益的建议。周枭等[143]（2016）在详细分析青海省区域生态经济发展存在问题的基础上，从优化产业布局、调节能源消费结构、优化土地利用结构、实施青山绿水工程四个方面提出对策。洪伟东[144]（2017）以深圳市海洋生态经济发展空间布局为研究对象，在空间自相关分析和空间异质性分析的基础上，从优化产业布局、加强污染治理、加强空间管制和立体空间开发利用方面提出促进生态经济发展的对策。

1.3.5 跨区域生态经济空间协同优化研究

1.3.5.1 跨区域生态经济的空间协同优化

学者们从产业生态经济系统跨区域协同优化的角度进行了系列研究，探讨跨区域生态经济的协同机制。

李文文[145]（2018）在分析产业生态经济发展现状及存在的问题基础上，对产业生态经济系统的跨区域协同发展进行优化。认为产业结构合理化、产业结构向服务业转型、产业结构向高技术方向升级、技术效率改进和技术进步都会促进产业生态经济系统跨区域协同发展。束慧[146]（2016）以产业生态经济系统为研究范畴，从区域内产业生态经济系统空间均衡优化和跨区域产业生态经济系统空间均衡优化两个层面进行详细研究，针对不同空间关联模式的产业空间均衡分布，构建了各自的空间均衡优化结构模型，提出各自的均衡优化策略，并进行数值模拟分析。陈黎明[147]（2016）认为绿色创新是产业生态经济系统优化的动力所在，并就绿色创新驱动产业生态经济系统发展的作用机理、创新水平进行研究，提出了基于绿色全要素生产率的产业生态经济系统优化的产业结构调整路径，并就其效应进行分析。其研究也从区域间层面上，构建了产业生态经济系统生态效率分析的混合方向性距离函数模型，针对我国“两横三纵”战略格局进行实证分析，从转变经济发展方式、采用差异性的发展模式、加强区域合作和交流等方面提出了建议和措施。叶定超等[148]（2019）以三峡生态经济合作区为研究对象，以生态空间相互作用、互利共生、协同进化等理论为依据，探讨了区域生态空间结构优化组合的模式，并从构建完善高效区域生态网络系统、优化区域空间布局、完善生态补偿机制、加强绿色产业体系建设、促进产业结构升级等方面提出生态空间结构优化的对策建议。陈水英[149]（2018）以京津冀经济圈为研究对象，在地区生态经济发展的现状基础上，构建指标评价体系和测算模型，分析了京津冀地区城市群土地空间结构的演化趋势，并给出了具体的调控方法，并提出促进地区生态经济协调发展的路径和措施。

1.3.5.2 跨区域空间生态合作

专家学者们在跨国家层面、跨区域层面等不同层面探讨了生态合作的路径和建议。

在跨国家层面生态合作的研究中，需要注重在相邻及邻近国家间战略关系构建基础之上的生态合作。如陈韵莹等[150]（2018）以中国与邻国俄罗斯在生态领域的合作为研究对象，探讨两国合作机制和生态合作体系的建立，提倡从共同监测和治理、环境立法、生态教育等方面促进交流与合作，从而推动两国环保事业的发展。

跨区域层面的研究，侧重于区域间利益的协调和制度的协同机制。如朱广芹等[151]（2011）分别构建对称博弈动态模型和非对称博弈动态模型，进行生态合作主体的动态博弈分析，以探讨区域生态合作的机制。牛文元[152]（2014）以京津冀为研究对象，探讨其协同发展问题，认为应当把京津冀地区协同治理大气污染，作为一项重大国家任务，优先纳入总体规划之中。张强等[153]（2018）的研究，认为以演化博弈方法分析跨区域生态合作中各地方政府间利益冲突以期达到合理稳定的方法，忽略了国家层面监管机制的重要作用。构建包含监管机制与地方政府的动态演化博弈模型进行分析，结果也表明监管机制对于促进生态合作至关重要，国家应该着力规划合理生态合作机制。

1.3.5.3 区域间生态补偿机制研究

众多学者从不同视角、运用不同方法，研究了区域间的生态补偿机制。

孔伟等[154]（2019）以京津冀区域协同发展为目标，以生态资产为视角，建立生态补偿价值核算模型并进行实证分析，运用利益相关分析生态补偿者，并从组织机构、融资渠道、完善法律法规、建立多维途径和开展区域间合作等方面提出建议。关博[155]（2019）以辽宁省为例，对生态补偿机制与区域经济发展的关系进行阐述分析，研究了生态补偿机制对区域经济发展的作用机理，并探讨如何建立区域生态补偿机制。刘薇[156]（2018）对京津冀区域生态系统格局变化特征利用 GIS 方法进行研究，系统分析区域市场化生态补偿中各种补偿机制（流域、大气污染、森林），设计了区域市场化生态补偿的制度框架，提出了具有可操作性的政策建议。冯军宁（2018）在绿色发展理念下，构建了区域协调度测度模型，并对区域生态补偿机制的现状、成效和机制分析，并据此从政府主导、发挥市场作用和探索新模式等角度提出绿色发展理念下的区域生态补偿机制的政策建议。

学者们也以区域间生态补偿机制涉及的不同对象进行研究，如低碳农业横向空间生态补偿（陈儒等[157]，2018）、森林生态补偿（徐旭等[158]，2013）、贫困乡村旅游（刘志霞[159]，2017）、耕地生态补偿（李晓燕[160]，2015）等。

也有学者从不同角度，采用不同方法进行了区域生态补偿研究，如生态补偿机制的横向转移支付制度（王德凡[161]，2018）、生态补偿标准空间差异（杜林远等[162]，2017）、基于会计体系的补偿标准（边玉花等[163]，2015）、博弈研究方法（胡振华等[20]，2016）、分工与合作的生态补偿机制（张跃胜[164]，2016）等。

纵观学者们对生态补偿的研究，多以国家重要战略区域为研究对象，如京津冀、长三角、珠三角等，尤其是京津冀区域近年研究较多，也有以省域为研究对象探讨生态补偿机制。国家层面的研究相对较少。在国家提出“一带一路”倡议框架下，其研究也会随之增加。

1.4 研究方法和技术路线

1.4.1 研究方法

第一，核方法与相空间重构方法。应用核方法与相空间重构方法实现数据空间与特征空间之间的非线性映射，有效地将数据空间中的各种非线性操作演变为特征空间中相应的线性操作，以解决区域生态经济效益评价的复杂性。

第二，空间统计分析方法。应用空间统计和空间计量方法，分析区域生态经济及其效益数据的空间差异、空间分布形式及其稳定性，构建反映区域生态经济效益的数据模式。

第三，算法研究。对搜集的数据进行相应处理，以提高模型推广能力，设计能够确定空间权重矩阵的算法。

第四，生态理论的分析方法。借鉴能值分析方法，对区域生态经济效益进行测度，建立计算与分析的模型。

1.4.2 研究技术路线

本书的基本思路为：首先，收集区域生态经济、空间统计学、支持向量机和小波神经网络有关的基础资料和文献，分析现有空间权重矩阵和区域生态经济效益评价研究文献和估计方法，针对存在的局限性，确定研究的目标和方向。其次，着重开展改进的样本加权支持向量机与小波神经网络集成以及空间权重矩阵确定方法的实现框架与算法设计、适应性分析等研究。构建科学合理的区域生态经济效益评价指标体系，用以衡量区域生态经济效益。最后，将前期研究成果应用于区域生态经济效益评价中进行实证研究，并根据实证分析结果和模型模拟情况，提出提高区域生态经济效益的建议与措施。

1.5 主要研究内容、创新点

1.5.1 主要研究内容

本书主要建立基于支持向量机和小波神经网络集成的混合人工智能技术与空间权重矩阵的确定方法与实现算法，然后就区域生态经济效益的衡量特征和数据结构，构建空间数据挖掘的数据模式，建立科学有效的评估方法。主要研究内容与研究思路见图5－1。

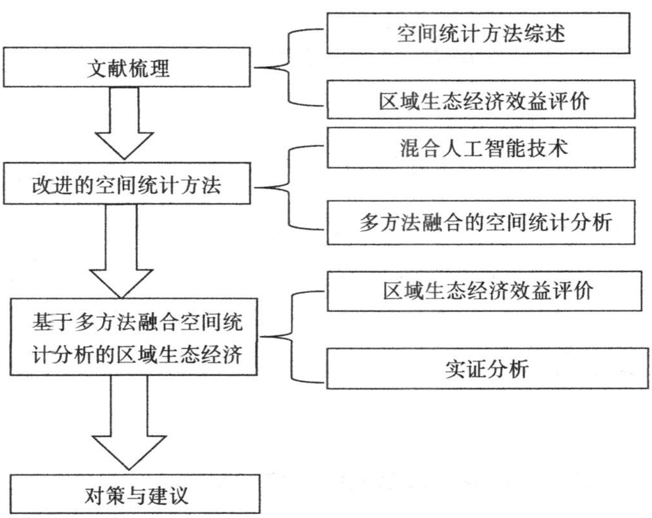

图1－1 主要研究内容与研究思路

1.5.1.1 改进的空间统计方法：多方法融合的空间统计分析方法研究

（1）支持向量机和小波神经网络法的融合：混合人工智能技术。空间权重的具体数值是影响空间相关结构变量的某一函数 g（x），而对这一函数具体形式则可以采用改进的样本加权支持向量机（ISVM）来估计。利用基于打折的最小二乘思想，我们可构建改进的样本加权支持向量机，同时，可基于方差占比方法利用小波神经网络（WNN）进行特征选择。

（2）多方法融合的空间统计分析：基于混合人工智能技术的空间权重矩阵的确定。针对 Moran's I 或 Local Moran's I 指数、Geary's C 指数、空间自回归系数等空间权重矩阵 W，设计合理的空间数据模式 X，使之充分反映社会经济问题的时空影响因素及其空间依赖性（空间自相关）和空间非均质性（空间结构）；利用上述混合人工智能技术进行空间权重矩阵的确定。

1.5.1.2 基于多方法融合空间统计分析的区域生态经济效益评价

构建能够科学合理评价区域生态经济效益的评价指标体系：选取既可以衡量自然资源的价值、又可以衡量人类经济活动的价值、还可以衡量它们之间关系的指标，构建了包含三大类 28 项指标的指标体系，使之更能反映区域经济生态效益的全貌。

1.5.1.3 区域生态经济效益实证分析

运用构建的空间统计方法和评价模型体系，以全国主要省份和地区为分析对象，选取 18 年的历史数据，评价各地区的生态经济效益，以此进行实证分析，从而找出区域生态经济的空间差异性，分析其存在的问题。同时，根据实证分析结果，进一步修改和完善模型，提高模型的适应性。

1.5.2 主要创新点

1.5.2.1 战略上，适应国家战略和社会需求

新时代背景下，高质量发展成为当前乃至今后一个时期的国家战略，

国家对生态经济问题高度重视，生态和经济协同发展成为根本要求。在此背景下对区域生态经济问题进行研究，服务于国家高质量发展战略，满足国家政治、经济、社会、文化等战略诉求和社会需求，可供区域乃至国家经济建设与社会发展借鉴与参考。

1.5.2.2 理论上，推动空间统计学的发展

空间权重矩阵确定方法，弥补空间统计之不足，促进空间统计方法的完善。紧紧围绕空间统计分析中空间权重矩阵确定这个关键，建立基于支持向量机和小波神经网络集成的混合人工智能技术的空间权重矩阵的确定方法与实现算法，能够较好地处理社会经济问题中涉及的复杂影响因素及其之间的相互作用关系，如空间位置及其相关性、区域结构分布、空间传播途径等，避免经典空间统计学中对空间权重矩阵的定义及其计算方法所带来的局限性。

1.5.2.3 方法上，区域生态经济效益评价方法创新

目前，空间统计分析方法多应用于区域经济差异、区域经济空间增长关联性、城市格局与人口分布等城市与区域经济问题分析方面，而在区域生态经济效益评价方面的应用较少。因此，本书将多方法融合空间统计分析应用于区域生态经济效益评价与控制，将不啻是一种创新。同时，有效地衡量自然资源和人类经济活动的价值以及它们之间的关系，将有助于从整体上分析区域生态经济效益，避免目前层次分析法等主流方法所带来的弊端，具有广泛的应用价值。

1.5.2.4 实践上，实证研究及提出政策建议

以全国主要省份和地区为分析对象，进行实证研究。选取了综合反映区域生态经济效益时空差异的18年（2004—2021年）的数据，从纵横两个维度进行分析，评价它们的区域生态经济效益，并分析其空间差异和空间效应。据此，立足于国家高质量发展战略、区域协同发展战略和生态文明建设战略，从战略高度和长远发展角度，从区域内部和区域外部（区域

间）两个层面提出促进区域生态经济发展、提高区域生态经济效益的对策。区域生态经济效益的提升应同时注重区域自身生态经济效益的提升和区域间的生态经济协同优化。

1.6 本章小结

本章充分阐述在生态问题日益得到重视背景下，进行区域生态经济效益评价的空间统计分析，克服原有统计方法的局限性，利用支持向量机和小波神经网络结合的空间统计方法进行分析的重要性。充分进行文献研究，综合分析前人在这些方面的研究成果并分析其不足，为后续研究奠定基础。在此基础上提出了本书研究的基本方法和研究技术路线，并对研究的主要内容进行设计。

第 2 章

生态经济的概念和理论基础

区域生态经济效益的评价是对区域的生态系统、经济系统和社会系统进行全面分析、综合评价的系统性工程，涉及区域生态经济的各个方面，研究也涉及多个与之相关的概念，综合运用多个理论，如生态经济理论、生态经济学理论、区域经济发展理论等。本书探讨构建集成小波神经网络和支持向量机的空间统计方法来分析区域经济生态效益，更要运用到空间理论、空间计量和空间统计理论。

2.1　生态经济的概念

2.1.1　生态经济

2.1.1.1　生态经济的内涵及发展

（1）生态经济的内涵。生态经济的内涵可从以下三个方面进行解释。

①侧向生态方面，生态经济是指基于生态系统可承受的范围，运用生态经济学原理等方法，改变生产和消费方式，挖掘一切可利用的资源潜力，通过发展某些经济生态高效的产业，建设生态健康、生态宜居的环境[165]。

②侧向经济方面，生态经济是指能实现经济发展与环境保护统一、自然生态与人类生态的协调、物质文明与精神文明高度和谐的可持续发展经济。实现经济发展与环境保护相适应，物质文明与精神文明相协调，自然生态与人类生态相统一[166]。

③侧向过程方面，生态经济是社会、经济和自然的复合生态系统，囊括物质代谢关系、能量转换关系以及信息反馈关系，还包括结构、功能与过程的关系，同时又具有生产、供给、生活、接纳、控制和缓冲功能，使现有资源在生态型经济的发展过程中得到更好的利用[166]。

生态经济的本质在于把经济发展建立在生态系统承受力之上，实现经济发展和生态保护的双向发展，建立“经济—自然—社会—经济”良性循环的复合型生态系统，是一种科学的发展观念，是一种新型的经济发展模式。生态经济论是以全球人口爆炸和环境污染为背景而诞生的作为实现可持续发展目标的综合理论[167]，该理论指出人类社会经济系统以自然生态系统为基础。自然生态系统能够提供给人类的资源并不是无限的，需要人类进行合理的利用和管理，只有人类在自然生态系统能够承载的范围内适度利用资源，才能实现人类经济社会与生态系统的协调、稳定发展。

因此，研究生态经济要深入探讨人类经济行为与自然环境资源之间的相互关系，利用系统论、信息论、控制论、协同论等多种方法，综合研究生态经济系统的发展规律，以实现人与自然的可持续发展。

（2）生态经济的思路。走生态之路，要以科学发展观为指导，以绿色发展为根本目的，以实现经济与生态的和谐统一为原则，依靠科技进步推进产品结构调整。同时，要注重发挥市场机制的作用，实现经济效益、社会效益和生态效益兼顾发展，将促进人与自然的和谐发展作为长远发展的根本目标和原则。

现代企业应遵循生态保护规律和经济发展规律，在资源可持续利用的基础上进行经济发展，将生态经济原则应用在不同层次的生态经济运行中，合理利用自然资源、保护生态环境。因此，现代企业应基于生态经济和社会经济两个方面制定的企业经营方式。只有满足生态经济约束条件下的企业经营方式，才能够兼顾各方利益要求，促进现代企业制度的建立，实现企业可持续发展目标，才能找到有效实现“生态管理”和“生态管理经济”的路径，形成具有企业特色的绿色经营管理模式，将企业真正建设成为生态型企业。

（3）生态经济的发展。生态经济的发展可以从三个层面体现出来：一是微观层面，即企业单个层面的生态经济，简称单一型生态经济；二是中观层面，即企业之间的生态经济链，简称结合型生态经济；三是宏观层面，即整个社会层面的生态经济层，简称复合型生态经济。三个层面的生态型经济体现出“单一—结合—复合”的层层推进，每次推进都将促进经济运行质量得到极大提高[165]。企业作为发展生态经济的个体，不仅是实施生态经济的主体，也是体现生态经济效益最直接的个体。结合型生态经济和复合型生态经济都是在发展生态企业这一层面之上建立起来的。只有每个企业都基于生态理念，积极实施生态管理，努力减少废弃物及污染排放，才能推动整个社会经济的可持续发展。

2.1.1.2　生态经济与传统经济的区别

生态经济学是一门由生态学和经济学相互作用、相互渗透、有机结合形成的边缘性质的学科。生态经济学从最广泛的领域研究生态系统和经济系统之间关系，其重点在于探讨人类社会的经济行为与其所引起的资源和环境演变之间的关系[168]。

经济系统遵循“增长型”的运行机制，而生态系统的运行机制则是“稳定型”的运行机制。因此，在生态经济系统中，就必然地存在着一个贯穿始终的矛盾：不断增长的经济系统无止境地对自然资源的需求，与有限的和相对稳定的生态系统供给资源之间的矛盾[169]。我们必须要通过这个矛盾来推动现代文明的发展进程，实现更加理性的现代经济发展的模式。这种生态经济的模式，不以牺牲生态环境和经济增长为代价，而是强调生态系统与经济系统的相互适应与协调、相互促进与共生的发展模式。能够取得这样一种共识，无疑是人类文明进程中的一个重要的里程碑[170]。

（一）生产观不同。传统生产观为改造自然、创造物质资料，生态经济的生产观则强调改造自然、创造物质资料的合理性。即强调改造自然、创造物质资料应适应自然环境的发展需要，在保护和优化生态环境、有限的自然物质条件制约下合理地改造自然、创造物质资料。

（二）消费观不同。传统消费只关注消费，生态经济的消费观提倡绿色消费，反对过度消费。传统经济的消费观是只看消费而不考虑资源的有限性，也不考虑生态环境的承受能力。生态经济消费观要求人们在生产和消费活动中不能对自然资源无限索取，不能是人与自然对峙的消费观念。自然资源是有限的和不可再生的，有限的资源无法满足人们无限制的欲望，人们应当在人与自然和谐发展的理性原则下规范消费行为，传承消费理念。

（三）发展观不同。基于生态经济理念认识经济社会发展观，这是一种不可逆转的演变过程。这种演变的内在逻辑，是将生态环境视为一种资本，这种资本数量庞大但却又有限，存在需求量增加但资源又不可再生问题。随着经济社会的不断发展，这些矛盾的日益突出，造成总量庞大资源的一种稀缺性，约束着人类的全部行为活动。人类只能通过积极改变自身生产和生活的方式，来主动去适应这种约束，这是人类的唯一出路[171]。

2.1.2 生态经济效益

2.1.2.1 经济效益、社会效益、生态效益的概念及关系

在区域生态经济效益研究中，经济效益、社会效益、生态效益和生态经济效益这几个概念之间存在着很强的关联性，但同时又有很大的不同。

（1）经济效益的概念。经济效益是成本与收益之间的经济关系，通过商品和劳动的对外交换所取得的社会劳动节约，即以尽量少的劳动消耗取得尽量多的经营成果，或者以同等的劳动消耗取得尽量多的经营成果[172]。经济效益是有用生产成果与成本支出之间的比较，是衡量经济活动是否值得进行的一项重要指标，以尽量少地投入（如资金占用少，成本支出少，人力资源投入少）取得尽量多的经营成果才是真正好的经济效益。

（2）社会效益的概念。社会效益是指企业经济活动给社会带来的收入，是在经济效益之外的对社会生活及公众有益的效果。社会效益涉及范围较广，包含内容丰富，一般指最大限度地利用有限的资源满足社会上人们日益增长的物质文化需求。社会成本则是社会效益带来的消耗，两者之差就是社会收益，即企业所提供的社会贡献净额。

（3）生态效益的概念。生态效益是从生态平衡的角度来衡量效益，指人们在生产中保护和改善生态条件，使自然界的生态系统对人类的生产、生活条件和环境条件产生的有益影响和有利效果，并要维护生态系统稳定[172]。区域经济中的生态效益，就是指区域生态系统的各个子系统在物质与能量的输出输入、结构功能上，处于相互补充和相互协调的平衡状态。生态效益关系到人类生存发展的长远利益和根本利益。

（4）经济效益、社会效益、生态效益三者之间的联系。生态效益是从生态平衡的角度来衡量效益的。生态效益与经济效益相互制约、互为因果的关系。生态效益和经济效益在某项社会实践中可以是正值也可以是负

值；为获取更多经济效益，而对生态环境产生了不利影响，此时经济效益是正值，而生态效益却是负值。生态效益的好坏，涉及长期的经济效益，如果生态效益受到损害，那整体的和长远的经济效益也将难以得到保障。

生态环境中的各要素构成了一个统一有机整体，相互联系、互相作用、共同制约。人们运用诸多经济手段利用生态环境中的物质要素功能进行物质生产活动，所谓牵一发而动全身，各要素之间的相互作用关系决定了其他物质要素的变化，从而使得生态平衡状况一直处于不断变化的状态。一些给人类带来短暂的、局部的经济效益的活动造成的行为后果，致使生态失衡灾害不断，给人类长远的、持久的经济利益带来了严重的损失。

经济效益和生态效益目标是一致的，发展经济和保护生态环境是可以共同兼顾的。首先，突出其社会性，从微观入手要求人人树立环境保护意识，从自身做起保护和促进生态平衡，严格宏观调控要求国家密切关注，及时采取措施，预防和制止出现破坏生态环境的行为。其次，突出其历史性，要在发展生态经济过程中，继承前人优秀成果，探索新的办法注重不断创新。最后，突出其科学性，走可持续发展道路，人类要以此为出发点并充分利用经济规律和自然规律所起的综合作用。在新的认识指导下，去创造全面、持久的经济效益。

经济效益、社会效益和生态效益三者相互依赖，追求经济效益和生态效益是以满足社会需求为前提，经济效益和生态效益良好能够吸引更多的社会资源，而生态环境良好经济与社会才能长久发展。

2.1.2.2　生态经济效益

生态经济是指在一定区域内，并在生态环境可承载的基础上，遵循生态学原理和基本经济规律，以生态环境建设和社会经济发展作为其核心内容，为实现经济发展和生态保护，建立起涵盖经济、社会、自然三方面良性循环的复合型生态系统，实现经济效益、社会效益、生态效益的可持续发展，并积极地做出贡献。

生态效益与经济效益的统一形成了生态经济效益。生态经济效益是指在发展生态经济过程中产生的效益，即在人类的社会再生产活动中，人们的投入既会产出对人有用的经济成果又会引起生态平衡的变化，从而对人的生产、生活环境带来某种影响。

生态效益和经济效益的综合形成了生态经济效益。在人类改造自然的过程中，要求在获取最佳经济效益的同时，不仅要最大限度地保持生态平衡也要充分发挥生态效益，即取得最大的生态经济效益。这是生态经济学研究的核心问题。长期以来，在社会生产活动中，人们只追求经济效益，忽视遵循生态规律，未对生态效益给予足够的重视，致使生态系统失去平衡，各种资源遭受破坏，已经给人类社会带来各种灾难，经济发展也受到了阻碍。从事某项生产建设项目时，单纯以经济观点来衡量，其个别的、一时的经济效益可能很高，但往往存在着对生态资源的掠夺和破坏，如森林过伐、酷渔滥捕、陡坡开荒、草场超载过牧等。这种只看眼前、不顾长远的开发方式是错误的。客观现实要求人们树立生态经济效益的观念。

2.1.2.3 区域生态经济效益

生态经济效益这一概念（许涤新[173]，1983；于光远[174]，1983）被经济学家提出来之后，就一直被作为我国生态经济学的主要内容之一加以研究。学者马传栋[175]（1986）提出生态经济学要以生态经济效益为中心建立理论体系。生态经济效益概念，来自对生态效果（效益）和经济效果（效益）之间关系的研究。生态效益是经济效益的自然基础，生态效益以其特有的变动区间制约着经济效益的“过度”扩大。生态经济效益是人类利用一定的技术和政策手段，通过合理配置生态、经济和社会三要素，而产生的生态、经济和社会价值增值，它反映生态、经济与社会三种要素的综合投入产出关系。

近年来，随着可持续发展观的确立和生态文明建设战略的实施，以及我国逐步确立高质量发展的战略，我们在不断丰富生态经济效益内涵的同时也将社会效益纳入生态经济效益的概念范围。生态效益、经济效益和社会效益的协调统一形成了生态经济效益的最完整、科学的定义（王梦奎[176]，2004）。生态经济效益就是经济效益和生态环境效益的协调统一。

2.2　生态经济的理论依据

进行区域生态经济效益评价涉及区域经济的诸多复杂因素，空间统计的方法也依赖于各种理论基础。理论依据部分在上述各理论概念的基础上，对应用到的基本理论及相关理念进行阐述。这些理论是本书研究的思想来源和方法基础，为研究奠定了理论基础和方法支撑。主要涉及的理论有空间分析理论、生态学理论、生态经济学理论、区域经济发展理论等内容。

2.2.1　空间分析的理论

空间分析的理论主要包括：地理学定律、空间关系理论、空间推理理论、空间数据模型理论、地理信息机理理论、空间分析不确定性理论等。

2.2.1.1　地理学定律

地理学第一定律（Tobler's First Law，TFL）是Tobler于1969年提出，用以描述地理现象空间相互作用：“任何事物都是空间相关的，距离近的事物比距离远的事物的空间相关性更大”，即相近即相似（李小文等[177]，2007）。

Cliff和Ord在1973年出版的专著中揭示了空间自相关的概念，使研究者能够从统计上评估数据的空间依赖性程度。主要涉及的概念包括：

①距离：不是欧式空间中的几何点，而是地理空间中相对匀质的地理单元。

②空间邻近度：空间邻近度正比于公共边界，反比于中心距。

③时空邻近度：地理空间任意两匀质区域（含点）之间的时空邻近度，对给定的“流”，正比于两者之间的总流量，反比于从一端到达另一

端的平均时间。

M. Goodchild 提出了“第二定律”可能诞生的方向：空间异质性，或者地理现象的分散性，即为地理空间上的差异性。

2.2.1.2 空间关系理论

（1）空间关系理论。空间关系是地理信息系统 GIS 的核心理论问题，在空间数据建模、空间分析、空间查询、空间推理、地图理解等过程中都起着重要作用。

空间关系理论主要内容为：空间关系可以由空间现象的几何特性引起，如距离、方位、连通性、相似性等，可以由空间现象的几何特性和非几何特性共同引起，如空间分布现象的统计相关、空间自相关、空间相互作用、空间依赖等，可以完全由空间现象的非几何属性导出空间关系。

①空间关系类型。空间关系的类型包括顺序关系、度量关系和拓扑关系。顺序关系描述目标在空间中某种位置关系：如前后左右、东西南北等。度量关系用来描述的目标间的关系：如距离关系。拓扑空间关系是指拓扑变换下的拓扑不变量：如空间目标的相邻和连通关系（胡圣武等[178]，2007）。

②空间关系之间约束强度。空间关系之间的约束强度：空间关系表达了空间数据之间的一种约束。前面讲到空间关系主要包括顺序关系、度量关系和拓扑关系三个方面，对三方面的约束强度排序得到的结果是：度量关系 > 顺序关系 > 拓扑关系。

A. 度量空间关系包括定量化描述和定性化描述两种。定量化描述：利用距离公式量测两个空间目标间的度量关系。定性化描述：近、远两种定性距离描述方式，进一步用近、中、远、很远等定性指标来描述距离。

定量度量空间关系分析包括空间指标量算和距离度量两大类：空间指标量算是用区域空间指标量测空间目标间的空间关系。区域空间指标包括：几何指标（位置、长度/距离、面积、体积、形状、方位等）、自然地理参数（坡度、坡向、地表辐照度、地形起伏度、河网密度、切割程度）、人文地理指标（集中指标、差异指数、地理关联系数、吸引范围、交通便利程度、人口密度、通达性）。地理空间的距离度量：利用距离量算目标间的空间关系，空间中两点间距离的计算有不同的方法，可以沿着实际的地球表面进行，也可以沿着地球椭球体的距离量算，相应的距离计算公式也不同。

B. 顺序关系：顺序关系包括很多种，其中最基本的顺序关系是方向空间关系，又称方位关系或延伸关系，它指的是源目标相对于参考目标的顺序关系。如：河南省在湖北省北部。

C. 拓扑空间关系。拓扑变换：拓扑研究的是几何图形的一些性质，它们在图形被弯曲、拉大、缩小或任意变形下保证原关系不变。值得注意的是，拓扑变换在变形过程中不会增加或减少原本就存在的点，并且位置也不会出现变化。

拓扑变换的条件：原来图形的点与变换后图形的点之间存在着一一对应的关系，并且邻近的点还是邻近的点。这样的变换叫作拓扑变换。

拓扑变换与橡皮几何学：拓扑变换可以形象地比喻为橡皮几何学（见图2－1）。假设图形是用橡皮做的，橡皮图形的弹性变化可以看成拓扑变换。一个橡皮圈可以变形成一个圆圈或一个方圈，其拓扑关系不会发生变化。但若是一个橡皮圈的相邻或是连通关系发生了变化，由原来一个圈的关系变成一个阿拉伯数字“8”就不属于拓扑变换（见图2－2）。在变成“8”的过程中，圈上的两个点重合在一起，不再是单纯的弹性变换。

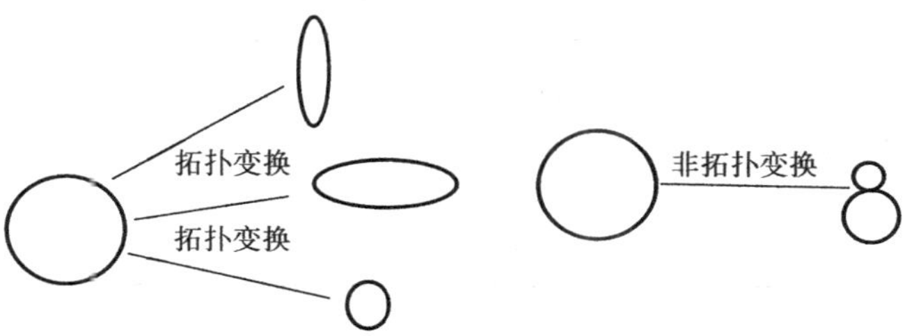

图2－1　拓扑变换

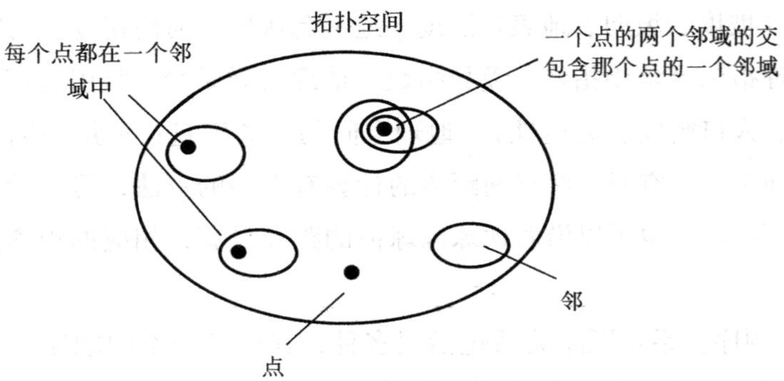

图2-2　拓扑空间

橡皮表面有一个多边形，多边形内部有一个点。无论对橡皮进行压缩或拉伸，点依然存在于多边形内部，点和多边形之间的空间位置关系不改变，而多边形的面积则会发生变化。前者则是空间的拓扑属性，后者则不是拓扑属性。拓扑属性和非拓扑属性区别见表2-1。

表2-1　拓扑属性和非拓扑属性区别

拓扑属性	一个点在一个弧段的端点 一个弧段是一个简单弧段（弧段自身不相交） 一个点在一个区域的边界上 一个点在一个区域的内部 一个点在一个区域的外部 一个点在一个环的内部 一个面是一个简单面（面上没有“岛”） 一个面的连续性（给定面上任意两点，从一点可以完全在面的内部沿任意路径走向另一点）
非拓扑属性	两点之间的距离 一个点指向另一个点的方向 弧段的长度 一个区域的周长 一个区域的面积

（2）空间关系描述。以数学或逻辑的方法区分不同的空间关系，给出形式化的描述，这是空间关系描述的基本任务（胡圣武等[178]，2007）。

①度量空间关系描述。度量空间关系包括，空间指标量算、距离度量。空间指标量算：主要包括长度、周长、面积等指标，其定量计算通常采用数学描述公式，形式简单、较为统一。

②度量空间关系描述。距离度量描述是指，以两个点目标间的距离为基本距离，其计算有不同的方式。最为常用的是平面中两个点之间的距离计算，包括欧氏距离、切比雪夫距离等。为了适应地球球面距离的量算，还有大地测量距离、曼哈顿距离等球面距离的定义方式。不同学科对距离的理解及应用目的不同，所用到的距离定义及描述方法也不同。例如统计学中的斜交距离和马氏距离等，旅游业中的旅游时间距离等。

（3）时空空间关系。地理实体之间的空间关系时常随着时间而变化，时间与空间关系交织在一起就形成了多种时空关系。当目标之间的空间关系随时间发生变化时，往往与目标间的时间拓扑关系交织在一起，形成一种新的时空拓扑关系（spatio - temporal topology）。

20 世纪 80 年代初，Allen 提出了一种时态关系描述逻辑，即时间区间逻辑。Allen 的时间区间逻辑中，时间区间为基元，两个时间区间之间的定性关系有 13 种类型：时间相等（TR_ equal）、时间前（TR_ before）、时间后（TR_ after）、时间相遇（TR_ meet）、时间被遇见（TR_ met）、时间交叠（TR_ overlap）、时间被交叠（TR_ overlapped）、时间包含（TR_ contain）、时间被包含（TR_ during）、时间开始（TR_ start）、时间被开始（TR_ started）、时间终止（TR_ finish）、时间被终止（TR_ finished）。时空关系模型是时间区间关系和空间区域关系的正交组合。

2.2.2 生态学理论

1869 年，德国学者 E. H. Haeckel 提出生态学概念，他认为生态学是研究生物有机体与其周围环境之间相互关系的科学。生态学把生物有机体和其所处的环境看作一个整体，强调它们之间的相互作用。目前，生态学基本理论不断扩展其包含范围，增加内涵和外延，基于各种理论指导着人们活动的行为和方式，促使着人与自然的协调发展。现代生态学理论研究重点集中在以下四个方面。

（1）自然生态系统研究。首先，研究环境对生物的作用与反作用规律，探索生态系统和生物圈中各组分之间的相互作用；其次，研究种群对特定环境的适应对策和其基本特征，及在时间和空间上的变化规律；最后，研究生态系统中的物质、能量和信息的流动和循环，生态系统的发展和演化，以及生态系统与人类的关系。

（2）社会生态系统研究。借助社会生态系统的功能和结构，并以此为入手点，研究生态系统的结构和功能，物质能量代谢循环过程，发展演化规律及科学管理方法；研究生态系统的形成和发展，以及建设生态环境的途径等。

（3）生态系统服务研究。生态系统服务是指人类从生态系统得到的利益，一般包括直接和间接两种生活方式。目前生态系统服务研究的重点是生态系统服务价值分类及评价等项目。

（4）生态系统管理研究。生态系统管理研究主要包括：建立生态系统模型、监测生态系统的动态特征、履行生态系统的适应性管理、对生态系统管理效果的科学评价等。生态系统管理的目标是保持和维护生态系统结构、功能的可持续性[179]。

2.2.3 生态经济学理论

2.2.3.1 生态经济学理论产生与发展

生态经济学（Ecological Economics）兴起于20世纪60年代，其概念是由肯尼斯·鲍尔丁首次提出的。鲍尔丁在研究传统经济学的同时，也对生态经济学进行了深刻的思考。鲍尔丁看到并指出了传统经济学的局限性，明确阐述了生态经济学的研究对象，生态经济学的形成和发展，使生态学内容得到了扩展和延伸。生态问题也从不同的视角被人们重新认识，打破了原有的经济科学的局限性，通过综合考虑生态环境，使人类行为和社会现象得到了更好地阐释。针对世界发展所面临的主要问题，鲍尔丁主张对自然资源循环利用，节约资源，提高效率，减轻对生态环境的污染。

经济学家列昂捷夫使用的投入——产出分析法，把处理污染物的费用包括在产品成本之中，对污染影响工业生产进行了详尽的分析。列昂捷夫是世界上第一个以定量分析的方式将环境保护和经济发展两者放在一起讨论的科学家。

从本质上讲，生态经济学是一门同时研究生态系统和经济系统组合而成的复合系统的结构、功能及其运动规律的学科，研究内容包括探讨社会经济发展同自然资源和生态环境的关系、开发生态经济效益、促使生态经济协同发展等方面，倡导在制定经济社会发展模式、确定新的未来经济发展战略时，综合考虑经济、社会、生态三个方面，将经济发展和生态环境保护作为一个统一的整体，寻找其内部平衡点，旨在建设可持续发展的社会发展模式[180]。

自鲍尔丁和列昂捷夫之后，不少经济学家开始从理论上深入探讨经济发展对环境带来污染的根源。在深入探索的过程中，经济学家们逐步认识到没有考虑“外部不经济型”的传统经济学理论不足以对已经存在的环境污染问题以及资源枯竭现象做出令人满意的解释。为了赚取更大利润而将不经处理的污染物大量排放到自然环境中，借助社会的公共资源和以牺牲社会公众的安全谋求短期的不可复制的利益发展，这种发展方式不仅加重社会公共费用的负担，牺牲公众生活的环境质量，而且不利于可持续发展。在传统的经济学理论中，GDP 和 GMP 都没有设立环境指标和资源指标，不能反映一个国家的环境资源状况对经济发展的影响程度。因而，关于经济发展与环境质量的关系，学者提出了以下方程式：

$$NSW = NNP + (B - GC) - AL \tag{2-1}$$

式中：

NSW = 净社会福利

NNP = 净国民生产增值

B = 未被认识的经济发展的非市场性有利条件（如知识的积累、保健的改善等）

GC = 为经济发展（包括信息、管理等）减少污染所付出的劳力和费用

AL = 环境恩惠损失（如噪声增加、烟雾增多、风景区的商业化改变等）

因此，学者认为：国家经济发展过程中效益追加部分增长时，为它追加的各种费用也必须增长，当追加费用与追加效益相等时，为不引起大范围环境恶化，此国家就须减缓或停止发展。

2.2.3.2 生态经济学的特征

（1）综合性。生态经济学整合了自然科学的研究方法和社会科学的研究方法来研究生态经济问题，从总体上研究经济、社会以及自然生态之间的关系。

（2）层次性。生态经济学既包括综合性的生态经济问题的研究，也包括不同专业类型生态经济问题的研究。

（3）地域性。由于地区经济发展脚步不一致，且地区支持性的工业类型的不同等因素，不同地域内面临的生态经济问题具有显著的差异性，在做生态经济学研究时，以区域的实际情况为依据更具有说服性。

（4）战略性。在做出任何决定之前，包括经济发展策略、环境保护政策等决定，明确战略方向显得尤为重要。生态经济的研究目标是使整体效益优化，达到帕累托最优，为社会经济发展指出方向，具有战略意义。

2.2.3.3 生态经济学主要内容

生态经济学研究将生态和经济视为一个不可分割的有机整体，促进了社会经济发展新观念的产生和发展。生态经济学的研究内容包含很多方面[181]。

（1）生态经济基本理论。包括经济发展与生态环境的关系，生态经济效应与生态价值理论，生态与经济协同发展等。

（2）生态经济规划与优化。不同地区的生态系统具有明显的差异，进行经济区划和规划，根据不同地区的自然经济特点发挥其最大功能，获取最大效益，寻找最佳生态经济模型是其研究的重要课题。

（3）生态经济管理。计划管理应包括对生态系统的管理，经济计划应当地生态经济社会发展计划。生态经济学要为经济政策提供理论依据。

（4）生态经济史。生态经济问题有历史普遍性也有历史的阶段性，研究生态经济发展的普遍规律，为现实的生态经济建设提供指导。

2.2.4 区域经济发展理论

2.2.4.1 区域经济发展理论

区域经济发展理论，不同角度来看有不同的含义[180]。

（1）区域经济均衡发展理论，认为区域内的经济发展存在着一个最佳的平衡点，只要区域内的各种资源要素、生产配置等按比例供应达到最优配置，那么在这一区域内的经济发展就是最优发展模式。

（2）区域经济非均衡发展理论，认为社会经济发展过程中，存在少数支配性变量代表着发展的总体趋势，不应该在各经济区域平均使用资源，而应有差异地对待，应该支持差异化的发展。

（3）欠发达地区发展理论。欠发达地区的经济结构不同于普通的经济结构，发达的城市地区在发展过程中，需要不断补充剩余劳动力来促进自身发展，欠发达地区的剩余劳动力会被吸收到发达地区中来，结果产生人口和生产力向城市集中的状况。

2.2.4.2 资源环境价值理论

资源环境经济学是研究经济发展和生态环境保护之间的相互关系，探索合理调节经济活动和环境之间物质交换的基本规律，使经济活动取得最佳经济效益与环境效益的一门学科[179]。其基础理论包括自然科学理论和社会科学理论，主要有物质平衡理论、再循环理论、环境污染理论、资源（环境）承载力理论、多种数学理论、微观经济学、宏观经济学、制度经济学等学科中的一系列理论。其中最重要的是价值理论、价格理论和产权影响（作用）价值运动的理论。环境资源价值包含两个方面。第一，环境资源本身存在的价值。第二，环境资源所能直接或间接满足目前人们的生活、生产需要的价值。无论从哪一方面，毫无疑问资源环境的存在是有价值的，其生态价值的来源体现在对生态系统的服务功能上。

随着资源的日益枯竭和环境问题的愈加严重，资源、生态和环境问题引起了各国政府和多种组织、研究机构、环境学家、经济学家的重视。Goldsmit（1982）分析了自然资源价值评估研究进展缓慢的原因主要是由于评估方法困难和对此缺乏足够的关注。Weiller（1983）认为环境核算的范围包括自然资源的枯竭、环境自然状态的保护和污染及其控制三个方面，其没有提出如何对自然资源枯竭进行核算和估价，但从资源经济角度阐述了自然资源枯竭问题的重要性，以及自然资源枯竭对经济的影响。基于环境价值进入 GDP 账户的可能性，Alexander 通过假定一个在全球拥有所有生态系统的独占者，测算其在生态系统市场突然建立后所能获得的最大收益，以此来评价未来有可能包含在 GDP 账户中的生态系统环境功能的逻辑价值。

2.2.4.3 可持续发展理论

可持续发展的核心是发展，前提是可持续，要求是既要满足当代人的需求，又不损害后代人，在不损害一部分人发展的情况下另一部分人的利益得以保护，目的是创造一种可持续发展的能力。美国学者汉森和琼斯将可持续发展能力直接解释为：“一个系统可以达到可持续状态的水平”。2001 年的《科学》杂志刊载的由 23 位世界著名的可持续发展研究者联名的题为《可持续能力学》的论文，把可持续能力定义为：“可持续能力的本质是如何维系地球生存支持系统去满足人类基本需求的能力”。可持续发展涉及自然、环境、社会、经济、科技等诸多方面，其要求在严格控制人口，提高人口素质和保护环境，资源永续利用的前提下进行经济和社会的发展，注重社会的发展、人的发展以及人类社会与自然界之间的平衡发展。

本书研究依据可持续发展理论，在评价区域生态经济效益时，选择体现可持续发展的指标，比如环境污染治理、工业污染治理等，还可选取万元 GDP 能源消耗、水资源消耗等能源可持续发展指标，并通过前期的研究计算区域生态足迹、区域环境投入等指标。这些指标的选取，既能表明区域生态经济效益的现实状况，同时也能体现在未来一段时间的总体生态状况的趋势。

2.3　本章小结

区域生态经济的研究涉及多个概念、多个理论，本章明确厘清了生态经济与生态经济效益等概念，梳理了空间分析理论、生态学理论、生态经济学理论以及区域发展理论等相关理论，为区域生态经济效益评价提供理论依据。

第 3 章

WNN 和 SVM 集成的混合人工智能空间统计方法

本章对空间权重矩阵确定方法进行了创新。本章围绕空间统计分析的空间权重矩阵确定这个关键因素，建立了基于支持向量机和小波神经网络集成的混合人工智能技术的空间权重矩阵的确定方法与实现算法，能够较好地处理社会经济问题中涉及的复杂影响因素及其相互作用关系，如空间位置及其相关性、区域结构分布、空间传播途径等，避免了经典空间统计学中对空间权重矩阵的定义及其计算方法所带来的局限性。

3.1 人工智能技术

建立由小波神经网络和支持向量机组成的混合模型 WNN - SVM，提高模型处理空间数据的能力。这部分主要涉及算法研究，即如何进行数据处理，提高模型推广能力，设计能够确定空间权重矩阵的算法。

3.1.1 小波神经网络

3.1.1.1 小波理论

利用傅里叶变换提取的信号特征是信号分析中必不可少的，傅里叶变换按照正弦、余弦对给定的信号进行展开，并把函数表示为不同频率下谐波函数的线性叠加，它可以较好地描述信号的频率特性，但只是存在时域变换，没有时频局部特性。傅里叶变换是信号处理领域中使用最广泛的分析方法，但其缺陷与不足也是明显的：对于信号的时间无法判断。

小波分析是针对傅里叶变换的不足发展而来的。自20世纪80年代，首次在多尺度分析领域提出小波变换理论，小波分析就被广泛地应用于图像处理和信号处理领域。小波变换利用母小波平移、伸缩变换张成的空间，将信号分解在空间上，并用信号在该空间上的投影来表示该信号。小波必须振荡，振幅迅速减小到零时，至少有一个消除时刻的波。

小波是一种长度有限且平均为0的波形，其特征包括：

（1）时域具有紧支集或近似紧支集；

（2）直流分量为0。

小波变换是指先对某一基本小波函数 $\psi(t)$ 平移到 b 后，在不同尺度 a 下与待分析的信号 $x(t)$ 做内积。

$$WT_x(a,b) = \frac{1}{\sqrt{a}}\int x(t)\ \psi^*\left(\frac{t-b}{a}\right)dt$$

$$= \int x(t)\,\psi_{a,b}^{*}(t)\,dt = \langle x(t), \psi_{a,b}(t) \rangle \tag{3-1}$$

等效的时域表达式为：

$$WT_x(a,b) = \frac{1}{\sqrt{a}}\int x(\omega)\psi^{*}\left(\frac{\omega - b}{a}\right)e^{j\omega t}dt \quad a > 0 \tag{3-2}$$

3.1.1.2 小波神经网络

小波神经网络产生于神经网络和小波分析两种理论的结合，以小波基函数为基点，对隐含层节点进行传递，实现信号既能够前向传播也能够对神经网络反向传播误差。

图 3－1 中 $x_1, x_2, \cdots, x_k$ 是小波神经网络的输入参数，$y_1, y_2, \cdots, y_m$ 是小波神经网络的预测输出参数。

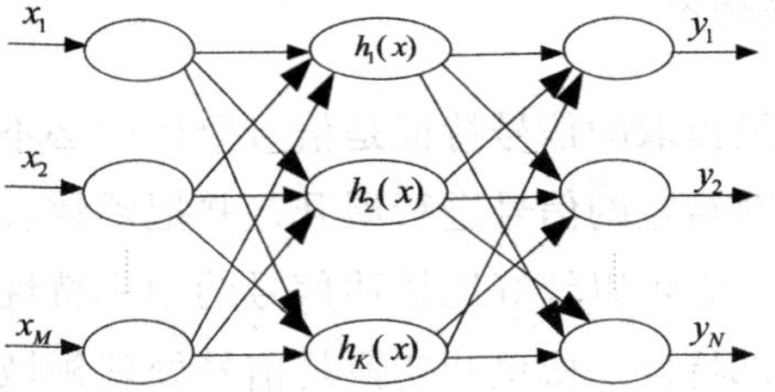

图 3－1 小波神经网络的拓扑结构

在这种情况下使用的小波基函数是 morlet 母小波基函数，数学公式为：

$$\psi(t) = e^{-t^2/2}\cos ct \tag{3-3}$$

令 $c = 5$ 函数图形为（见图 3－2）：

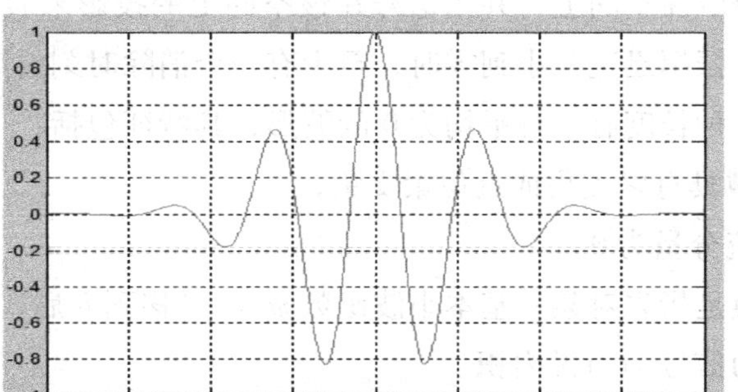

图 3－2 morlet 母小波基函数

小波神经网络的输出计算公式：

$$y(k) = \sum \omega_{ik} h(i) \quad k = 1, 2, \cdots, m \tag{3-4}$$

仿照 BP 神经网络权值算法修正，小波神经网络权值也进行类似修正，为了让小波神经网络的预测输出无限逼近近似期望输出，使用梯度修正网络的权值和小波基函数参数。小波神经网络修正过程如下：

（1）计算神经网络预测误差：

$$e = \sum y_n(k) - y(k) \tag{3-5}$$

（2）根据计算得来的预测误差，对小波神经网络权值和小波基函数系数进行修正：

$$w_{n,k}^{i+1} = w_{n,k}^{i} - \Delta w_{n,k}^{i+1} \tag{3-6}$$

$$a_k^{i+1} = a_k^{i} + \Delta a_k^{i+1} \tag{3-7}$$

$$b_k^{i+1} = b_k^{i} + \Delta b_k^{i+1} \tag{3-8}$$

式中，$\Delta w_{n,k}^{i+1}$，Δa_k^{i+1}，Δb_k^{i+1}是根据网络预测误差计算得到的：

$$\Delta w_{n,k}^{i+1} = -\eta \Delta \frac{\partial e}{\partial w_{n,k}^{i}} \tag{3-9}$$

$$\Delta a_k^{i+1} = -\eta \Delta \frac{\partial e}{\partial a_k^{i}} \tag{3-10}$$

$$\Delta b_k^{i+1} = -\eta \Delta \frac{\partial e}{\partial b_k^{i}} \tag{3-11}$$

式中，η 为学习速率。

3.1.1.3　小波神经网络算法步骤

小波神经网络算法训练步骤如下：

第一，网络初始化。随机初始化小波函数伸缩因子a_k，平移因子b_k和网络连接权值w_k，设定网络学习速率 η。

第二，样本分类。样本分为训练样本和测试样本，分别用于训练网络和测试网络预测精度。

第三，预测输出参数。将训练样本输入网络，计算网络预测输出，并计算出网络和期望的输出误差。

第四，权值修正。以上述计算的输出误差对小波函数参数和网络权值修正，使网络预测近似于期望值。

判断算法是否结束，如果没有结束返回第三步。

3.1.2 支持向量机

3.1.2.1 支持向量机简介

支持向量机（Support Vector Machine，SVM）是 Cortes 和 Vapnik[182] 于 1995 年在统计学习理论的基础上首先提出的一种模式识别的新方法。为了获得最好的推广能力，以有限的样本信息在模型中的复杂性（即对特定训练样本的学习精度，Accuracy）和学习能力（即无错误地识别任意样本的能力）为依据，在两者之间寻求最佳折中方案，形成建立在统计学习理论的 VC 维理论和结构风险最小原理基础上的支持向量机方法。支持向量机方法一直备受关注。1996 年，Vapnik 等又提出支持向量回归（Support Vector Regression，SVR）的方法解决拟合问题。SVR 同 SVM 的出发点都是寻找最优超平面，两者最终都转换为最优化问题的求解。此外，在 SVM 算法的基本框架下，研究者提出了很多相关的改进算法。例如，最小二乘支持向量机（Least Square Support Vector Machine，LS－SVM）算法、中心支持向量机（Central Support Vector Machine，CSVM）等。

支持向量机的优势体现在解决小样本、非线性及高维模式识别中的独有特点，并可以应用于其他机器学习问题，如函数拟合。其中，SVM 的小样本特征，指的不是样本的绝对数量少，而是相对于问题的复杂度，此种算法要求的样本数量是比较少的。非线性意味着 SVM 擅长处理样本数据的线性不可分离性，松弛变量和核函数是两种实现方式。高维模式识别意味着样本维数很高，而 SVM 构建的分类器非常简单，只包含落在边界上的支持向量。

3.1.2.2 支持向量机算法

（1）支持向量分类机 C－SVC。线性分类器，是最为简单有效的分类器形式。线性分类器包含了 SVM 的诸多核心概念，并且能够显示 SVM 形成的思路。

如一个二维空间里仅有两类样本的分类问题，如图 3－3 所示：

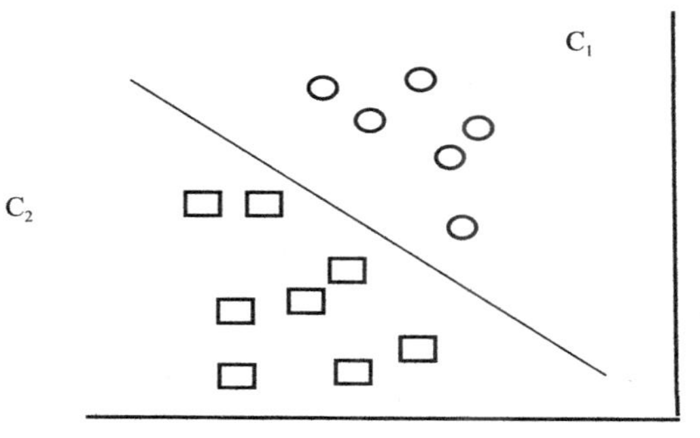

图 3－3　两类样本分类

C_1 和 C_2 是要区分的两个类别，它们在二维平面中的样本如图 3－3 所示。中间直线为一个分类函数，可完全分离两种类型的样本。通常，如线性函数可以完全分离样本，则数据被称为线性可分，否则称为非线性可分离。

图 3－3 也表明：中间边界线不是唯一直线，如两类数据划分正确，将中间分界线旋转一下，依旧可完成分类；少量平移也可达到使其分类的效果。当针对同一问题存在多个分类函数时，需确定哪个函数更优。在这一点上，须首先确立一个量化“好”程度的指标，通常用分类间隔来衡量其程度。设平面中的直线方程为：

$$g(x) = wx + b \tag{3-12}$$

设 x_i 是一个自某一对象抽取出的 n 维向量，y_i 为分类标记，则可以定义点到某一超平面的间隔：

$$\delta = y_i(w\, x_i + b) \tag{3-13}$$

用 $\frac{w}{\|w\|}$ 和 $\frac{b}{\|w\|}$ 替代式（3－13）中的 w 和 b 得：

$$\delta_i = \frac{1}{\|w\|}|g(x_i)| \tag{3-14}$$

由式（3－14）获得的间隔称为几何间隔，它表示从点到超平面的距离的定义。从一组样本到超平面的距离是该集合中距离最接近超平面的点的距离，图 3 -4 直观地表示了几何间隔的含义。

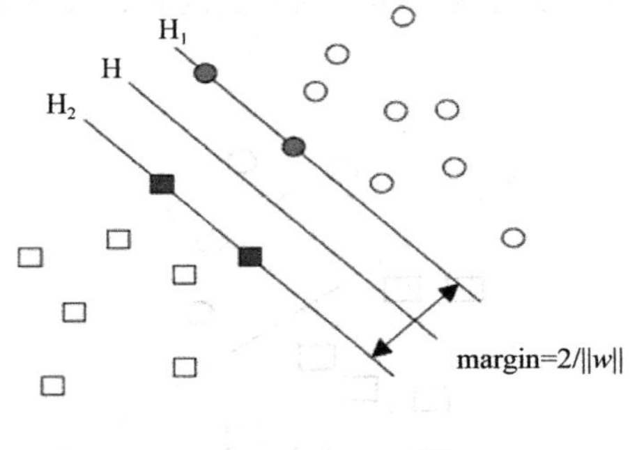

图 3 -4　分割超平面

图 3 -4 中，H 为分类面，H_1 和 H_2 为平行于 H、且距离 H 最近两类样本的直线，H_1 与 H，H_2 与 H 之间的距离即为几何间隔。几何间隔与样本的误分次数间存在如下关系：

$$误差分数 \leqslant \left(\frac{2R}{\delta}\right)^2 \tag{3-15}$$

其中，δ 为样本集合到分类面的间隔，$R = \max\|x_i\|$，$i=1, 2, \cdots, n$，即 R 为样本中向量长度最长的值。上式表明，误分次数的上界由几何间隔决定。选择几何间隔作为评价一个解优劣的指标，解的几何间隔越大，它的误差上界越小。因此，最大化几何间隔成为训练阶段的目标。

从式（3 -14）可知，几何间隔与 $\|w\|$ 成反比，因此，最大化几何间隔与最小化 $\|w\|$ 等价。通常不是设定 $\|w\|$ 的大小来寻求最大几何间隔，而是通过固定间隔（例如固定为 1），寻找最小的 $\|w\|$。

此时转变成一个最优化问题，若想寻找一个小 $\|w\|$，就可用 $\min\|w\|$ 表示。

但实际上对于这个目标，常使用另一个完全等价的目标函数来代替，即：

$$\min \frac{1}{2}\|w\|^2 \tag{3-16}$$

如直接解求最小值的问题，可看出当 $\|w\|=0$ 时就得到了目标函数的

最小值。如在图3-4中，即为H_1与H_2两直线间距离无限大，此时，所有的样本点都位于H_1和H_2中间，而原目标位于H_1右侧的被分为正类，H_2左侧的被分为负类，位于两类中间的样本则拒绝分类。此时，所有样本点都进入无法分类的灰色地带。造成此种结果的原因为，描述问题时只考虑目标，未加入约束条件，于是可以添加约束条件：

$$y_i[(w \cdot x_i)+b] \geq 1 \quad (i=1, 2, \cdots, n) \tag{3-17}$$

式中，n是总样本数。可将两类分类转化成数学形式：

$$\begin{cases} \min \dfrac{1}{2}\|w\|^2 \\ y_i[(w \cdot x_i)+b]-1 \geq 0 \quad (i=1,2,\cdots,n) \end{cases} \tag{3-18}$$

在此问题中，自变量为w，目标函数为w的二次函数，所有约束条件都为w的线性函数，此类规划问题即为二次规划（Quadratic Programming，QP）其可行域为凸集，因此它是一个凸二次规划。

样本确定了w，用数学语言描述，即为w可表示为样本的某种组合：

$$w=\alpha_1 x_1+\alpha_2 x_2+\cdots+\alpha_n x_n \tag{3-19}$$

式中，α_i为拉格朗日乘子，x_i为样本点，也是向量，n为总样本点的个数。为便于描述，严格区别数字与向量的乘积和向量间的乘积，用$\alpha_i x_i$表示数字和向量的乘积，而用$\langle x_i, y_i\rangle$表示向量x_i，y_i的内积。因此式（3-2）的严格形式应该为：

$$g(x)=\langle w,x\rangle+b \tag{3-20}$$

w与跟样本点的位置有关，还跟样本的类别有关。因此用下面这个式子表示w：

$$w=\alpha_1 y_1 x_1+\alpha_2 y_2 x_2+\cdots+\alpha_n y_n x_n \tag{3-21}$$

式中，y_i为第i个样本的标签，等于1或者-1。式中的拉格朗日乘子α_1，α_2，…，α_n中，仅有很少一部分不等于0，而这部分不等于0的拉格朗日乘子后面所乘的样本点，都落在H_1和H_2上，也正是这部分样本确定了分类函数。这部分可以确定分类的样本点，就叫作支持向量。因此原来的$g(x)$表达式可以写为：

$$g(x)=\langle w,x\rangle+b=\langle \sum_{i=1}^{n}(\alpha_i y_i x_i),x\rangle+b \tag{3-22}$$

其中上式，$w = \sum_{i=1}^{n}(\alpha_i y_i x_i)$ 可以变形为：

$$g(x) = \sum_{i=1}^{n} \alpha_i y_i \langle x_i, x\rangle + b \tag{3-23}$$

此时消去了上式中的 w，问题从求 w 变成了求 α，就简化了原问题的求解。以如此形式描述问题后，优化问题就减少了很大一部分不等式约束。

（2）支持向量回归。函数逼近问题就是在像空间上通过机器学习，能够选择一个特定的函数：

$$\begin{aligned} & f(x) = W \cdot \phi(X) + b \\ & M(y, f(x)) = L(|y - f(X)|_{\varepsilon}) \end{aligned} \tag{3-24}$$

引入不敏感损失函数 ε，即式中：

$$|y - f(X)|_{\varepsilon} = \begin{cases} 0, & 若 |y - f(X)| \leqslant \varepsilon \\ |y - f(X)| - \varepsilon, & 其他 \end{cases} \tag{3-25}$$

如预测值与观测之间偏差小于时 ε，损失等于 0。在这里，ε 为支持向量回归机的不敏感区域，几何意义如图 3-5 所示。

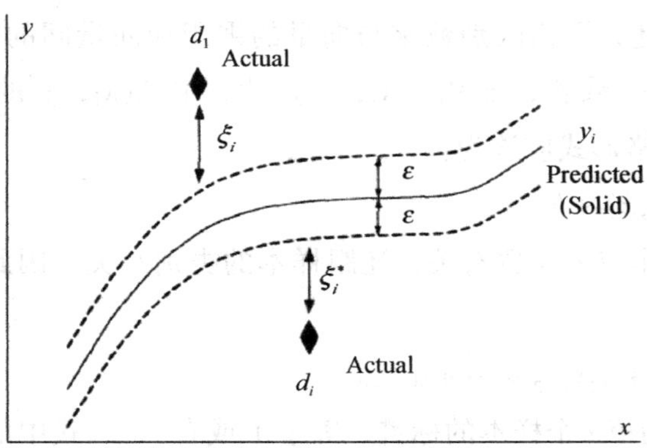

图 3-5　支持向量回归机中的参数

利用支持向量机解决回归问题，就是解决优化问题：

$$
\min \frac{1}{2}\|W\|^2 + C\left(\sum_{i=1}^{L}\xi_i^* + \sum_{i=1}^{l}\xi_i\right)
$$

$$
\text{s.t.}\begin{cases}
y_i - (W\cdot\varphi(x_i)) - b \leqslant \varepsilon + \xi_i, i = 1,2,\cdots,l \\
(W\cdot\varphi(x_i)) + b - y_i \leqslant \varepsilon + \xi_i^*, i = 1,2,\cdots,l \\
\xi_i^* \geqslant 0, i = 1,2,\cdots,l \\
\xi_i \geqslant 0, i = 1,2,\cdots,l
\end{cases} \tag{3-26}
$$

其相应的对偶问题为：

$$
\min \frac{1}{2}\sum_{i=1}^{l}(\alpha_i^* - \alpha_i)(\alpha_j^* - \alpha_j)K(x_i,y_j) + \varepsilon\sum_{i=1}^{l}(\alpha_i^* + \alpha_i) - \sum_{i=1}^{l}y_j(\alpha_i^* - \alpha_i)
$$

$$
\text{s.t.}\ \sum_{i=1}^{l}(\alpha_i^* - \alpha_i) = 0
$$

$$
0 \leqslant \alpha_i^*, \alpha_i \leqslant C \tag{3-27}
$$

解上式，得到：

$$
W = \sum_{i=1}^{l}(\alpha_i^* - \alpha_i)\varphi(x_i)
$$

$$
b = y_i - \sum_{i=1}^{l}(\alpha_i^* - \alpha_i)K(x_i,y_j) + \varepsilon \tag{3-28}
$$

因此，得到决策函数：

$$
f(x) = \sum_{i=1}^{l}(\alpha_i^* - \alpha_i)K(x_i,y_j) + b \tag{3-29}
$$

3.1.2.3　SVM 中的核函数

根据模式识别理论，低维空间线性不可分的模式通过非线性映射到高维特征空间则可能实现线性可分，但是如果直接采用这种技术在高维空间进行分类或回归，则存在确定非线性映射函数的形式和参数、特征空间维数等问题，而最大的障碍则是在高维特征空间运算时存在的“维数灾难”。采用核函数技术可以有效地解决这样的问题。

当分类问题在低纬空间无法用线性分类方法解决时，可以通过 ϕ 将低纬空间的数据映射到高纬特征空间中，从而达到线性可分的目的。

从低纬度向高纬度转化的关键在于寻找一个 ϕ 函数，但目前没有一个系统的方法。对映射过程推导如下：

$$\begin{aligned}\langle\phi(x_1,x_2),\phi(x_1^T,x_2^T)\rangle &= \langle(Z_1,Z_2,Z_3),(Z_1^T,Z_2^T,Z_3^T)\rangle \\ &= \langle(x_1^2,\sqrt{2}x_1x_2,x_2^2),(x_1^{T2},\sqrt{2}x_1^Tx_2^T,x_2^{T2})\rangle \\ &= x_1^2x_1^{T2}+2\,x_1x_2x_1^Tx_2^T+x_2^2x_2^{T2} \\ &= (x_1x_1^T+x_2x_2^T)^2 \\ &= (\langle x,x^T\rangle)^2 \\ &= K(x,x^T)\end{aligned} \tag{3-30}$$

从上式可以得出，高维空间里内积的值，而核函数是接受低空间的输入，并计算出在高维空间的内积值。$K(x,\ x^T)$，即所需应找到的核函数。

于是上式可以表示为 $g(x)=\sum_{i=1}^{n}\alpha_i y_i K\langle x_i,x\rangle+b$。尽管问题是线性不可分的，但要求内积的时候就选定核函数来计算。这样求出来的 α 再和拟选定的核函数组合，就可以得到线性分类器。

选择满足 Mercer 条件的不同内积核函数，就构造了不同的 SVM，这样也就形成了不同的算法。目前研究最多的核函数主要有三类。

（1）多项式核函数。

$$K(x,x_i)=[(x\cdot x_i)+1]^q \tag{3-31}$$

其中 q 是多项式的阶次，所得到的是 q 阶多项式分类器。

（2）径向基函数（RBF）。

$$K(x,x_i)=\exp\left\{-\frac{|x-x_i|^2}{\sigma^2}\right\} \tag{3-32}$$

所得的 SVM 是一种径向基分类器，它与传统径向基函数方法的基本区别是，这里每一个基函数的中心对应一个支持向量。这些支持向量以及输出权值都是由算法自动确定的。径向基形式的内积函数类似人的视觉特性，在实际应用中经常用到，但是需要注意的是，选择不同的 S 参数值，相应的分类面会有很大差别。

（3）S 形核函数。

$$K(x,x_i)=\tanh[v(x\cdot x_i)+c] \tag{3-33}$$

这时的 SVM 算法中包含了一个隐层的多层感知器网络，网络的权值及网络的隐层结点数也是由算法自动确定的，而不像传统的感知器网络那样由人凭借经验确定。另外，该算法不存在困扰神经网络的局部极小点的问题。

除了上面提到的三种核函数外，还有指数径向基核函数、小波核函数等其他一些核函数。目前在核函数中，最为常用的是多项式核函数和径向基核函数，其他核函数应用相对较少。事实上，有各式各样的样本集需要进行训练，核函数也各有优劣。B. Bacsens 和 S. Viaene 等曾利用 LS－SVM 分类器，采用 UCI 数据库，对线性核函数、多项式核函数和径向基核函数进行了实验比较，从实验结果来看，不同的数据库，不同的核函数各有优劣，而径向基核函数在多数数据库上得到略为优良的性能。

3.1.2.4　SVM 中的松弛变量

假设有另一个训练集，只比原训练集多了一个样本，映射到高维空间以后，就多了一个样本点，但此样本的位置见图 3－6。

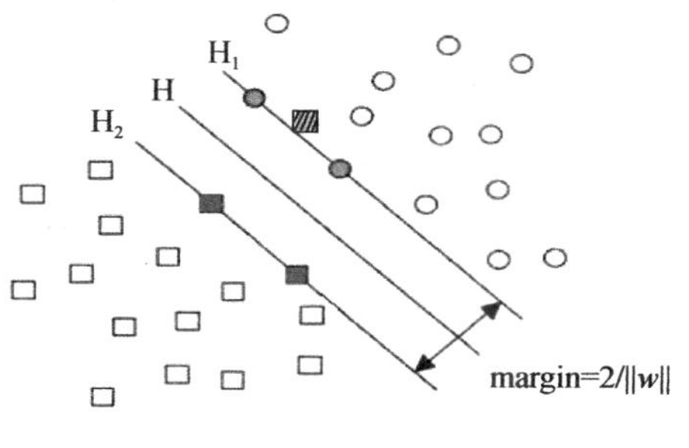

图 3－6　新增加了一个样本后分类的结果

图中类似▨的点，为方形，因而为负类的一个样本，这单独的一个样本，使得原本线性可分的问题变成了线性不可分的。这样类似的问题（仅有少数点线性不可分）称作“近似线性可分”问题。

相对于人类思维，在大量的样本基础上，可能会认为图 3－6 中▨点为错误，视其为噪声，会自动剔除掉。而相对于程序而言，人类思维对噪声数据具有容错性。由于原本优化问题的表达式中，确要考虑所有的样本点，在此基础上寻找正负类之间的最大几何间隔，而几何间隔本身代表的就是距离，是非负的，像图 3－6 中这种有噪声的情况会使得整个问题无解。这种解法也叫作“间隔”分类法，因为其硬性要求所有样本点都需满足分类平面间的距离必须大于某个值。说明硬间隔的分类法的结果容易受少数点的控制。

针对硬间隔的问题，解决方法就是仿照人的思路，允许一些点到分类平面的距离不满足原来的要求。不同的训练集各点的间距尺度不太一样，因此用间隔（而不是几何间隔）来衡量更有利于表达形式的简洁。原来对样本点的要求是：

$$y_i[(w x_i)+b] \geqslant 1 \quad (i=1,2,\cdots,n) \tag{3-34}$$

式中，n 是样本数。该式说明，离分类面最近的样本点函数间隔也要比 1 大。如果要引入容错性，就给 1 这个硬性的阈值加一个松弛变量，即允许：

$$\begin{gathered} y_i[(w x_i)+b] \geqslant 1-\xi_i \quad (i=1,2,\cdots,n) \\ \xi_i \geqslant 0 \end{gathered} \tag{3-35}$$

式中，n 是样本数。因为松弛变量是非负的，因此最终的结果是要求间隔可以比 1 小。但当某些点出现此类间隔比 1 小情况时（这些点也叫离群点），意味着放弃了对这些点的精确分类，而这对分类器来说是种损失。但是放弃这些点也带来了好处，那就是使分类面不必向这些点的方向移动，因而可得到更大的几何间隔。显然必须权衡这种损失和好处。得到的分类间隔越大，好处就越多。原始的硬间隔分类对应的优化问题：

$$\begin{cases} \min \dfrac{1}{2}\|w\|^2 \\ \text{s.t.} \quad y_i[(w \cdot x_i)+b]-1 \geqslant 0 \quad (i=1,2,\cdots,n) \end{cases} \tag{3-36}$$

$\|w\|^2$ 即为目标函数，越小越好，因而损失就必然为一个能使之变大的量。通常有两种常用方式来衡量损失：

$$\sum_{i=1}^{l} \xi_i^2 \tag{3-37}$$

或者

$$\sum_{i=1}^{l} \xi_i$$

两种方法没有大的区别。如选择第一种，得到的方法的就叫作二阶软间隔分类器，第二种就叫作一阶软间隔分类器。把损失加入到目标函数里的时候，就需要一个惩罚因子，原来的优化问题如下：

$$\begin{cases} \min \dfrac{1}{2}\|w\|^2 \\ \text{s.t. } y_i[(w \cdot x_i)+b]-1 \geqslant 0 \quad (i=1,2,\cdots,n) \\ \xi_i \geqslant 0 \end{cases} \tag{3-38}$$

此式有几个需要注意的地方：

一是并非所有的样本点都有一个松弛变量与其对应。实际上只有“离群点”才有，没离群的点松弛变量都等于0。

二是松弛变量的值实际上标示出了对应的点到底离群有多远，值越大，点就越远。

三是惩罚因子C决定了对离群点带来损失的重视程度。当所有离群点松弛变量的和一定时，定的C越大，对目标函数的损失也越大。表明目标函数不愿意放弃这些离群点，最极端的情况是把C定为无限大，此时只要稍有一个点离群，目标函数的值立即变成无限大，让问题变成无解，这就退化成了硬间隔问题。

四是惩罚因子C并非一个变量，求解整个优化问题时，C为一个必须事先指定的值。

五是尽管加了松弛变量，但这个优化问题仍然存在，求解的过程比起原始的硬间隔问题来说，并无任何更加特殊的地方。

从大的方面说，优化问题的求解过程，就是先试着确定一个w，也就是确定了图3-6中的三条直线，此时看看间隔有多大，有多少点离群，计算目标函数的值，此后再换一组三条直线，再次计算目标函数的值，如此往复（迭代），直至最终找到目标函数最小时的w。

松弛变量和核函数的引入都是为了解决线性不可分的问题，为什么要为了一个问题使用两种方法呢？

因为两者存在微妙的不同。一般的情况下，在原始的低维空间中，样本相当不可分，无论怎么找分类平面，总会有大量的离群点，此时用核函数向高维空间映射一下，虽结果仍然不可分，但比原始空间里的样本要更加接近线性可分的状态，此时再用松弛变量处理那些少数顽固的离群点，就更加简单有效。至此一个比较完整的支持向量机框架就有了，简单说来，支持向量机就是使用了核函数的软间隔线性分类法。

3.2 空间统计方法

3.2.1 空间统计分析主要内容

空间统计分析与经典统计学的内容往往是交叉的。空间统计分析使用统计方法解释空间数据，分析数据在统计上是否是“典型”的，或“期望”的。同时，它又具有自己独有的空间自相关分析。主要分析内容包含以下六点。

（1）基本统计量。统计量是数据特征的反映，也是统计分析的基础。

（2）探索性数据分析。探索性数据分析能让用户更深入了解数据，认识研究对象，从而对与其数据相关的问题做出更好的决策。探索性数据分析主要包括确定统计数据属性、探测数据分布、全局和局部异常值（过大值或过小值）、寻求全局的变化趋势、研究空间自相关和理解多种数据集之间相关性。

（3）分级统计分析。分级统计是对数据的进一步处理分析，以便于更好地揭示数据规律或在制图中获得更好的效果。

（4）空间插值。基于探索性数据分析结果，选择合适的数据内插模型，由已知样点来创建表面，研究空间分布。

（5）空间回归。研究两个或两个以上的变量之间统计关系，通过空间关系，包括考虑空间的自相关性，把属性数据与空间位置关系结合起来，更好地解释地理事物的空间关系。

（6）空间分类。基于地图表达，采用与变量聚类分析相类似的方法来产生新的综合性或者简洁性专题地图。包括多变量统计分析，如主成分分析、层次分析，以及空间分类统计分析，如系统聚类分析、判别分析等。

3.2.2　空间统计的主要分析方法

3.2.2.1　全局趋势分析

通常一个事物的表面主要由两部分组成：确定的全局趋势和随机的短程变异。空间趋势反映了空间物体在空间区域上变化的主体特征，它主要揭示了空间物体的总体规律，而忽略局部的变异。趋势面分析是根据空间抽样数据，拟合一个数学曲面，用该数学曲面来反映空间分布的变化情况。它可分为趋势面和偏差两大部分，其中趋势面反映了空间数据总体的变化趋势，受全局性、大范围的因素影响。如果能够准确识别和量化全局趋势，在空间分析统计建模中就可以方便地剔除全局趋势，从而能更准确地模拟短程随机变异。

透视分析是探测全局趋势常用方法，准确的判定趋势特征关键在于选择合适的透视角度。透视面的选择应尽可能使采样数据在透视面上的投影点分布比较集中，通过投影点拟合的趋势方程才具有代表性，才能有效反映采样数据集全局趋势。图 3－7（a）显示某地区东西方向（X 轴）和南北方向（Y 轴）的高程趋势图。图 3－7（b）逆时针旋转 45 度后，显示东南至西北方向和西南至东北方向的高程趋势图。图 3－7（a）反映的趋势比图 3－7（b）更为准确。

3.2.2.2　空间自相关及方向变异

大部分的地理现象都具有空间相关特性，即距离越近的两事物越相似。这一特性也是空间统计分析的基础。半变异/协方差函数云图就是这种相关性的定量化表示。空间自相关分析包括全程空间自相关分析和局部空间自相关分析。自相关分析的结果可用来阐释和寻找存在的空间聚集现象。

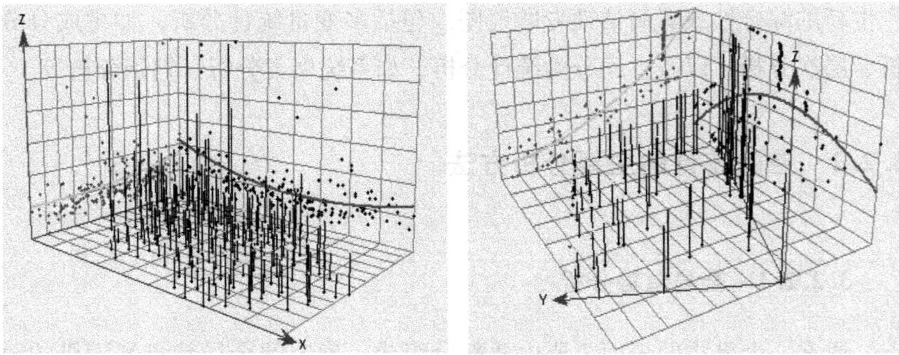

(a)　　　　　　　　　　　　　　　　(b)

图3-7　趋势面分析透视面图

全程空间自相关用来分析在整个研究范围内指定的属性是否具有自相关性。局部空间自相关用来分析在特定的局部地点指定的属性是否具有自相关性。具有正自相关的属性，其相邻位置值与当前位置的值具有较高的相似性。两个常用的分析空间自相关的参数是Moran's I 和 Geary C。

（1）空间权重矩阵。事物在空间上的此起彼伏和相互影响是通过它们之间的相互联系得以实现的，空间权重矩阵是传载这一作用过程的实现方法。因此，构建空间权重矩阵是研究空间自相关的基本前提之一。通常用一个二元对称空间权重矩阵$W_{n\times n}$表示 n 个空间对象的空间邻近关系，可根据邻接标准或距离标准来度量，还可以根据属性值X_j和二元空间权重矩阵来定义一个加权空间邻近度量方法。

空间权重矩阵的表达形式为[183]：

$$\begin{bmatrix} W_{11} & W_{12} & \cdots & W_{1n} \\ W_{21} & W_{22} & \cdots & W_{2n} \\ \cdots & \cdots & \cdots & \cdots \\ W_{n1} & W_{n2} & \cdots & W_{nn} \end{bmatrix} \tag{3-39}$$

若根据邻接标准，空间对象 i 和空间对象 j 相邻时，空间权重矩阵的元素W_{ij}为 1，其他情况为 0，表达式如下：

$$W_{ij} = \begin{cases} 1 \ (i \text{ 与 } j \text{ 相邻}) \\ 0 \ (i = j \text{ 或 } i \text{ 与 } j \text{ 不相邻}) \end{cases} \tag{3-40}$$

若依据距离标准，空间对象i和空间对象j在给定距离d之内时，空间权重矩阵的元素W_{ij}为1，否则为0，表达式为：

$$W_{ij}=\begin{cases}1\ (\text{对象 } i \text{ 与对象 } j \text{ 距离小于 } d \text{ 时})\\ 0\ (\text{其他})\end{cases} \tag{3-41}$$

若采用属性值X_j和二元空间权重矩阵来定义一个加权空间邻近度量方法，则对应的空间权重矩阵可以定义如下：

$$W_{ij}^{*}=\frac{W_{j}x_{j}}{\sum_{j=1}^{n} W_{ij}x_{j}} \tag{3-42}$$

（2）Moran's I参数。Moran's I是应用最广的一个参数。对于全程空间自相关，Moran's I定义是：

$$\text{Moran's I}=\frac{\sum_{i}^{n}\sum_{j\neq i}^{n} w_{ij}(x_i-\bar{x})(x_j-\bar{x})}{S^2\sum_{i}^{n}\sum_{j\neq i}^{n} w_{ij}} \tag{3-43}$$

对于局部位置i的空间自相关，Moran's I定义是：

$$I_i(d)=Z_i\sum_{j\neq i}^{n} w'_{ij}Z_j \tag{3-44}$$

其中，n是观察值的数目；x_i是在位置i的观察值；Z_i是x_i的标准化变换，$Z_i=\frac{x_i-\bar{x}}{\sigma}$。$\bar{x_i}=\frac{1}{n}\sum_{i}^{n} x_i$，$S_i^2=\frac{1}{n}\sum_{i}^{n}(x_i-\bar{x})^2$。

w_{ij}是对称的空间权重矩阵，如果i与j相邻，取值为1，否则取值为0。w'_{ij}按照行和归一化后的权重矩阵（每行的和为1），得到非对称的空间权重矩阵。

Moran's I值介于－1到1之间，0为不相关。按照假定的空间数据分布可以计算Moran's I的期望值和期望方差。

对于正态分布假设，

$$E(I)=-\frac{1}{(n-1)} \tag{3-45}$$

$$\text{Var}(I)=\frac{n^2w_1-n\,w_2+3\,w_0^2}{w_0^2(n^2-1)} \tag{3-46}$$

对于随机分布假设，

$$E(I) = -\frac{1}{(n-1)} \tag{3-47}$$

$$\mathrm{Var}(I) = \frac{n((n^2-3n+3)w_1 - n\,w_2 + 3\,w_0^2) - k_2((n^2-n)w_1 - 2n\,w_2 + 6\,w_0^2)}{w_0^2(n-1)(n-2)(n-3)} \tag{3-48}$$

其中，$w_0 = \sum_i^n \sum_j^n w_{ij}$，$w_1 = \frac{1}{2}\sum_i^n \sum_j^n (w_{ij} + w_{ji})^2$，$w_2 = \sum_i^n (w_{i.} + w_{.i})^2$，

$k_2 = \frac{n\sum_i^n (x_i - \bar{x})^4}{\left(\sum_i^n (x_i - \bar{x})^2\right)^2}$，$w_{i.}$是第 i 行权重值之和，$w_{.i}$是第 i 列权重值之和。

原假设是没有空间自相关。根据下面标准化统计量参照正态分布表可以进行假设检验。

$$Z_i = \frac{I - E(I)}{\mathrm{Var}(I)} \tag{3-49}$$

Moran's I 如果为正并且显著，则表明具有正的空间相关性，即在一定范围内各位置的值是相似的。如果Moran's I 是负值且显著，则具有负的空间相关性，数据之间不相似。接近于 0 则表明数据的空间分布是随机的，没有空间相关性。

（3）Geray C 参数。对于全局空间自相关：

$$C(d) = \frac{(n-1)\sum_i^n \sum_j^n w_{ij}(x_i - x_j)^2}{2n\,S^2 \sum_i^n \sum_j^n w_{ij}} \tag{3-50}$$

对于局部位置 i 的空间自相关：

$$C_i(d) = \sum_{j\neq i}^n w_{ij}(x_i - x_j)^2 \tag{3-51}$$

其中，w_{ij}是空间权重矩阵。

C 的值总是正的。假设检验是没有空间自相关，C 的均值为1。显著性的低值（0 和 1 之间）表明具有正的空间自相关，显著性的高值（大于 1）表明具有负的空间自相关。

3.2.2.3　分级统计分析

分级是对数据进行加工处理的一种重要方法，通过分级可以把数据划分成不同的级别，体现数据自身的特征，为应用研究提供基础。

(1) 分级的概念与目的。数据分级是根据一定的方法或标准把数据分成不同的级别，即把一个数据集划分成不同的子集，在此过程中，还可设置分级精度和分级数目等。数据分级之后，仅使原来的数据重新归类，数据的属性没有发生改变，研究者可根据分级后的数据进行下一步的应用分析。

数据分级的根本目的在于区分数据集中个体的差别，分级统计的过程就是区别个体性质的过程。分级的应用目的有两点：一是为了分级后，图面制图效果好，有利于用户读图；二是用不同的分级方法来突出显示制图区域内不同的地貌特征。

(2) 分级的原则。

①科学性原则。分级指标的确定要遵循一定的科学规律。

②完整性原则。整个数据集中的所有数据都应被分到不同的级别中，没有遗漏，而且同一数据集中的每一个数据只能被分到某一级别中，不能同时分到两个或多个级别中。

③适用性原则。对于一个数据集，应该根据研究或应用的需要选择合适的分级方法，使分级结果能较好地满足目的。

④美观性原则。分级方法及分级数目的确定不但要依据研究目的，还要注重制图效果，制作专题地图不仅要体现数据的空间分布特征，还要使图面色彩平衡，特征明显，易于理解。

(3) 分级统计的方法。分级统计方法多种多样，在应用时应根据研究的需要选择合适的方法来突出需要的数据信息。分级方法的种类也很多，按照不同划分标准，可以有不同的分类，主要有三种分类。

① 按使用分级方法的多少可分为单一分级法和复合分级法。单一分级是指对于一个数据集只用了一种分级方法；复合分级是指由于数据自身的特点，需要对一部分数据使用某种分级方法，对另一部分数据使用另外一

种分级方法，才能更好地满足研究的需要。如一组坡度数据，一部分较小（坡面平缓），而另一部分很大（地势陡峭），对这两部分数据，就应选用两种不同的分级方法，才能更好地突出变化特征。

②按级差是否相等可分为等值分级法和不等值分级法。等值分级法又可以分为等面积分级、等间距分级、分位数分级等；不等值分级法可以分为自然裂点法、标准差分级、平均值嵌套分级等。

③按确定级差的方法可分为自定义分级法和模式分级法。按这种分类体系的结构见图 3－8。

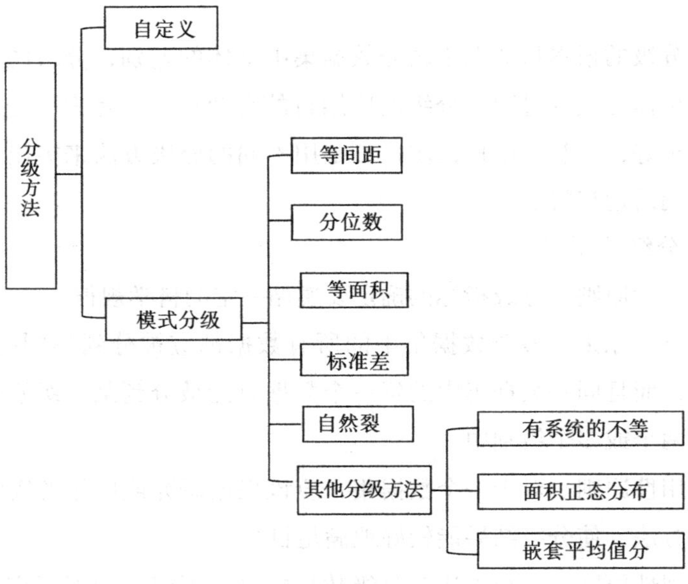

图 3－8 分级方法的类型

3.2.2.4 空间回归分析

回归分析是研究两个或两个以上变量之间关系的一种统计方法，在进行分析、建模时，常选用其中一个为因变量，其余的作为解释变量，然后根据样本资料，研究解释变量与因变量之间的关系。空间回归在经典的统计回归分析中考虑了空间的自相关性，这种模型在 20 世纪 70 年代后期开始出现并逐步成熟。由于在经典的回归中加入了空间关系，通过空间关系把属性数据与空间位置关系结合起来，空间回归可以更好地解释地理事物的空间关系。

（1）经典统计回归模型。如果认为因变量 Y 与解释变量 x_1，x_2，…，x_p 之间具有线性相关关系，那么，它们的关系可以表示为线性回归预测模型。

$$Y = b_0 + b_1x_1 + b_2x_2 + \cdots + b_px_p + \varepsilon_i \tag{3-52}$$

其中，b_0 为常量，表示不能用其他自变量表示的部分，b_1，b_2，…，b_p 为各解释变量的系数，其标准化值表示对因变量的影响大小，ε_i 为误差项，要求符合正态分布。

上面的模型简化表示为：

$$Y = X\beta + \varepsilon,\ \varepsilon \sim N\ (0,\ \sigma^2) \tag{3-53}$$

Y 是从 n 个位置得到的一个因变量，为（$n\times1$）的向量矩阵，X 是一个（$n\times K$）的解释变量矩阵，β 是一个 $K\times1$ 的模型参数向量矩阵，ε 是一个（$n\times1$）的干扰矩阵，K 为解释变量的个数。

（2）空间加权回归模型。经典统计回归有很强的假定条件，例如假定误差项独立且同方差。空间加权回归（GWR）模型减少了统计回归方程中同方差的假设，即误差项可以有不同的方差。空间加权回归模型的表达式：

$$Y(g) = \beta_0(g) + \beta_1(g)x_1 + \beta_2(g)x_2 + \cdots + \varepsilon \tag{3-54}$$

其中，(g) 指获取估计参数的空间坐标向量 g。

使用普通最小二乘法（OLS），对于经典的线性回归而言，β 参数使用下式估计：

$$\hat{\beta} = (X^TX)^{-1}X^TY \tag{3-55}$$

类似的，对于GWR模型，可以使用空间权重的来计算 $\beta(g)$：

$$\hat{\beta}(g) = [X^TW(g)X]^{-1}X^TW(g)Y \tag{3-56}$$

$W(g)$ 是位置 g 的权重矩阵，与 g 越近，权重值越高。计算权重的方法有很多，GWR模型一般用高斯函数：

$$W_i(g) = e^{(-d/h)^2} \tag{3-57}$$

其中，d 是观测位置 i 与位置 g 之间的欧氏距离，h 是间隔距离。

（3）空间联立自回归模型。联立自回归（SAR）是最基本的空间回归模型。1995 年后，Anselin 给出了实用的程序包“SpaceStat”以辅助进行这一计算。考虑到空间相关性，可以提出两种假设。

①y 是空间自相关的，模型形式变化为空间滞后模型：

$$y = \rho Wy + X\beta + \varepsilon \tag{3-58}$$

②误差是空间自相关的，模型的形式变化为空间误差模型：

$$y = X\beta + \mu, \ \mu = \lambda W\mu + \varepsilon \tag{3-59}$$

这里，λ 为空间误差参数，μ 是一个空间自相关干扰向量矩阵，W 是空间权重矩阵。ρ 是空间相关参数，表示空间自相关性对模型的影响程度。λ 和 ρ 的值越高，表明空间自相关对模型的影响越大。对于空间数据，如果使用经典的线性回归模型，那么它等价于假设空间自回归模型中的参数 $\rho = \lambda = 0$，即假设没有空间自相关性。

如果滞后和误差的权重矩阵不同，也可以将空间滞后模型和空间误差模型结合起来使用。对于试验性分析来说，可以使用相同的权重矩阵。Ord（1975）给出了用于估计空间滞后和空间误差模型的最大似然方法，这是目前比较令人满意的方法。对于样点数目较大的权重矩阵，一种可行的解决方法是使用稀疏矩阵，既可以节省内存，又可以在合理的时间内进行实用的计算。

3.3 WNN 和 SVM 方法融合的空间统计方法

构建 WNN 和 SVM 融合的方法并应用于空间统计之中，主要涉及利用小波神经网络为支持向量机进行特征选择，以及利用 WNN - SVM 方法确定空间统计中的权重矩阵。

3.3.1 WNN - SVM 融合方法的理论框架

本书基于支持向量机和小波神经网络分析的人工智能分析方法来实现

对其权值矩阵的确定，该方法首先使用小波神经网络（WNN）为支持向量机（SVM）进行特征选择（即通过训练样本建立的小波神经网络模型，为 SVM 确定输入向量中各分量的权重），进而改变 SVM 的估计结果。其实现框架流程，如图 3－9 所示。

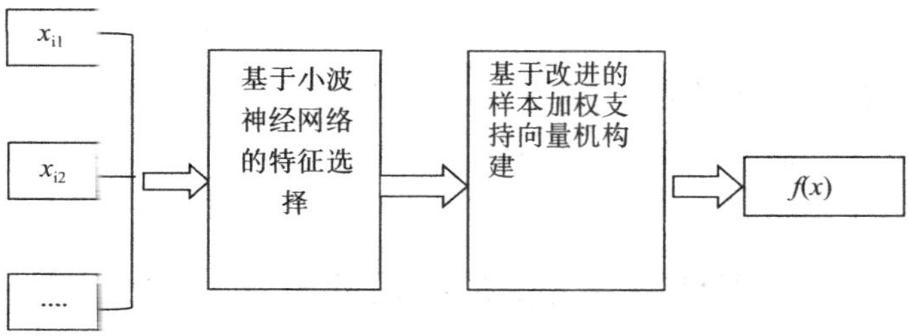

图 3－9　支持向量机与小波神经网络的融合

在上述框架下，关键步骤就是利用通过训练样本建立的小波神经网络模型进行特征选择。在这里，将使用方差占比方法（杨璐、高自友[184]，1999），过程为：神经网络的输入与隐层、隐层与输出之间均有连接并对应相应的权值，在某种程度上这些连接权的大小反映了各输入变量被引入网络的信息量的大小。另外，输入变量 x_{ik} 和隐层各节点 j 的输入 λ_{ik} 之间及隐层各节点的输出 $h(\lambda_{ik})$ 与网络输出 $f(x_i)$ 之间的相关程度也可在一定程度上反映各输入变量对输出的影响大小。其传递路径可形象地表达为：

$$x_{ik}\rightarrow\lambda_{ji}\rightarrow h(\lambda_{ik})\rightarrow f(x_i) \tag{3-60}$$

为了分析输入变量 x_{ik} 对输出 $f(x_i)$ 的影响力，综合以上两方面的考虑，可用如下的测度来衡量：

$$\rho_{jk}=\frac{\mathrm{Cov}(x_{ik},\lambda_{ji})}{\mathrm{Var}(x_{ik})\mathrm{Var}(\lambda_{ji})},\ \rho_j=\frac{\mathrm{Cov}(h(\lambda_{ik}),f(x_i))}{\mathrm{Var}[h(\lambda_{ik})]\mathrm{Var}[f(x_i)]} \tag{3-61}$$

式中，ρ_{jk} 和 ρ_j 分别表示网络输入节点对隐层节点以及隐层节点对网络输出的影响程度。由于输入是通过与之相连的各个隐层节点作用于输出的，进而有：

$$Z_k=\sum_{j=1}^{J}\rho_{jk}\cdot\rho_j \tag{3-62}$$

式中，Z_k 称为输入变量 x_{ik} 对输出 $f(x_i)$ 的总影响程度。并且，所有输入变量对输出的影响值之和为：

$$Z = \sum_{k=1}^{m} |Z_k| \tag{3-63}$$

若存在 n（$n<m$）个变量，使得相应的影响值之和占总影响值之和 Z 的比例达到85%以上，那么就意味着 n 个变量为重要变量，其余变量的影响小并被剔除出去。

至此，完成了利用小波神经网络选择特征的目的。在这里，保留 n 个特征，即新的输入向量为$x_i \in R^n$。然后，在此基础上就可以进行下步改进的样本加权支持向量机的训练学习。

3.3.2 WNN－SVM 融合方法的实现算法

支持向量机与小波神经网络融合的算法步骤如下：

（1）根据实验常识、实践经验和统计理论知识，采集样本$\{x_i y_i\}$（$i=1,2,\cdots,l$）。其中，$x_i \in R^m$，x_{ik}为数据样本x_i的第 k 个特征分量（$k=1,2,\cdots,m$）。同时，将数据集分成训练集和测试集。

（2）给定小波神经网络参数的初始变化区间$[a_i, b_j]$，可采用试错法确定。

（3）对样本进行训练，建立小波神经网络。

（4）进行特征选择，保留 n 个特征，即$x_i \in R^n$（此时 $n<m$）。

（5）初定 η 值，得到反映样本重要性的指标值$\frac{m_i}{l}$。然后，给定p_1、p_2的值，求得样本的权重系数S_i和t_i。

（6）初定 C 与 ε，利用样本训练改进的样本加权支持向量机，求出最优解 $\alpha=(\alpha_1, \hat{\alpha}_1, \cdots, \alpha_1, \hat{\alpha}_l)$。

（7）选择 $\hat{\alpha}$ 的一个正分量 $\hat{\alpha}_j$，并据此计算：

$$b = y_j - \sum_{i=1}^{l} (\hat{\alpha}_i - \alpha_i) K(x_i, x_j) + \varepsilon t_j \tag{3-64}$$

（8）得到决策函数：

$$f(x) = \sum_{i=1}^{l} (\hat{\alpha}_i - \alpha_i) K(x_i, x_j) + \varepsilon t_j + b \tag{3-65}$$

很显然，上述步骤(2)和(3)的任务是构建小波神经网络，步骤(4)为基于小波神经网络、利用方差占比方法选择特征，步骤(5)至(8)则是进行改进的样本加权支持向量机建模，完成支持向量机与小波神经网络的融合框架。

3.3.3　WNN - SVM 融合方法在空间统计中应用

在上述构建的 WNN - SVM 的基础上，利用敏感度值确定权重矩阵。该方法分析各省发展变化对全国综合发展变化的敏感度，即支持向量机决策函数的输出 $g(x)$，对于输入变量 A_{ji} 的偏导数，可以得到：

$$\frac{\partial y_i}{\partial x_{ik}} = \frac{\partial\left[\sum_{i=1}(\alpha_i^* - \alpha_i)K(X_i, X_j) + b\right]}{\partial x_{ik}}, k = 1, 2, \cdots, 31 \qquad (3-66)$$

在 3.1.2 节中选择径向基函数作为 ε - SVR 的核函数，表达式如下：

$$K(X_i, X_j) = \exp\left(\frac{-\|X_i - X_j\|^2}{\sigma^2}\right) \qquad (3-67)$$

这里的 σ^2 为径向基函数的宽度。

$$\frac{\partial y_i}{\partial x_{ik}} = -\frac{2}{\sigma^2}\sum_{i=1}^{l_S}(\alpha_j^* - \alpha_j)(x_{ik} - x_{jk})\exp\left[-\frac{1}{\sigma^2}\sum_{l}^{n}(x_{il} - x_{jl})^2\right] \qquad (3-68)$$

其中，$X_{ik}(i = 1, 2, \cdots, l_S; k = 1, 2, \cdots, 31)$ 表示第 k 个输入的样本向量，X_i 和 l_S 是支持向量的样本的数量。对于每一个样本的第 k 个影响因素，所有变量的敏感度都可以由上式计算得到。变量的平均敏感度可以由下式得到：

$$S_k = \frac{1}{l}\sum_{i=1}^{l}\left|\frac{\partial y_i}{\partial x_{ik}}\right| \qquad (3-69)$$

因为各省的敏感度均是各省发展状况相对于全国综合发展状况所得，基于上述得到的各地区的敏感度值，我们计算各省敏感度的比值，以此作为不同地区间的权重，从而构建空间统计中最为重要的权重矩阵。

3.4 本章小结

本章作为本书研究的重点，着重进行空间权重矩阵确定方法创新，即小波神经网络和支持向量机结合的空间统计方法创新。在分别对小波神经网络和支持向量机这两种方法的特点分析基础上，将两种方法有效结合起来，紧紧围绕空间统计分析中空间权重矩阵确定这个关键，建立了基于支持向量机和小波神经网络集成的混合人工智能技术的空间权重矩阵的确定方法与实现算法，以期能够较好地处理如空间位置及其相关性、区域结构分布、空间传播途径等社会经济问题中涉及的复杂影响因素及其之间的相互作用关系，避免经典空间统计学中对空间权重矩阵的定义及其计算方法所带来的局限性。

第 4 章

多方法融合空间统计分析的区域生态经济效益评价

本章在前一章分析基础上，为区域生态经济效益实证研究提供方法支撑。本章构建多方法融合的区域生态经济效益评价指标体系，介绍筛选并确定多方法融合空间统计的基础变量，根据WNN-SVM融合方法确定权重值矩阵，给出如何判断基于多方法融合空间统计分析区域生态经济效益的方法。

4.1　区域生态经济效益评价

4.1.1　区域生态经济效益评价一般理论方法

综合国内外研究成果，对人类活动的生态经济效益评价，主要沿着两个方向发展，一是对某项生产经营行为的经济、社会和生态效益进行分指标评价，即分别评价某项活动所产生的经济效益、社会效益和生态效益，然后通过横向或纵向比较来判断该项活动的生态经济效益高低，或生态经济效益的改善状况。二是通过创造新的概念或建立新的评价模型，对宏观或微观生产经营行为进行无量纲的单一综合指标评价。

4.1.1.1　分指标评价

对某项生产经营活动的生态经济效益进行分指标单独评价，主要采用的方法有以下 3 种方法。

（1）经验打分法，通常采用专家意见法，由专家打分。根据设计好的评价指标体系，通过问卷调查的方式征询有关被调查者的主观评价，通过数据处理得出结论。学者们应用此方法来进行生态效益和社会效益的评价，如童春富等[185]（2002）、张秀娟等[186]（2013）、李丽等[187]（2018）的研究。

（2）成本—收益分析法，是预先设计能表达经济、社会和生态效益的指标体系，通过计算指标的产出—投入比，来判断生态经济效益的高低。国外学者在对企业生产经营活动的生态经济效益进行评价时，多采用成本—收益分析法[188]。成本—收益分析法又可分为两种：绝对方法是从企业收益减去成本获得的净增加值来评价；相对方法是以每增加一单位环境（或社会）影响所创造的价值，即企业价值增值与环境（或社会）影响增加的比率来评价。后续研究者也进行了诸多研究，如薛冰等[189]（2007）、罗华等[190]（2011）、刘通[191]（2012）、李逸康等[192]（2018）。

（3）层次分析法（AHP），是指将与决策总是有关的元素分解成目标、准则、方案等层次，在此基础之上进行定性和定量分析的决策方法。该方法根据要解决问题的性质和要达到的总目标，把生态经济系统划分为经济、社会和生态三个亚系统，形成一个多目标、多层次的分析结构模型。无量纲化后并运用专家经验法对各指标的权重赋值。最后分别计算得出经济、社会与生态效益结果。层次分析法既能反映总生态经济效益，也能反映经济、社会与生态三个子系统的效益情况。评价结果简单明了，因此，在实践中应用较多。如任春燕[193]（2011）运用层次分析法对农业生态经济系统效益评价体系进行分析，通过专家咨询法确定关键指标及其权重，结合相关评价标准及打分法（10 分制）将数据标准化，利用权重及标准化值对数据进行归一化处理，得出农业生态经济系统效益评价的量化结果。李茜等[194]（2015）以系统间耦合协调发展为导向，运用层次分析法和主成分分析法，建立了生态文明综合评价体系，并以此为依据进行系统间协调发展度的研究，从全国和省域两个尺度分析中国生态文明建设和协调发展的时空演化规律。其他学者如刘杨[195]（2012）、郑辽吉[196]（2013）也进行了相关研究。

4.1.1.2 综合指标评价

（1）我国生态经济学家，在生态经济效益评价方面，做出了许多有重大理论和实用价值的探索，其中主要的评价方法有：

①生态经济效益系数（陈英智等[197]，2007；金熙[198]，2014），用公式表示是：

$$E_f = R_n \cdot R_e = N_r/T_n \cdot T_{so}/T_{si} \tag{4-1}$$

其中，E_f表示生态经济效益系数，R_n和R_e分别表示生态效益和经济效益系数，N_r为自然条件下物质能量的被转化量；T_n为自然条件下输入系统的物质能量总量；T_{so}为人工条件下物质能量的总产出量；T_{si}为人工条件下物质能量的总输入量。$R_n = N_r/T_n$为某生态系统实现的物质或能量的自然转化率，$R_e = T_{so}/T_{si}$ 为经济上的投入产出比。

②生态经济效益指数（岳超慧[199]，2007；汤薇[200]，2013），用公式表示为：

$$V = E/G \tag{4-2}$$

其中，V 表示生态经济效益指数；E 表示经济要素变动度；G 表示生态要素变动度。如果 $V>1$ 说明生态经济效益优化；$V<1$ 说明生态经济恶化；$V=1$ 说明生态经济效益保持不变。

2）国外对于生态经济效益的综合评价与可持续发展的综合评价是在同步进行的。可持续发展要求人类活动要实现生态、经济和社会效益的协调与同步增长。因此，可持续发展评价指标和评价方法，可用于对生态经济效益的评价[18]。这些评价方法主要有：

①生态足迹。生态足迹概念由 Rees 和 Wackernagel 在 20 世纪 90 年代初期提出并逐渐完善[100]。生态足迹就是能够持续地提供资源或消纳废物的、具有生物生产力的地域空间（Biologically Productive Areas），其含义就是要维持一个人、地区、国家的生存所需要的或者指能够容纳人类所排放的废物的、具有生物生产力的生物生产面积或生态生产面积。

②能值理论（Energy）。能值理论由美国生态学家 H. T. Odum 在 20 世纪 80 年代末期提出。能值理论是综合分析生态经济系统的各种能量流的转换原理，并定量研究生态效益与经济效益及其关系的重要理论。该理论认为自然环境系统与社会经济系统之间的联系、发展和变化，均依靠能量流动来进行，自然环境系统为社会经济系统提供的各种物质、服务，以及社会经济系统对自然环境系统的反馈，都是以能量流动的形式来完成的。而地球生态系统的各种资源，以及由这些资源所生产的产品和服务所包含的能量，都毫无例外的来自太阳能。因此，任何物质和服务所包含的能量都可以用太阳能值——太阳能焦耳来表示，只要计算自然环境系统与社会经济系统之间的能值流动和转换比例变化，就可以估计生态环境承载力、生态环境系统服务价值，判断可持续发展能力的变化即生态经济效益的变化情况。

4.1.2 区域生态经济效益评价指标体系构建

进行区域生态经济效益综合分析和评价，第一步就要构建分析对象的评价指标体系。构建合理的区域生态经济建设指标体系是生态经济效益评价的重要前提和基础，指标选取的差异直接影响到评价结果的合理性和科学性。但纵观现有的研究成果，我国学者多用指标体系来描述和分析区域生态经济效益，缺少能够整体反映人文要素、自然资源、环境、经济社会效益等协调、合理布局与分布的空间统计分析指标，使现有的区域生态经济效益评价指标不能真正评价生态效果，导致了生态效益和经济效益的割裂。探讨建立更为全面的区域生态效益评价指标体系，使其能够真正地将区域生态效益和经济效益体现出来，达成生态效益和经济效益的统一，更好地促进区域生态经济的发展，从而促进整个国民经济的发展和国家的生态文明建设。

4.1.2.1 评价指标体系构建的理论依据

研究区域生态经济系统具有独特的结构、功能和运动的规律性，是一个能利用各种自然资源和经济、技术条件，形成生态经济合力，发挥区域生态经济功能和效益的复合体，其系统功能的优劣是由系统结构合理与否决定的，而系统功能的优劣又集中体现在生态经济效益上。因此，要研究区域生态经济，反映和评价研究生态经济系统的整体结构、功能、生态和经济效益及发展动态，就应设置一套反映符合系统性的综合指标体系[201]。

4.1.2.2 评价指标的构建原则

综合评价选择指标体系是评价的基础，要以分析和评价目的为依据，认真分析研究对象，尽可能地寻找出全部影响评价对象的因素，构建成合理的评价指标体系，这是综合评价法的关键，关系到评价结果的可信度。如果评价指标的构建不科学，再好的综合评价方法也会出现差错，甚至完全偏离研究目的，从而导致研究失败。

综合评价主要是探讨区域生态经济效益状况，指标的选取应该体现科学、客观和全面，同时考虑到指标的动态性和时间性。因此，在研究和构建区域生态经济效益综合评价指标体系时，应遵循以下原则：

（1）科学性原则。指标体系作为一个有机整体，要建立在一定的科学基础上，使之能充分反映区域生态经济的发展内涵和经济实质，达到目标明确、测算方法准确规范。客观选择能正确反映区域生态经济效益的指标，尽量选择具有代表性的指标。指标选择概念须明确，能准确地解释指标所反映的含义。

（2）系统性原则。区域生态经济效益的评估也是一个多维度的、复杂的综合性系统，涉及经济、社会、资源环境和政策等各方面，所构建的评价指标体系应该从系统的角度出发，注意指标体系的层次性和同级指标之间的互斥性，分级分层次的对其影响因素进行分析，才能使指标体系的构建合理，准确有效的评价区域生态经济效益水平。

（3）全面综合性原则。指标要能够比较充分地反映研究对象的综合情况，指标尽可能选取全面的、综合的可以反映区域生态经济的各方面影响因素，可以体现其大致的发展现状并将相对重要的指标归于其中，使得指标体系覆盖全面，具有一定的实用价值。在区域生态经济效益评价中，综合评价指标体系应包括经济水平和生态环境的各个主要方面内容，还应考虑设置与之关系密切的经济结构、人口素质和自然资源等指标。

（4）可操作性和实用性原则。指标体系中选取的指标要具有可操作性，使其数据采集较为方便合理，选取的指标尽量采用定量指标。定量指标可通过数据对经济效益进行客观评价，并便于检测指标体系构建的合理性。定性指标则很难获取相应数据，使得评价指标体系不能较好地反映以及比较各个区域之间的差别。且采用的指标一定要具有实用价值，如果构建的体系较为完整和规范，但不适用于大部分区域，体系的推广不可能完成，使得其对区域生态经济的发展没有较大意义。另外不要过分追求指标的覆盖范围，要考虑其实用性和可行性。

（5）空间性和时间性相结合原则。进行区域生态经济效益评价时，需充分考察区域生态经济特殊性，每个区域经济发展水平、资源拥有量以及环境状况不一致，而且发展速度也是不一样的，所以指标的选取要能衡量一定时间区域内经济、社会、资源和环境协调发展的程度和状态。同时，静态评价只能暂时反映一定时间区域生态经济效益水平；动态性考虑到时间对区域生态经济效益的影响；动静结合，既体现了经济可持续发展的要求，又能看到各个区域生态经济效益发展的速度，更加准确地测度生态经济效益水平。

4.1.2.3 评价指标体系的构建

建立区域生态经济效益评价指标体系，是进行区域生态经济效益评价的关键，根据指标选取原则及数据的可获得性，结合李崇勇等[118]（2007）、刘丙泉等[33]（2010）、尹科等[202]（2012）、杨青等[25]（2015）、李茜等[194]（2015）、侯淑婧等[203]（2016）的研究成果，根据区域生态经济系统的特性和共性、可持续发展理论，区域生态环境基础的发展状况（地质地貌、大气、土壤等）、资源的质量和利用状况、环境的污染和治理状况、社会经济的发展水平等方面进行分析。本书将衡量区域生态经济效益的指标从经济、社会、生态三个角度进行分析，具体划分为综合经济发展、人均影响、社会影响、公众影响、资源节约、资源利用、环境保护、综合生态指标几个方面，建立如表4－1所示的评价指标体系。

（1）经济因素。区域生态经济效益评价指标的建立是进行区域生态经济效益评价的关键，首先考虑经济对生态经济效益的影响，从理论上说，在其他条件一定的情况下，一个地区人口和经济规模越大，生态文明水平就会越高，生态经济效益也会相应较高。所以将其经济影响指标分为综合经济发展和人均影响两大类。

综合经济发展方面包括区域GDP、GDP增长率、城镇人口恩格尔系数、农村人口恩格尔系数、经济服务率、失业率六个指标。GDP是国内生产总值的简称，它是指一个国家所有常住单位在一定时期内生产活动的最终成果，对于一个地区来说，地区生产总值则被称为其区域GDP。GDP有三种表现形态，即价值形态、收入形态和产品形态，在实际核算中，也有生产法、收入法和支出法这三种计算方法，分别从不同的方面反映国内生

表 4－1　　区域生态经济效益评价指标体系

主要因素	准则层	具体指标	指标类型
经济因素	综合经济发展	区域 GDP/亿元x_{11}	+
		GDP 增长率/百分比x_{12}	+
		城镇人口恩格尔系数/百分比x_{13}	-
		农村人口恩格尔系数/百分比x_{14}	-
		经济服务率/百分比x_{15}	+
		失业率/百分比x_{16}	-
	人均影响	人均 GDP/元x_{17}	+
		城镇居民家庭人均可支配收入/元x_{18}	+
		农村居民家庭人均纯收入/元x_{19}	+
		人均生态投入/元x_{110}	+
		人均用水量/（升/日）x_{111}	+
		人均土地面积/亩x_{112}	+
		人均能源利用量/千克标准煤x_{113}	-
社会因素	社会影响	城镇化率/百分比x_{21}	+
		人口密度/（人/平方千米）x_{22}	-
		城市建设用地/平方千米x_{23}	+
		城市绿化覆盖面积/平方米x_{24}	+
	公众影响	居民消费价格指数x_{25}	-
		私人汽车拥有量/万辆x_{26}	+
生态因素	资源利用	单位 GDP 能耗/（吨标准煤/万元）x_{31}	-
		单位 GDP 水耗/（立方米/万元）x_{32}	-
		单位土地面积 GDP/（万元/公顷）x_{33}	+
	环境保护	环境污染治理投资/万元x_{34}	+
		工业污染治理投资/万元x_{35}	+
		垃圾无害化处理率/百分比x_{36}	+
	综合生态指标	生态投入/亿元x_{37}	+
		生态投入资金利用率/百分比x_{38}	+
		突发环境事件次数/次x_{39}	-

注：+表示正向指标，值越大，对结果有利；-表示负向指标，值越大，对结果越不利。

产总值及其构成。恩格尔系数（Engel's Coefficient）为食品支出总额占个人消费支出总额的比重，用以反映个人或家庭生活水平或者富裕程度。一个家庭的消费结构中，家庭收入越少，家庭收入中（或总支出中）用于购买食物的支出所占的比例就越大，随着家庭收入的增加，家庭收入中（或总支出中）用来购买食物的支出比例则会下降。即一个国家越穷，每个国民的平均收入中（或平均支出中）用于购买食物的支出所占比例就越大，随着国家的富裕，这个比例呈下降趋势。选取城镇居民恩格尔系数和农村居民恩格尔系数表征城镇或农村居民生活水平和富裕程度。经济服务率为第三产业占区域 GDP 的百分比，相对来说，第二产业是物质的经济，而第三产业是去物质化的，所以可以预见，经济服务化率的比率越高，该地区的生态文明水平则较高，其生态经济效益亦趋于较高。相对于经济快速服务化的省份而言，工业占比较高的省份的生态文明水平、生态经济效益就要明显低很多。失业率是指一定时期内满足全部就业条件的就业人口中仍未有工作的劳动力数量，这一指标旨在衡量闲置中的劳动产能，是反映一个国家或地区失业状况的主要指标。失业数据的变动可适当反映经济发展水平。失业率与经济增长率具有反向的对应变动关系。

人均影响方面主要包括人均 GDP、城镇居民家庭人均可支配收入、农村居民家庭人均纯收入、人均生态投入、人均用水量、人均土地面积和人均能源利用量等指标。由于各区域的经济结构、技术水平条件都存在较大的不同，生态经济效益与该类因素下的人均 GDP、城镇居民家庭人均可支配收入、农村居民家庭人均纯收入、人均生态投入、人均用水量、人均土地面积指标呈正比例关系。即在其他条件一定情况下，各个指标值越高，说明该地区生态经济效益较高；生态经济效益与人均能源利用量成反比，即人均能源利用量越高，表明经济效益越低。随着地区经济发展水平的提高，其生态经济效益是趋于明显改善的。

（2）社会因素。社会因素对区域生态经济效益的影响，主要从社会和公众两个方面进行展开。其中社会影响因素包括城镇化率、人口密度、城市建设用地、城市绿化覆盖面积四个指标。城镇化率这一指标可用城镇人口与区域总人口之比来表示，城镇化率越高，说明其城市化水平越高。人口密度是指单位面积土地上居住的人口数，它是表示世界各地人口的密集程度的指标，通常以每平方千米或每公顷内的常住人口为计算单位。城市建设用地包括城市和县人民政府所在地镇内的居住用地、公共管理与公共服务用地、商业服务业设施用地、工业用地、物流仓储用地、交通设施用地、公用设施用地、绿地等。城市绿化覆盖面积，即城市绿地面积，是指报告期末用作园林和绿化的各种绿地面积，主要包括公园绿地、生产绿地、防护绿地、附属绿地和其他绿地的面积。其数据都可通过《中国统计年鉴》直接取得，这些指标都与城市化水平息息相关且成正相关，而区域生态经济效益与城市化水平经过分析也存在密切正相关的关系且呈不断上升趋势，所以社会因素中的这四个指标都与区域生态经济效益存在一定关联。

将公众对于环境的满意度、公众的生态保护意识、私人汽车拥有量以及节能减排政策补贴四个指标作为影响区域生态经济效益的公众因素。这类指标中大多是定性指标，一般来说，定性指标很难获取相应数据，而使得评价指标体系不能较好地反映以及比较各个区域之间的差别，定量指标可通过数据对其进行客观评价，所以尽量将定性指标定量化，可较大程度地避免其存在缺陷。对于公众环境的满意度、公众的生态保护意识、节能减排政策补贴这三个定量指标，可设计调查问卷进行评分，评分越高，则说明该地区生态经济效益越好（公众的生态保护意识调查问卷可着重从公众是否具有节能环保意识、行为等方面展开；节能减排政策补贴可通过国家对开发和创新节能、节水、降耗清洁生产等方面的设备技术或产业是否有帮助来设计）。而私人汽车的拥有量是一个定量指标，从侧面反映了城市发展水平的高低，从统计结果来看，城市化水平和家用汽车拥有量的相关性为比较显著的正相关，私人汽车拥有量越多，则城市化水平高，区域生态经济效益较高。

（3）生态因素。生态对于区域生态经济效益的影响从资源利用、环境保护、综合生态指标三个方面进行分析。资源利用中包括单位GDP能耗、单位GDP水耗、单位土地面积GDP、能源加工转换率等指标。其中能源加工转换效率指的是在一定时期内，能源经过加工、转换后，产出的各种能源产品的数量与同期内投入加工转换的各种能源数量的比率，能源加工转换效率越高，说明其生态经济效益越高。另外该指标也是观察能源加工转换装置和生产工艺先进与落后、管理水平高低等的重要指标。而资源利用中的其他指标，例如单位GDP能耗、单位GDP水耗、单位土地面积GDP表示的是单位GDP中消耗的能源、水以及土地面积，它们表示对生态的各类消耗，与生态经济效益的关系是显著负相关的，单位GDP能耗、单位GDP水耗、单位土地面积GDP越大，则生态经济效益越差。

环境保护因素中的环境污染治理投资、工业污染治理投资、垃圾无害化处理率、环境保护投资、环保投资指数这几个指标都反映了某一地区在环境保护方面所采取的各项措施，保障了该地区良好的生态环境，都与区域生态经济效益呈现正相关关系。环境污染治理投资这一指标包含工业污染源污染治理投资、建设项目“三同时”环保投资和城市环境基础设施建设投资三部分内容。工业污染治理投资是指没有被纳入建设项目“三同时”管理的污染治理项目投资，按年度进行统计汇总。建设项目“三同时”环保投资是指已经明确纳入环境保护“三同时”管理的建设项目环保投资，这部分环保投资将在建设项目全部竣工验收后汇总到当年“三同时”项目环保投资中。生活垃圾无害化处理率是指报告期生活垃圾无害化处理量与生活垃圾产生量的比率。由于生活垃圾产生量不易取得，在统计上，可用清运量代替。生活垃圾清运量是指报告期收集和运送到各生活垃圾处理厂（场）和生活垃圾最终消纳点的生活垃圾数量。生活垃圾指城市日常生活或为城市日常生活提供服务的活动中产生的固体废物以及法律行政规定的视为城市生活垃圾的固体废物。包括：居民生活垃圾、商业垃圾、集市贸易市场垃圾、街道清扫垃圾、公共场所垃圾和机关、学校、厂矿等单位的生活垃圾。环保投资指数等于环境保护投资与区域GDP的比值，该比值越大，说明该地区环境保护工作比较到位，其生态经济效益较好。其中环境保护投资包括环境污染治理投资和环境管理与污染防治科技投入两部分。环境管理投入，包括各级环保行政主管部门，有关行业部门环境管理机构和各类环境保护事业单位的环境管理能力建设投入。污染防治科技投入，包括污染防治基础科学研究，应用技术开发研究和环境软科学研究等方面的投入，不包括资源和生态环境保护投入。另外，道路、桥梁、路灯、防洪等市政工程及水利、生态建设投资均不计入环境保护投资。

综合生态指标中的生态投入是指区域在生态方面投入的各类资源，包括各类固定资产、无形资产以及各类投资等，具体可由废弃资源利用业、科学研究和技术服务业、水利管理业、生态保护和环境治理业、公共设施管理业以及工业污染治理行业的投资金额进行表示。生态投入资金利用率为生态投入与区域社会总投资之比，生态投入越大，其资金利用率越高，生态经济效益越好。生态足迹也称生态占用，是指要维持一个人、地区、国家或者全球的生存所需要的或者能够容纳人类所排放的废物的、具有生物生产力的地域面积。生态足迹模型是一种把人类对资源和环境的利用量换算成对土地和水域面积的占用，进而对资源消耗和废物吸收所需要的生产性土地面积进行定量分析的方法，是测量可持续性的一种方法，它主要衡量区域发展状态，例如城市生态研究、区域可持续发展研究、区域规划环境影响评价、区域生态经济效益评价等。而万元 GDP 生态足迹（EEI）是指经济发展对生态环境的总体冲击，等于生产所消耗的所有资源和吸纳其废弃物所需要的有用土地的面积所对应的地区生产总值。EEI 由普遍公认的 GDP 和生态足迹两个指标直接合成，原理简明、计算方便，易于应用，是一个表示经济发展的综合生态文明程度的合适指标。因此，在经济产出一定的条件下，万元 GDP 生态足迹越大，说明消耗的能源和对环境的影响越大，生态经济效益也就越小，但这种相关性并不显著。区域生态效率（生态文明水平）是生态资源满足人类需要的效率，是经济发展水平和环境影响价值的比值[6]，也是产出与投入的比值。其中“产出”是指企业生产或经济体提供的产品和服务的价值；“投入”是指企业生产或经济体消耗的资源和能源及它们所造成的环境负荷（Environmental Loading）。当产出大于投入时，说明其生态经济效益较高，生态效率与区域生态经济效益成正比。突发环境事件是指突然发生，造成或可能造成重大人员伤亡、重大财产损失和对全国或者某一地区的经济社会稳定、政治安定构成重大威胁和损害，有重大社会影响的涉及公共安全的环境事件。该事件发生次数越高，说明该地区生态保护工作落实不到位，则其生态经济效益也较差。

4.2 多方法融合空间统计分析的区域生态经济效益评价

本书的主要研究框架是在上节变量的基础上先利用主成分分析法筛选变量，然后借助因子分析法计算得到全国总量和各省区的综合因子值，以此作为构建 WNN - SVM 多方法融合空间统计分析的基础变量。根据 WNN - SVM 融合方法对整个指标数据做敏感度分析，并在空间权值矩阵基础上，利用 Moran's I 参数判断基于多方法融合空间统计分析的区域生态经济效益。

4.2.1 因子分析法

因子分析法，是一种从众多的指标群集中提取公共因子的统计分析方法，是主成分分析方法的进一步推广，是一种能够有效地解决变量之间相关性的分析方法。其核心思想就是在把较多的观测指标归类为为数不多的几个公共因子时，尽量地能够保持最少的数据信息丢失。因子分析法的可操作性较强，其整个操作过程都可以通过 STATA、SPSS 等计算机软件方便快捷地来运行。因子分析法的具体步骤包括五步。

第一步：数据的标准化处理。在构建指标数目众多的评价体系来进行因子分析时，通常可能会出现所选取的不同指标间存在不可比性。但为了能够进行合理性、综合化的评价，必须对每个原始的指标数据进行标准化处理。由于所有的选取指标通常可分为正向性指标、逆向性指标、适中性指标三类，则在标准化的过程中，需要首先对逆向性指标和适中性指标进行正向化处理，即通过一定的数学转化方法，把性质各异的指标在方向上进行一致性转化。记原始数据为x_{ij}，其中银行 $i=1, 2, \cdots, n$，财务评价指标 $j=1, 2, \cdots, m$。正向化处理的一般方法如下。

①逆向性指标的正向化公式：

$$x_{ij}^{*}=\frac{1}{x_{ij}} \tag{4-3}$$

②适中性指标的正向化公式：

$$x_{ij}^{*}=\frac{1}{1+\left|a_{ij}-x_{ij}\right|} \tag{4-4}$$

其中，a_{ij}为指标x_{ij}的适中值。

最后，通常使用 Z-SCORE 法将原始的指标数据予以标准化处理，其标准化的公式为：

$$z_{ij}=\frac{x_{ij}^{*}-\bar{x}_{j}}{\sigma_{j}} \tag{4-5}$$

其中，$\bar{x}_j$是指标的均值，σ_j是指标的方差。

第二步：适用性检验。因子分析的主要目的就是要从数目众多的原始指标中抽取出少数几个具有较强代表性的相互独立的因子，从而既简化了数据又可以较少地丢失信息。使用因子分析法的前提条件是不同类别内部的观测指标之间应该具有较强的相关关系，而不同类别之间的观测指标应该相互独立。因此，在进行因子分析之前就要先对观测指标之间的相关程度进行检验。比较常用的检验方法是 KMO 检验（Kaiser-Meyer-Olkin）及巴特利球形度检验（Bartlett's Test）。

第三步：特征值和特征向量的计算。因子分析中，通常按照特征值与1的大小关系来提取一定数目的公共因子，只有特征值大于1的公共因子才会被提取出来，大于1的特征值的个数就是所要提取的公共因子个数。因子分析的目的就是要既简化了数据又可以带来较少的信息丢失，那么也就是说提取的因子个数愈少愈好，而所提取的因子的累计方差贡献率则是越大越好。

P 个公共因子的累计方差贡献率为：

$$\frac{\sum_{j=1}^{p} \lambda_j}{\sum_{j=1}^{m} \lambda_j} \tag{4-6}$$

通常可以根据 $\sum_{j=1}^{p} \lambda_j / \sum_{j=1}^{m} \lambda_j \geqslant 85\%$ 和$\lambda_j \geqslant 1$ 的基本原则来确定公共因子的个数值 P。

第四步：因子的正交化旋转及命名。在初步得到的因子载荷矩阵中，可能会由于因子载荷值的大小相关性较弱，从而会使我们对各公共因子的含义界定具有一定的困难之处。为了使公共因子具有确切的含义，需要对初始载荷矩阵进行正交化旋转处理（比较常用的旋转方法是方差极大化 Varimax 法），即使每个原始指标在公共因子上的载荷呈现出向 0 和 1 的两极分化，从而使原始指标在公共因子上的载荷值大小较为清晰明了。

在通过方差极大化法进行正交化旋转处理得到旋转后的因子载荷矩阵后，观察各公共因子在不同变量指标上的载荷值大小。针对单个公共因子而言，根据其具有较大载荷值分布的几个指标的属性来确定对应公共因子的实际含义，并为各公共因子进行命名。

第五步：各公共因子得分及综合因子得分值的计算。通常使用回归分析法，即利用因子得分系数矩阵，将命名后的公共因子表示为每个原始指标的线性组合，从而求出各公共因子的得分值，其具体的计算公式为：

$$F_p = \beta_{p1} X_1 + \beta_{p2} X_2 + \cdots + \beta_{pj} X_j \tag{4-7}$$

其中，β_{pj}为公共因子 P 在变量X_j上的得分系数。

在求出各公共因子的得分值之后，需要进行综合因子得分的计算。在综合因子得分值的计算过程中，通常以各公共因子的方差贡献率大小为权重，来进行加权求和，即综合因子得分值为：

$$F_i = \sum_{j=1}^{p} w_j F_{ij} \tag{4-8}$$

其中，$w_j = \lambda_j / \sum_{j=1}^{p}$ ，λ_j 为第 j 个公共因子的特征值占所有公共因子特征值之和的比率。

4.2.2　空间统计分析的区域生态经济效益评价

在借助 WNN－SVM 融合方法获得空间权重矩阵的基础上，利用Moran's I 参数判断基于多方法融合空间统计分析的区域生态经济效益，全局 Moran's I 的取值范围是[－1，1]。在 95% 的置信水平下，当 $I>0$ 且 $Z>1.96\%$ 时，表示空间正相关，I 取值越接近 1，正向空间自相关性越强；当 $I<0$ 且 $Z>1.96\%$ 时，表示空间负相关，I 取值越接近 －1，负向空间自相关性越强；当 $I=0$ 表示空间不相关，则表明数据的空间分布是随机的，没有空间相关性。

4.3　本章小结

本章和第 3 章为区域生态经济效益的实证研究部分提供理论和方法支撑。在第 3 章 WNN－SVM 多方法融合的理论基础上，详细阐述了利用主成分分析法和因子分析法筛选并确定 WNN－SVM 多方法融合空间统计的基础变量，再根据 WNN－SVM 融合方法确定权重值矩阵，最后结合Moran's I 参数判断基于多方法融合空间统计分析的区域生态经济效益。

第5章

区域生态经济效益评价的实证分析

本章在前面理论分析和模型构建基础上，收集历年数据，对样本数据进行分析与空间展示，进而对区域生态经济效益进行评价。在实证分析基础上，提出区域生态经济效益提升的对策和建议。

5.1 数据的收集

按照所构建的区域生态经济效益评价指标体系，为充分说明近年来我国区域生态经济效益的综合情况，综合反映区域生态经济效益的时空差异，本书收集了18年（2004—2021年）的历史数据，从纵横两个维度进行分析，充分展示区域评价指标的历史变化。客观指标数据均来源于《中国统计年鉴》《环境统计年鉴》、各省统计年鉴、各行业机构研报等；个别数据指标在较早年份没有直接数据，在数据处理过程中进行了相应处理。表5-1列出了区域GDP指标历年数据，其他指标数据见附录。

表5-1　　全国各省历年GDP（2004—2021年）　　单位：亿元

省份＼年份	2004	2005	2006	2007	2008	2009	2010	2011	2012
北京	6060.3	6886.3	8117.8	9846.8	11115.0	12153.0	14113.6	16251.9	17879.4
天津	3111.0	3697.6	4462.7	5252.8	6719.0	7521.9	9224.5	11307.3	12893.9
河北	8477.6	10096.1	11467.6	13607.3	16012.0	17235.5	20394.3	24515.8	26575.0
山西	3571.4	4179.5	4878.6	6024.5	7315.4	7358.3	9200.9	11237.6	12112.8
内蒙古	3041.1	3895.6	4944.3	6423.2	8496.2	9740.3	11672.0	14359.9	15880.6
辽宁	6672.0	8009.0	9304.5	11164.3	13668.6	15212.5	18457.3	22226.7	24846.4
吉林	3122.0	3520.3	4275.1	5284.7	6426.1	7278.8	8667.6	10568.8	11939.2
黑龙江	4750.6	5511.5	6211.8	7104.0	8314.4	8587.0	10368.6	12582.0	13691.6
上海	8072.8	9154.2	10572.2	12494.0	14069.9	15046.5	17166.0	19195.7	20181.7
江苏	15003.6	18305.7	21742.1	26018.5	30982.0	34457.3	41425.5	49110.3	54058.2
浙江	11648.7	13437.9	15718.5	18753.7	21462.7	22990.4	27722.3	32318.9	34665.3
安徽	4759.3	5375.1	6112.5	7360.9	8851.7	10062.8	12359.3	15300.7	17212.1
福建	5763.4	6568.9	7583.9	9248.5	10823.0	12236.5	14737.1	17560.2	19701.8
江西	3456.7	4056.8	4820.5	5800.3	6971.1	7655.2	9451.3	11702.8	12948.9
山东	15021.8	18516.9	21900.2	25776.9	30933.3	33896.7	39169.9	45361.9	50013.2
河南	8553.8	10587.4	12362.8	15012.5	18018.5	19480.5	23092.4	26931.0	29599.3

续表

省份＼年份	2004	2005	2006	2007	2008	2009	2010	2011	2012
湖北	5633.2	6520.1	7617.5	9333.4	11328.9	12961.1	15967.6	19632.3	22250.5
湖南	5641.9	6511.3	7688.7	9439.6	11555.0	13059.7	16038.0	19669.6	22154.2
广东	18864.6	22366.5	26587.8	31777.0	36796.7	39482.6	46013.1	53210.3	57067.9
广西	3433.5	4075.7	4746.2	5823.4	7021.0	7759.2	9569.9	11720.9	13035.1
海南	798.9	894.6	1044.9	1254.2	1503.1	1654.2	2064.5	2522.7	2855.5
重庆	2692.8	3070.5	3907.2	4676.1	5793.7	6530.0	7925.6	10011.4	11409.6
四川	6379.6	7385.1	8690.2	10562.4	12601.2	14151.3	17185.5	21026.7	23872.8
贵州	1677.8	1979.1	2339.0	2884.1	3561.6	3912.7	4602.2	5701.8	6852.2
云南	3081.9	3472.9	3988.1	4772.5	5692.1	6169.8	7224.2	8893.1	10309.5
西藏	220.3	251.2	290.8	341.4	394.9	441.4	507.5	605.8	701.0
陕西	3175.6	3675.7	4743.6	5757.3	7314.6	8169.8	10123.5	12512.3	14453.7
甘肃	1688.5	1934.0	2276.7	2702.4	3166.8	3387.6	4120.8	5020.4	5650.2
青海	466.1	543.3	648.5	797.4	1018.6	1081.3	1350.4	1670.4	1893.5
宁夏	537.2	606.1	725.9	919.1	1203.9	1353.3	1689.7	2102.2	2341.3
新疆	2209.1	2604.2	3045.3	3523.2	4183.2	4277.1	5437.5	6610.1	7505.3

省份＼年份	2013	2014	2015	2016	2017	2018	2019	2020	2021
北京	19800.8	21330.8	23014.6	25669.1	28014.9	30320.0	35371.3	36102.6	40269.6
天津	14442.0	15726.9	16538.2	17885.4	18549.2	18809.6	14104.3	14083.7	15695.0
河北	28443.0	29421.2	29806.1	32070.5	34016.3	36010.3	35104.5	36206.9	40391.3
山西	12665.3	12761.5	12766.5	13050.4	15528.4	16818.1	17026.7	17651.9	22590.2
内蒙古	16916.5	17770.2	17831.5	18128.1	16096.2	17289.2	17212.5	17359.8	20514.2
辽宁	27213.2	28626.6	28669.0	22246.9	23409.2	25315.4	24909.5	25115.0	27584.1
吉林	13046.4	13803.1	14063.1	14776.8	14944.5	15074.6	11726.8	12311.3	13235.5
黑龙江	14454.9	15039.4	15083.7	15386.1	15902.7	16361.6	13612.7	13698.5	14879.2
上海	21818.2	23567.7	25123.5	28178.7	30633.0	32679.9	38155.3	38700.6	43214.9
江苏	59753.4	65088.3	70116.4	77388.3	85869.8	92595.4	99631.5	102719.0	116364.2
浙江	37756.6	40173.0	42886.5	47251.4	51768.3	56197.2	62351.7	64613.3	73515.8
安徽	19229.3	20848.7	22005.6	24407.6	27018.0	30006.8	37114.0	38680.6	42959.2
福建	21868.5	24055.8	25979.8	28810.6	32182.1	35804.0	42395.0	43903.9	48810.4

续表

年份 省份	2013	2014	2015	2016	2017	2018	2019	2020	2021
江西	14410.2	15714.6	16723.8	18499.0	20006.3	21984.8	24757.5	25691.5	29619.7
山东	55230.3	59426.6	63002.3	68024.5	72634.1	76469.7	71067.5	73129.0	83095.9
河南	32191.3	34938.2	37002.2	40471.8	44552.8	48055.9	54259.2	54997.1	58887.4
湖北	24791.8	27379.2	29550.2	32665.4	35478.1	39366.6	45828.3	43443.5	50012.9
湖南	24621.7	27037.3	28902.2	31551.4	33903.0	36425.8	39752.1	41781.5	46063.1
广东	62474.8	67809.9	72812.6	80854.9	89705.2	97277.8	107671.1	110760.9	124369.7
广西	14449.9	15672.9	16803.1	18317.6	18523.3	20352.5	21237.1	22156.7	24740.9
海南	3177.6	3500.7	3702.8	4053.2	4462.5	4832.1	5308.9	5532.4	6475.2
重庆	12783.3	14262.6	15717.3	17740.6	19424.7	20363.2	23605.8	25002.8	27894.0
四川	26392.1	28536.7	30053.1	32934.5	36980.2	40678.1	46615.8	48598.8	53850.8
贵州	8086.9	9266.4	10502.6	11776.7	13540.8	14806.5	16769.3	17826.6	19586.4
云南	11832.3	12814.6	13619.2	14788.4	16376.3	17881.1	23223.8	24521.9	27146.8
西藏	815.7	920.8	1026.4	1151.4	1310.9	1477.6	1697.8	1902.7	2080.2
陕西	16205.5	17689.9	18021.9	19399.6	21898.8	24438.3	25793.2	26181.9	29801.0
甘肃	6330.7	6836.8	6790.3	7200.4	7459.9	8246.1	8718.3	9016.7	10243.3
青海	2122.1	2303.3	2417.1	2572.5	2624.8	2865.2	2966.0	3005.9	3346.6
宁夏	2577.6	2752.1	2911.8	3168.6	3443.6	3705.2	3748.5	3920.6	4522.3
新疆	8443.8	9273.5	9324.8	9649.7	10882.0	12199.1	13597.1	13797.6	15983.6

5.2　数据的基本分析与空间展示

5.2.1　数据的基本统计描述

本书共收集了全国 31 个省级地区 2004—2021 年的 28 项指标数据，以 2021 年为例，全国各省各项指标数值如表 5－2 所示，其余各年份数据见附录。

表 5-2　　2021 年全国各省各项指标数值

地区＼代号	X_{11}	X_{12}	X_{13}	X_{14}	X_{15}	X_{16}	X_{17}	X_{18}	X_{19}	X_{110}
北京	40269.6	8.5	20.8	28.3	81.7	3.2	183980.0	75601.5	33302.7	5539.80
天津	15695.0	6.6	26.9	33.1	61.3	3.7	113732.0	47658.5	27954.5	9571.61
河北	40391.3	6.5	27.0	30.6	49.5	3.1	54172.0	37285.7	18178.9	8939.86
山西	22590.2	9.1	25.2	30.9	44.7	2.3	64821.0	34792.7	15308.3	3359.24
内蒙古	20514.2	6.3	26.9	30.1	43.5	3.8	85422.0	41353.1	18336.8	6871.22
辽宁	27584.1	5.8	28.8	30.0	51.6	4.3	65026.0	40375.9	19216.6	1682.42
吉林	13235.5	6.6	27.1	30.2	52.2	3.3	55450.0	33395.7	17641.7	7962.75
黑龙江	14879.2	6.1	29.1	33.6	50.0	3.2	47266.0	31114.7	17889.3	8565.83
上海	43214.9	8.1	25.1	37.3	73.3	2.7	173630.0	76437.3	38520.7	5191.82
江苏	116364.2	8.6	26.2	32.1	51.4	2.5	137039.0	53101.7	26790.8	8381.87
浙江	73515.8	8.5	26.7	31.0	54.6	2.6	113032.0	62699.3	35247.4	9617.76
安徽	42959.2	8.3	32.0	33.6	51.2	2.5	70321.0	39442.1	18371.7	9595.40
福建	48810.4	8.0	31.3	35.1	47.2	3.3	116939.0	47160.3	23228.9	11982.94
江西	29619.7	8.8	31.4	33.3	47.6	2.8	65560.0	38555.8	18684.2	9490.74
山东	83095.9	8.3	26.2	29.6	52.8	2.9	81727.0	43726.3	20793.9	5944.22
河南	58887.4	6.3	27.8	29.4	49.1	3.4	59410.0	34750.3	17533.3	8341.43
湖北	50012.9	12.9	29.9	31.9	52.8	3.0	86416.0	36705.7	18259.0	8982.31
湖南	46063.1	7.7	28.7	31.0	51.3	2.3	69440.0	41697.5	18295.2	9954.89
广东	124369.7	8.0	31.7	39.3	55.6	2.5	98285.0	50257.0	22306.0	5347.29
广西	24740.9	7.5	31.4	33.3	50.7	2.5	49206.0	35859.3	16362.9	5022.44
海南	6475.2	11.2	34.8	41.6	61.5	3.1	63707.0	37097.0	18076.3	5531.53
重庆	27894.0	8.3	32.0	36.6	53.0	2.9	86879.0	40006.2	18099.6	14247.66
四川	53850.8	8.2	34.3	36.3	52.5	3.6	64326.0	38253.1	17575.3	7751.29
贵州	19586.4	8.1	30.7	31.3	50.4	4.5	50808.0	36096.2	12856.1	6980.04
云南	27146.8	7.3	29.2	35.8	50.4	3.8	57686.0	37499.5	14197.3	9483.13
西藏	2080.2	6.7	33.4	37.8	55.7	2.6	56831.0	41156.4	16932.3	10034.12
陕西	29801.0	6.5	26.9	29.0	45.6	3.5	75360.0	37868.2	14744.8	14870.24
甘肃	10243.3	6.9	29.3	30.9	52.8	3.4	41046.0	33821.8	11432.8	3610.85
青海	3346.6	5.7	30.1	31.9	49.6	1.8	56398.0	35505.8	13604.2	15299.03
宁夏	4522.3	6.7	26.4	29.1	47.2	4.1	62549.0	35719.6	15336.6	6696.73
新疆	15983.6	7.0	30.1	30.5	47.9	2.0	61725.0	34838.4	15575.3	8642.64

续表 1

代号 地区	X_{111}	X_{112}	X_{113}	X_{21}	X_{22}	X_{23}	X_{24}	X_{25}	X_{26}
北京	186.4	1.1	3245.1	87.5	1357.4	2029.1	93127.0	101.1	521.1
天津	234.1	1.3	5976.5	84.9	1159.1	1237.3	46072.0	101.3	309.6
河北	244.0	3.7	4402.0	61.1	409.2	2278.9	101483.0	101.0	1769.4
山西	208.3	6.6	6219.5	63.4	227.3	1268.9	56597.0	101.0	732.7
内蒙古	798.3	66.8	11315.9	68.2	22.4	1271.5	70793.0	100.9	673.7
辽宁	304.1	5.2	5895.2	72.8	285.9	2697.8	147670.0	101.1	889.2
吉林	461.7	12.0	3068.5	63.4	124.5	1585.6	94452.0	100.6	473.9
黑龙江	1030.8	21.7	3633.3	65.7	69.2	1836.8	73045.0	100.6	552.0
上海	425.2	0.5	4693.9	89.3	2986.6	1242.0	171215.0	101.2	362.9
江苏	668.4	1.9	3890.9	73.9	801.3	4857.6	314448.0	101.6	1858.8
浙江	255.8	2.4	4070.9	72.7	622.8	3366.4	183218.0	101.5	1698.4
安徽	444.8	3.4	2509.8	59.4	438.5	2460.2	127602.0	100.9	915.0
福建	437.5	4.4	3620.1	69.7	340.7	1778.3	80850.0	100.7	675.8
江西	552.0	5.5	2290.3	61.5	271.4	1732.7	79564.0	100.9	717.7
山东	206.6	2.3	4386.5	63.9	651.3	5669.9	272462.0	101.2	2442.6
河南	224.9	2.5	2378.0	56.5	604.0	3234.5	128190.0	100.9	1737.0
湖北	580.7	4.8	2699.7	64.1	315.4	2787.9	113284.0	100.3	909.5
湖南	486.0	4.8	2718.3	59.7	315.1	2065.6	97624.0	100.5	1035.0
广东	321.6	2.1	2834.7	74.6	711.3	6582.7	532886.0	100.8	2410.4
广西	534.0	6.6	2618.4	55.1	226.2	1679.1	76105.0	100.9	726.1
海南	442.9	5.1	2398.2	61.0	293.0	409.5	18443.0	100.3	147.1
重庆	224.6	3.8	2505.1	70.3	391.8	1645.4	73383.0	100.3	545.4
四川	291.8	8.3	1991.3	57.8	179.7	3367.4	139518.0	100.3	1291.5
贵州	270.0	6.7	2786.2	54.3	224.9	1187.2	99356.0	100.1	575.5
云南	340.6	11.9	2862.8	51.1	125.6	1252.3	53238.0	100.2	803.4
西藏	885.2	445.2	0.0	36.6	3.4	170.3	6372.0	100.9	63.6
陕西	232.1	7.8	3671.0	63.6	192.7	1527.0	76176.0	101.5	664.8
甘肃	441.2	18.6	3674.1	53.3	80.7	927.6	31168.0	100.9	364.8
青海	412.8	147.1	7903.1	61.0	10.2	249.4	8721.0	101.3	114.3
宁夏	941.9	10.2	11100.6	66.0	146.9	495.3	27111.0	101.4	177.7
新疆	2216.3	65.7	7617.3	57.3	22.8	1555.6	85614.0	101.2	431.0

续表2

代号 地区	X_{31}	X_{32}	X_{33}	X_{34}	X_{35}	X_{36}	X_{37}	X_{38}	X_{39}
北京	0.2	10.1	249.7	275.50	6350.09	100.0	1212.66	14.66	2
天津	0.4	20.6	132.5	47.09	10075.59	100.0	1314.18	10.10	0
河北	0.7	45.0	22.2	631.06	95548.42	100.0	6658.41	16.62	0
山西	1.0	32.1	14.8	138.93	76071.10	100.0	1169.01	13.93	24
内蒙古	1.2	93.4	1.9	289.63	330853.97	99.9	1649.09	14.22	6
辽宁	0.7	46.8	18.6	164.83	120758.81	99.8	711.49	9.73	4
吉林	0.5	83.3	6.9	101.25	39422.63	100.0	1891.15	13.91	2
黑龙江	0.7	218.1	3.3	167.18	131055.10	100.0	2676.82	21.23	3
上海	0.3	24.5	518.5	143.64	110941.64	100.0	1292.25	13.54	1
江苏	0.3	48.8	109.6	581.61	98228.57	100.0	7128.78	11.38	12
浙江	0.4	22.6	70.0	499.20	175538.10	100.0	6290.02	14.42	6
安徽	0.5	63.2	30.8	456.81	165279.24	100.0	5865.67	14.27	2
福建	0.4	37.4	39.7	374.40	120401.10	100.0	5017.26	15.24	4
江西	0.4	84.2	17.8	405.01	87284.48	100.0	4286.97	13.34	3
山东	0.4	25.3	53.2	767.63	376917.99	100.0	6045.27	10.44	3
河南	0.4	37.9	36.0	645.19	75012.04	100.0	8243.83	14.55	13
湖北	0.4	67.2	27.1	367.33	138490.01	100.0	5236.69	13.50	21
湖南	0.4	70.0	21.9	287.27	105595.97	100.0	6592.13	14.65	3
广东	0.3	32.7	69.7	744.09	380607.47	100.0	6782.51	12.82	24
广西	0.5	108.5	11.1	193.09	119599.90	100.0	2529.81	9.07	8
海南	0.5	69.5	18.6	30.61	11090.86	100.0	564.22	14.06	2
重庆	0.4	25.8	34.0	244.89	20656.88	96.6	4576.35	20.94	5
四川	0.4	45.4	11.6	548.65	81009.42	100.0	6489.38	15.62	8
贵州	0.7	53.1	11.4	251.95	97800.29	99.0	2688.71	14.84	4
云南	0.6	59.0	7.3	310.82	71485.30	100.0	4447.59	17.31	5
西藏	0.0	155.8	0.2	18.84	10.48	99.7	367.25	19.14	0
陕西	0.4	30.8	14.5	324.95	64413.58	100.0	5879.69	21.61	9
甘肃	0.9	107.5	3.3	174.25	53787.21	100.0	899.10	12.58	5
青海	1.2	73.2	0.6	40.03	11826.29	99.4	908.76	24.37	5
宁夏	2.1	150.6	9.2	110.82	65360.27	100.0	485.51	16.70	9
新疆	1.5	359.1	1.4	134.73	110891.56	100.0	2237.58	18.06	7

5.2.2　单变量数据的空间统计

2021年全国各省的28项指标如表5－3至表5－28所示，数据展示如图5－1至图5－28所示。

表5－3　　2021年全国各省GDP指标数值

地区	全国	北京	天津	河北	山西	内蒙古	辽宁	吉林
数值（亿元）	1143669.72	40269.55	15695.05	40391.27	22590.16	20514.19	27584.08	13235.52
地区	黑龙江	上海	江苏	浙江	安徽	福建	江西	山东
数值（亿元）	14879.19	43214.85	116364.20	73515.76	42959.18	48810.36	29619.67	83095.90
地区	河南	湖北	湖南	广东	广西	海南	重庆	四川
数值（亿元）	58887.41	50012.94	46063.09	124369.67	24740.86	6475.20	27894.02	53850.79
地区	贵州	云南	西藏	陕西	甘肃	青海	宁夏	新疆
数值（亿元）	19586.42	27146.76	2080.17	29800.98	10243.31	3346.63	4522.31	15983.65

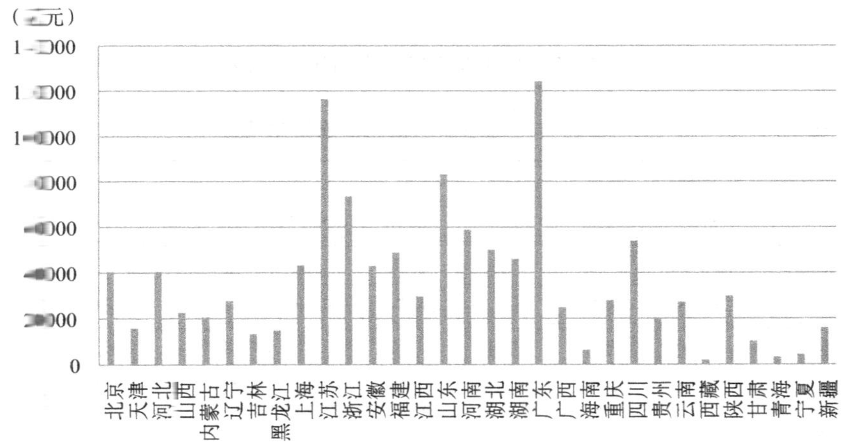

图5－1　2021年全国各省GDP

表 5-4 2021 年全国各省 GDP 增长率

地区	全国	北京	天津	河北	山西	内蒙古	辽宁	吉林
数值（%）	8.11	8.50	6.56	6.50	9.13	6.26	5.76	6.60
地区	黑龙江	上海	江苏	浙江	安徽	福建	江西	山东
数值（%）	6.06	8.10	8.60	8.48	8.26	7.95	8.76	8.30
地区	河南	湖北	湖南	广东	广西	海南	重庆	四川
数值（%）	6.29	12.85	7.67	7.95	7.50	11.20	8.30	8.20
地区	贵州	云南	西藏	陕西	甘肃	青海	宁夏	新疆
数值（%）	8.06	7.25	6.69	6.45	6.94	5.69	6.66	6.96

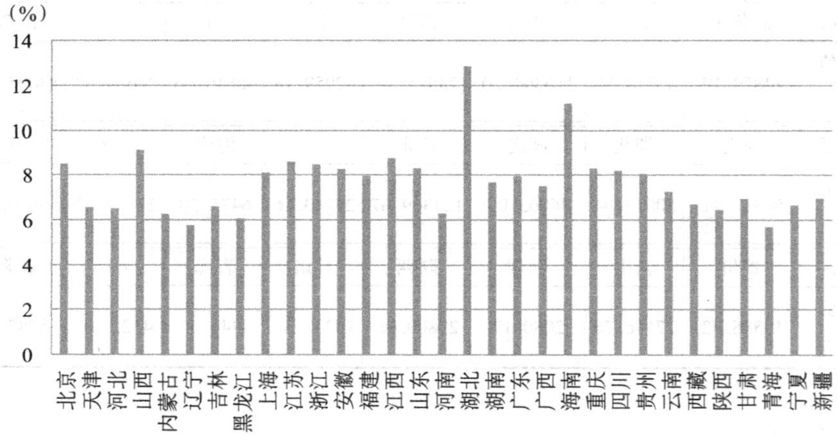

图 5-2 2021 年全国各省 GDP 增长率

表 5-5 2021 年全国各省城镇人口恩格尔系数

地区	全国	北京	天津	河北	山西	内蒙古	辽宁	吉林
数值（%）	28.63	20.78	26.92	26.96	25.17	26.94	28.78	27.12
地区	黑龙江	上海	江苏	浙江	安徽	福建	江西	山东
数值（%）	29.05	25.11	26.23	26.74	31.96	31.27	31.41	26.24
地区	河南	湖北	湖南	广东	广西	海南	重庆	四川
数值（%）	27.78	29.86	28.73	31.74	31.43	34.80	32.02	34.28
地区	贵州	云南	西藏	陕西	甘肃	青海	宁夏	新疆
数值（%）	30.65	29.16	33.37	26.89	29.28	30.14	26.35	30.14

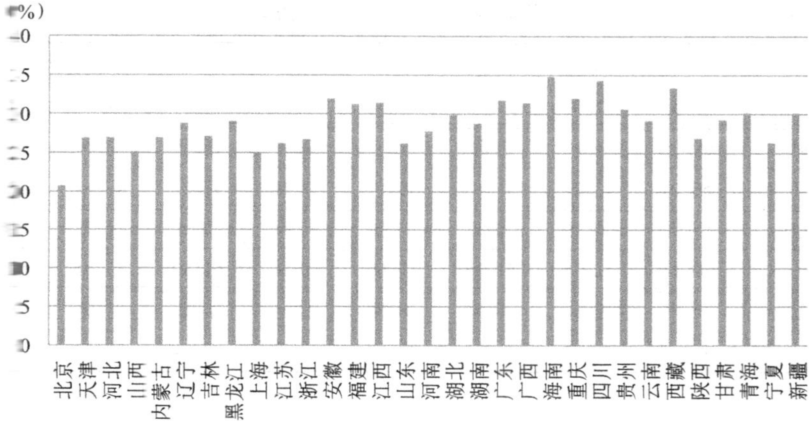

图 5－3　2021 年全国各省城镇人口恩格尔系数

表 5－6　　2021 年全国各省农村人口恩格尔系数

地区	全国	北京	天津	河北	山西	内蒙古	辽宁	吉林
数值（%）	32.67	28.27	33.11	30.56	30.89	30.09	29.96	30.24
地区	黑龙江	上海	江苏	浙江	安徽	福建	江西	山东
数值（%）	33.63	37.32	32.09	30.98	33.61	35.07	33.34	29.59
地区	河南	湖北	湖南	广东	广西	海南	重庆	四川
数值（%）	29.44	31.91	31.00	39.31	33.29	41.63	36.56	36.30
地区	贵州	云南	西藏	陕西	甘肃	青海	宁夏	新疆
数值（%）	31.33	35.78	37.79	28.99	30.94	31.94	29.12	30.51

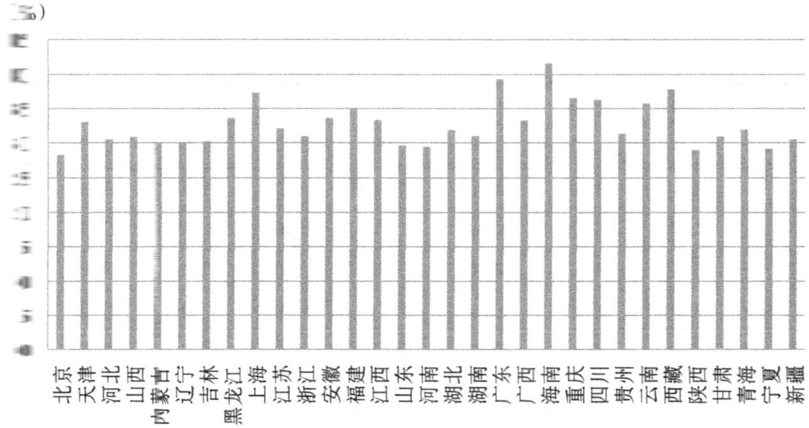

图 5－4　2021 年全国各省农村人口恩格尔系数

表 5-7 2021 年全国各省经济服务率

地区	全国	北京	天津	河北	山西	内蒙古	辽宁	吉林
数值（%）	53.31	81.67	61.26	49.51	44.67	43.46	51.65	52.23
地区	黑龙江	上海	江苏	浙江	安徽	福建	江西	山东
数值（%）	50.01	73.27	51.45	54.57	51.18	47.22	47.61	52.81
地区	河南	湖北	湖南	广东	广西	海南	重庆	四川
数值（%）	49.14	52.78	51.26	55.60	50.68	61.50	53.01	52.53
地区	贵州	云南	西藏	陕西	甘肃	青海	宁夏	新疆
数值（%）	50.40	50.42	55.71	45.60	52.83	49.64	47.24	47.93

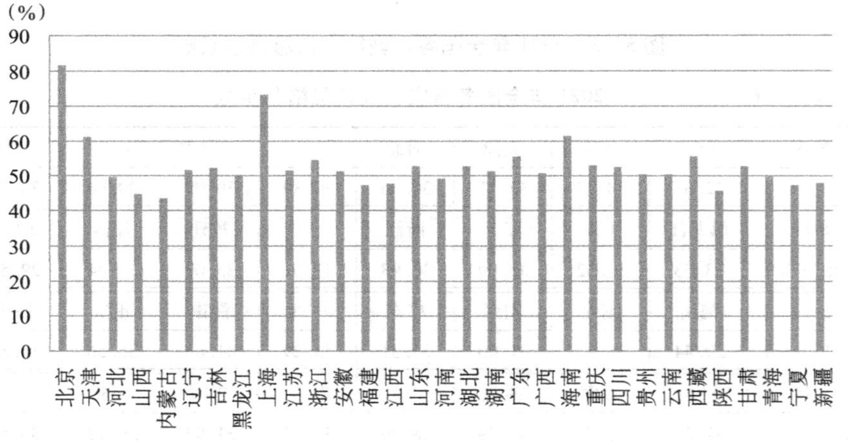

图 5-5 2021 年全国各省经济服务率

表 5-8 2021 年全国各省失业率

地区	全国	北京	天津	河北	山西	内蒙古	辽宁	吉林
数值（%）	3.96	3.23	3.68	3.08	2.27	3.84	4.33	3.26
地区	黑龙江	上海	江苏	浙江	安徽	福建	江西	山东
数值（%）	3.18	2.73	2.54	2.61	2.46	3.33	2.84	2.94
地区	河南	湖北	湖南	广东	广西	海南	重庆	四川
数值（%）	3.40	2.99	2.29	2.45	2.49	3.06	2.92	3.60
地区	贵州	云南	西藏	陕西	甘肃	青海	宁夏	新疆
数值（%）	4.45	3.75	2.56	3.47	3.40	1.84	4.13	2.04

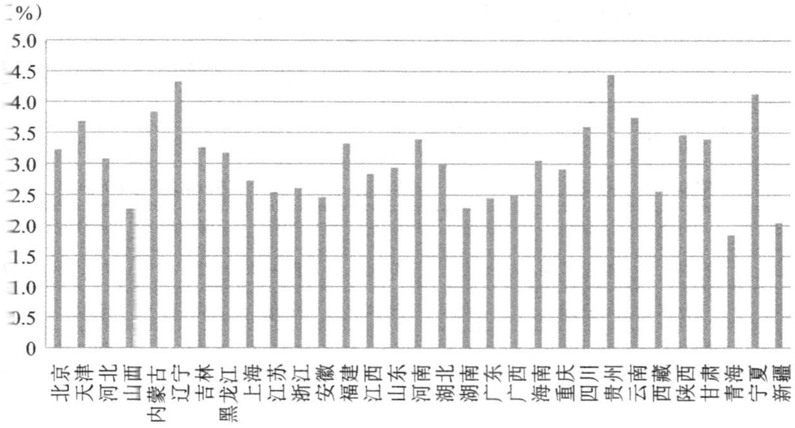

图 5－6　2021 年全国各省失业率

表 5－9　2021 年全国各省人均 GDP

地区	全国	北京	天津	河北	山西	内蒙古	辽宁	吉林
数值（元）	80976	183980	113732	54172	64821	85422	65026	55450
地区	黑龙江	上海	江苏	浙江	安徽	福建	江西	山东
数值（元）	47266	173630	137039	113032	70321	116939	65560	81727
地区	河南	湖北	湖南	广东	广西	海南	重庆	四川
数值（元）	59410	86416	69440	98285	49206	63707	86879	64326
地区	贵州	云南	西藏	陕西	甘肃	青海	宁夏	新疆
数值（元）	50808	57686	56831	75360	41046	56398	62549	61725

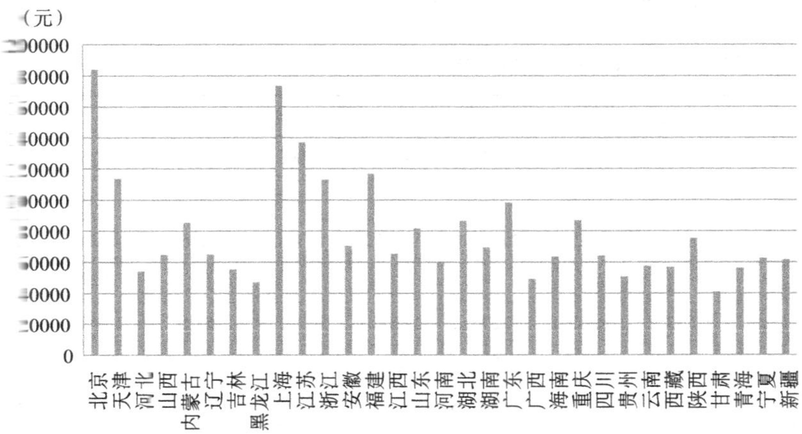

图 5－7　2021 年全国各省人均 GDP

表 5-10　2021 年全国各省城镇居民家庭人均可支配收入

地区	全国	北京	天津	河北	山西	内蒙古	辽宁	吉林
数值（元）	47411.9	81517.5	51485.7	39791.0	37433.1	44376.9	43050.8	35645.8
地区	黑龙江	上海	江苏	浙江	安徽	福建	江西	山东
数值（元）	33646.1	82428.9	57743.5	68486.8	43008.7	51140.5	41684.4	47066.4
地区	河南	湖北	湖南	广东	广西	海南	重庆	四川
数值（元）	37094.8	40277.8	44866.1	54853.6	38529.9	40213.2	43502.5	41443.8
地区	贵州	云南	西藏	陕西	甘肃	青海	宁夏	新疆
数值（元）	39211.2	40904.9	46503.3	40713.1	36187.3	37745.3	38290.7	37642.4

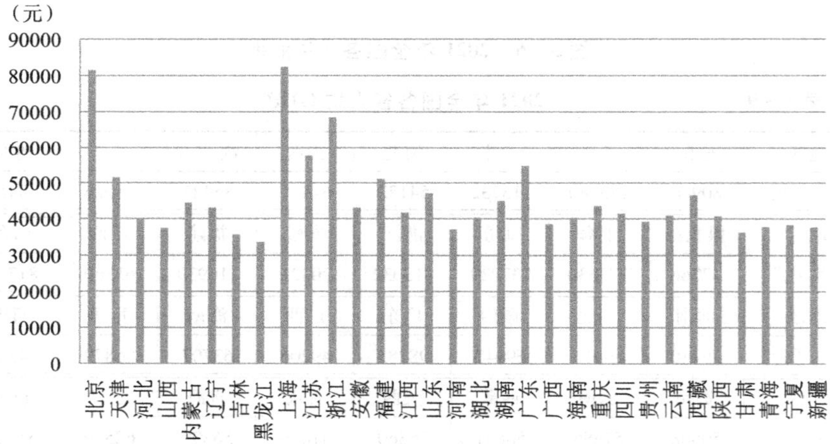

图 5-8　2021 年全国各省城镇居民家庭人均可支配收入

表 5-11　2021 年全国各省农村居民家庭人均纯收入

地区	全国	北京	天津	河北	山西	内蒙古	辽宁	吉林
数值（元）	18930.9	33302.7	27954.5	18178.9	15308.3	18336.8	19216.6	17641.7
地区	黑龙江	上海	江苏	浙江	安徽	福建	江西	山东
数值（元）	17889.3	38520.7	26790.8	35247.4	18371.7	23228.9	18684.2	20793.9
地区	河南	湖北	湖南	广东	广西	海南	重庆	四川
数值（元）	17533.3	18259.0	18295.2	22306.0	16362.9	18076.3	18099.6	17575.3
地区	贵州	云南	西藏	陕西	甘肃	青海	宁夏	新疆
数值（元）	12856.1	14197.3	16932.3	14744.8	11432.8	13604.2	15336.6	15575.3

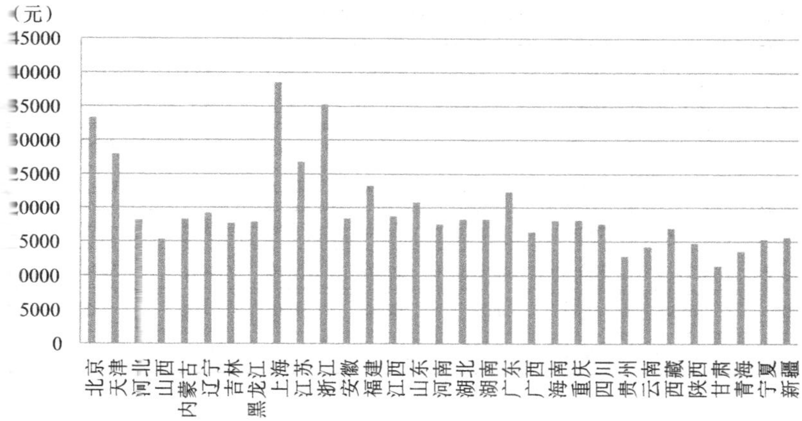

图 5－9　2021 年全国各省农村居民家庭人均纯收入

表 5－12　　　　2021 年全国各省人均生态投入

地区	全国	北京	天津	河北	山西	内蒙古	辽宁	吉林
数值（元）	7852.18	5539.80	9571.61	8939.86	3359.24	6871.22	1682.42	7962.75
地区	黑龙江	上海	江苏	浙江	安徽	福建	江西	山东
数值（元）	8565.33	5191.82	8381.87	9617.76	9595.40	11982.94	9490.74	5944.22
地区	河南	湖北	湖南	广东	广西	海南	重庆	四川
数值（元）	8341.43	8982.31	9954.89	5347.29	5022.44	5531.53	14247.66	7751.29
地区	贵州	云南	西藏	陕西	甘肃	青海	宁夏	新疆
数值（元）	6980.04	9483.13	10034.12	14870.24	3610.85	15299.03	6696.73	8642.64

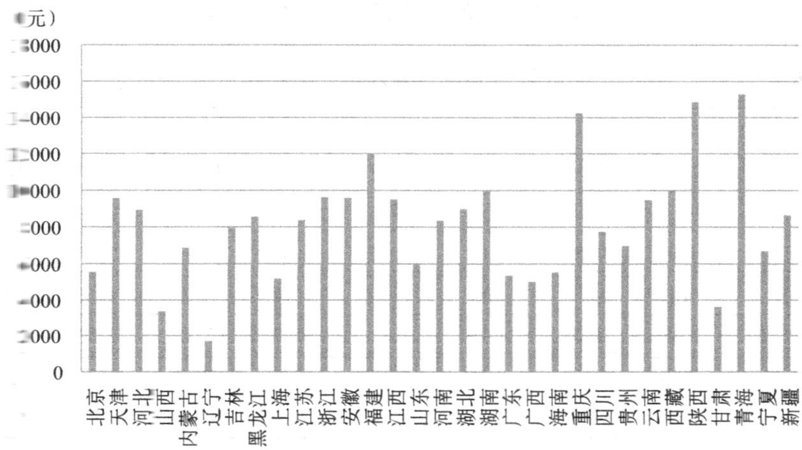

图 5－10　2021 年全国各省人均生态投入

表 5-13　　2021 年全国各省人均用水量

地区	全国	北京	天津	河北	山西	内蒙古	辽宁	吉林
数值（升/日）	419.2	186.4	234.1	244.0	208.3	798.3	304.1	461.7
地区	黑龙江	上海	江苏	浙江	安徽	福建	江西	山东
数值（升/日）	1030.8	425.2	668.4	255.8	444.8	437.5	552.0	206.6
地区	河南	湖北	湖南	广东	广西	海南	重庆	四川
数值（升/日）	224.9	580.7	486.0	321.6	534.0	442.9	224.6	291.8
地区	贵州	云南	西藏	陕西	甘肃	青海	宁夏	新疆
数值（升/日）	270.0	340.6	885.2	232.1	441.2	412.8	941.9	2216.3

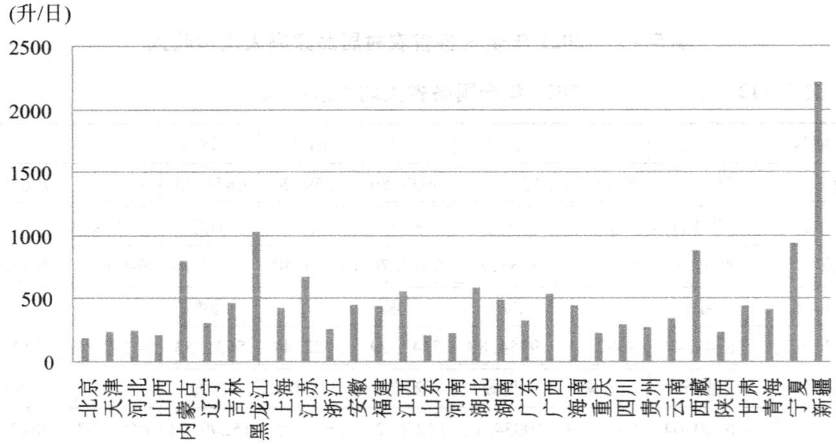

图 5-11　2021 年全国各省人均用水量

表 5-14　　2021 年全国各省人均土地面积

地区	全国	北京	天津	河北	山西	内蒙古	辽宁	吉林
数值（亩）	0.00	1.11	1.29	3.67	6.60	66.82	5.25	12.05
地区	黑龙江	上海	江苏	浙江	安徽	福建	江西	山东
数值（亩）	21.67	0.50	1.87	2.41	3.42	4.40	5.53	2.30
地区	河南	湖北	湖南	广东	广西	海南	重庆	四川
数值（亩）	2.48	4.76	4.76	2.11	6.63	5.12	3.83	8.35
地区	贵州	云南	西藏	陕西	甘肃	青海	宁夏	新疆
数值（亩）	6.67	11.94	445.16	7.78	18.58	147.14	10.21	65.73

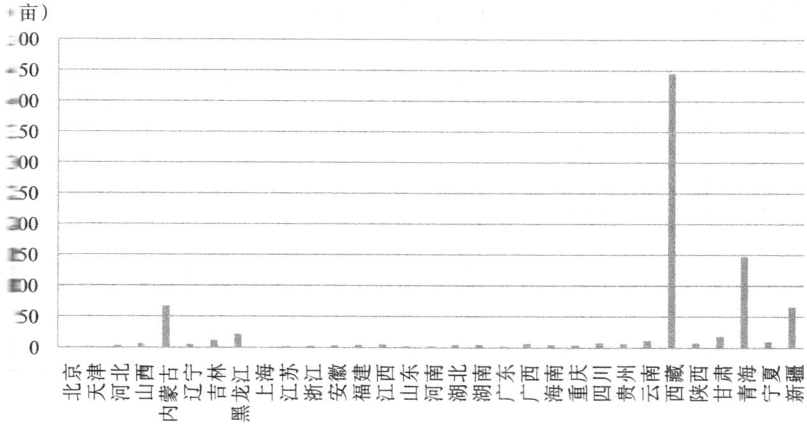

图 5 − 12　2021 年全国各省人均土地面积

表 5 − 15　2021 年全国各省人均能源利用量

地区	全国	北京	天津	河北	山西	内蒙古	辽宁	吉林
数值（千克标准煤）	0.00	3245.14	5976.47	4402.01	6219.52	11315.86	5895.21	3068.46
地区	黑龙江	上海	江苏	浙江	安徽	福建	江西	山东
数值（千克标准煤）	3633.28	4693.86	3890.89	4070.90	2509.84	3620.14	2290.35	4386.54
地区	河南	湖北	湖南	广东	广西	海南	重庆	四川
数值（千克标准煤）	2377.97	2699.71	2718.34	2834.72	2618.43	2398.23	2505.08	1991.28
地区	贵州	云南	西藏	陕西	甘肃	青海	宁夏	新疆
数值（千克标准煤）	2786.15	2862.76	0.00	3671.02	3674.10	7903.15	11100.55	7617.28

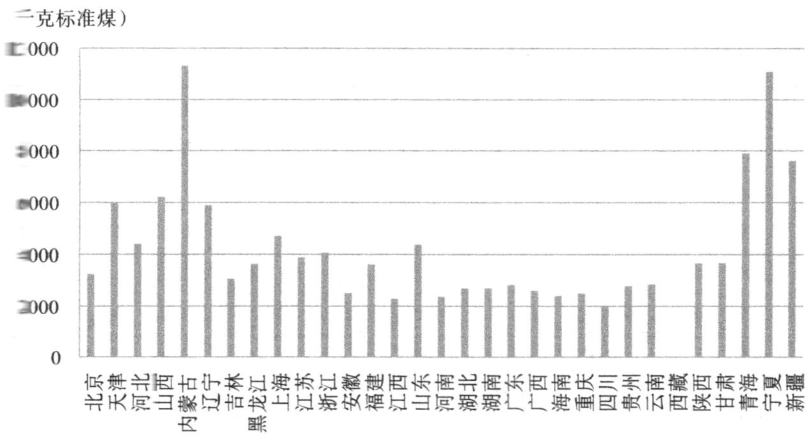

图 5 − 13　2021 年全国各省人均能源利用量

表 5-16　　2021 年全国各省城镇化率

地区	全国	北京	天津	河北	山西	内蒙古	辽宁	吉林
数值（%）	64.72	87.50	84.88	61.14	63.42	68.21	72.81	63.36
地区	黑龙江	上海	江苏	浙江	安徽	福建	江西	山东
数值（%）	65.69	89.30	73.94	72.66	59.39	69.70	61.46	63.94
地区	河南	湖北	湖南	广东	广西	海南	重庆	四川
数值（%）	56.45	64.09	59.71	74.63	55.08	60.97	70.32	57.82
地区	贵州	云南	西藏	陕西	甘肃	青海	宁夏	新疆
数值（%）	54.33	51.05	36.61	63.63	53.33	61.02	66.04	57.26

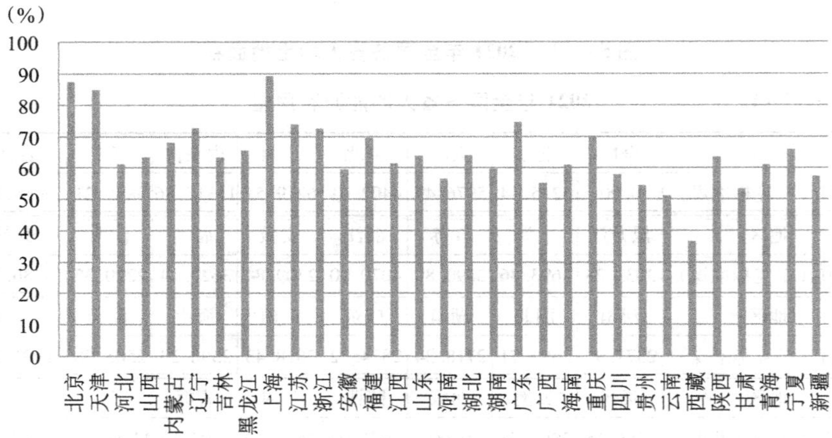

图 5-14　2021 年全国各省城镇化率

表 5-17　　2021 年全国各省人口密度

地区	全国	北京	天津	河北	山西	内蒙古	辽宁	吉林
数值（人/平方千米）	0.00	1357.41	1159.11	409.22	227.26	22.45	285.88	124.50
地区	黑龙江	上海	江苏	浙江	安徽	福建	江西	山东
数值（人/平方千米）	69.23	2986.56	801.25	622.77	438.46	340.67	271.42	651.30
地区	河南	湖北	湖南	广东	广西	海南	重庆	四川
数值（人/平方千米）	603.97	315.35	315.07	711.35	226.16	293.03	391.81	179.70
地区	贵州	云南	西藏	陕西	甘肃	青海	宁夏	新疆
数值（人/平方千米）	224.91	125.60	3.37	192.69	80.72	10.19	146.92	22.82

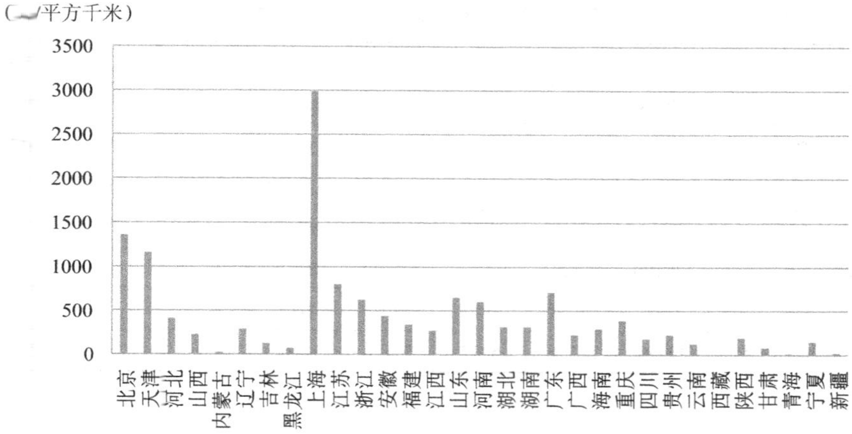

图 5-15　2021 年全国各省人口密度

表 5-18　2021 年全国各省城市建设用地

地区	全国	北京	天津	河北	山西	内蒙古	辽宁	吉林
数值（平方千米）	62421	2029	1237	2279	1269	1271	2698	1586
地区	黑龙江	上海	江苏	浙江	安徽	福建	江西	山东
数值（平方千米）	1837	1242	4858	3366	2460	1778	1733	5670
地区	河南	湖北	湖南	广东	广西	海南	重庆	四川
数值（平方千米）	3235	2788	2066	6583	1679	410	1645	3367
地区	贵州	云南	西藏	陕西	甘肃	青海	宁夏	新疆
数值（平方千米）	1187	1252	170	1527	928	249	495	1556

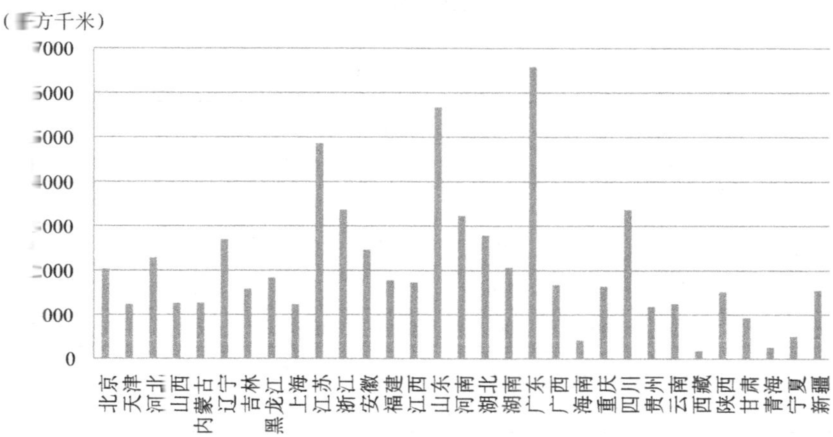

图 5-16　2021 年全国各省城市建设用地

表 5-19　　2021 年全国各省城市绿化覆盖面积

地区	全国	北京	天津	河北	山西	内蒙古	辽宁	吉林
数值（平方米）	3479788	93127	46072	101483	56597	70793	147670	94452
地区	黑龙江	上海	江苏	浙江	安徽	福建	江西	山东
数值（平方米）	73045	171215	314448	183218	127602	80850	79564	272462
地区	河南	湖北	湖南	广东	广西	海南	重庆	四川
数值（平方米）	128190	113284	97624	532886	76105	18443	73383	139518
地区	贵州	云南	西藏	陕西	甘肃	青海	宁夏	新疆
数值（平方米）	99356	53238	6372	76176	31168	8721	27111	85614

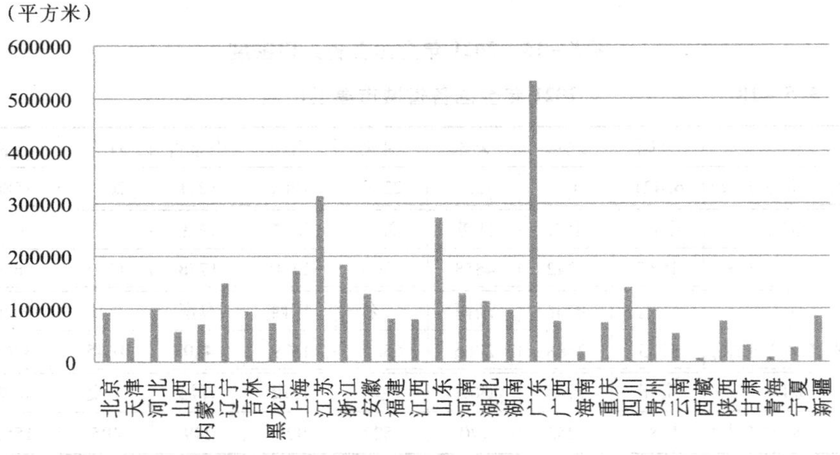

图 5-17　2021 年全国各省城市绿化覆盖面积

表 5-20　　2021 年全国各省居民消费价格指数

地区	全国	北京	天津	河北	山西	内蒙古	辽宁	吉林
数值	100.9	101.1	101.3	101.0	101.0	100.9	101.1	100.6
地区	黑龙江	上海	江苏	浙江	安徽	福建	江西	山东
数值	100.6	101.2	101.6	101.5	100.9	100.7	100.9	101.2
地区	河南	湖北	湖南	广东	广西	海南	重庆	四川
数值	100.9	100.3	100.5	100.8	100.9	100.3	100.3	100.3
地区	贵州	云南	西藏	陕西	甘肃	青海	宁夏	新疆
数值	100.1	100.2	100.9	101.5	100.9	101.3	101.4	101.2

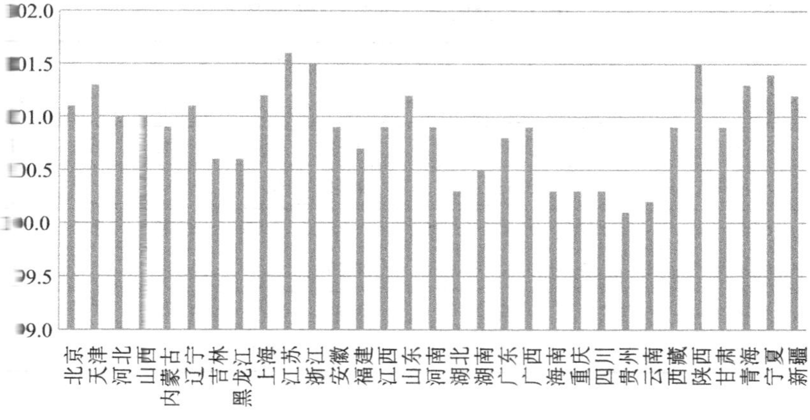

图 5－18　2021 年全国各省居民消费价格指数

表 5－21　2021 年全国各省私人汽车拥有量

地区	全国	北京	天津	河北	山西	内蒙古	辽宁	吉林
数值（万辆）	0.00	521.10	309.55	1769.37	732.72	673.74	889.21	473.94
地区	黑龙江	上海	江苏	浙江	安徽	福建	江西	山东
数值（万辆）	551.97	362.93	1858.83	1698.39	915.01	675.79	717.66	2442.56
地区	河南	湖北	湖南	广东	广西	海南	重庆	四川
数值（万辆）	1736.96	909.46	1035.01	2410.37	726.07	147.14	545.42	1291.45
地区	贵州	云南	西藏	陕西	甘肃	青海	宁夏	新疆
数值（万辆）	575.49	803.42	63.64	664.77	364.76	114.28	177.66	430.97

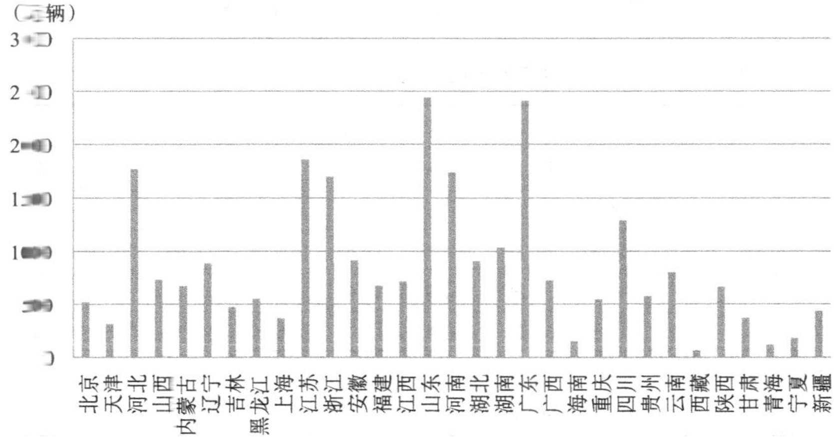

图 5－19　2021 年全国各省私人汽车拥有量

表 5-22　　2021 年全国各省单位 GDP 能耗

地区	全国	北京	天津	河北	山西	内蒙古	辽宁	吉林
数值（吨标准煤/万元）	—	0.24	0.39	0.74	1.01	1.25	0.73	0.46
地区	黑龙江	上海	江苏	浙江	安徽	福建	江西	山东
数值（吨标准煤/万元）	0.67	0.33	0.33	0.41	0.46	0.38	0.39	0.44
地区	河南	湖北	湖南	广东	广西	海南	重庆	四川
数值（吨标准煤/万元）	0.45	0.44	0.41	0.29	0.51	0.46	0.40	0.44
地区	贵州	云南	西藏	陕西	甘肃	青海	宁夏	新疆
数值（吨标准煤/万元）	0.68	0.63	0.00	0.45	0.90	1.22	2.15	1.48

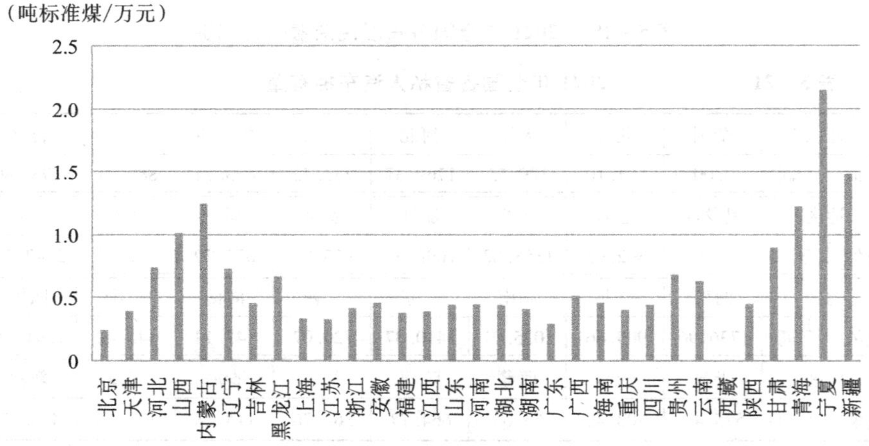

图 5-20　2021 年全国各省单位 GDP 能耗

表 5-23　　2021 年全国各省单位 GDP 水耗

地区	全国	北京	天津	河北	山西	内蒙古	辽宁	吉林
数值（立方米/万元）	51.76	10.13	20.58	45.03	32.14	93.45	46.77	83.26
地区	黑龙江	上海	江苏	浙江	安徽	福建	江西	山东
数值（立方米/万元）	218.09	24.48	48.77	22.63	63.25	37.41	84.20	25.28
地区	河南	湖北	湖南	广东	广西	海南	重庆	四川
数值（立方米/万元）	37.85	67.20	69.99	32.73	108.52	69.50	25.85	45.37
地区	贵州	云南	西藏	陕西	甘肃	青海	宁夏	新疆
数值（立方米/万元）	53.15	59.05	155.76	30.80	107.48	73.21	150.59	359.05

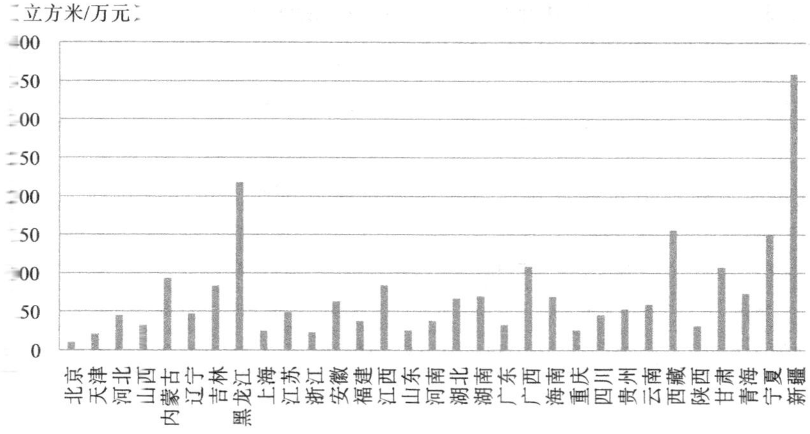

图 5-21 2021 年全国各省单位 GDP 水耗

表 5-24 2021 年全国各省单位土地面积 GDP

地区	全国	北京	天津	河北	山西	内蒙古	辽宁	吉林
数值（万元/公顷）	0.00	249.71	132.50	22.19	14.75	1.92	18.65	6.94
地区	黑龙江	上海	江苏	浙江	安徽	福建	江西	山东
数值（万元/公顷）	3.30	518.54	109.63	70.00	30.81	39.71	17.80	53.22
地区	河南	湖北	湖南	广东	广西	海南	重庆	四川
数值（万元/公顷）	35.99	27.05	21.92	69.75	11.11	18.60	34.03	11.56
地区	贵州	云南	西藏	陕西	甘肃	青海	宁夏	新疆
数值（万元/公顷）	11.44	7.27	0.19	14.52	3.32	0.57	9.16	1.41

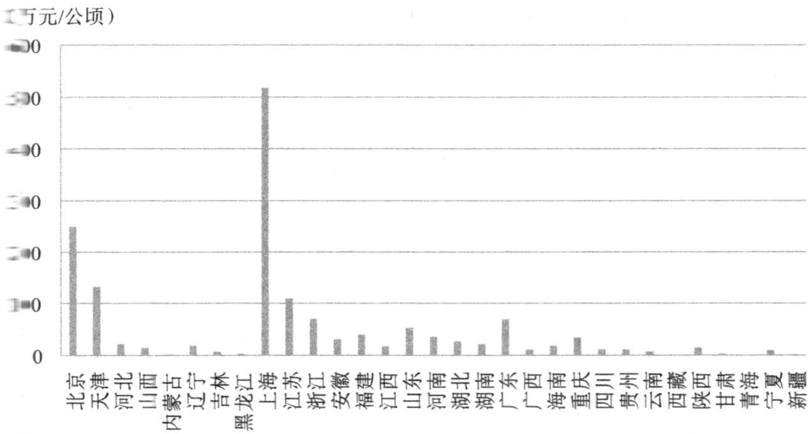

图 5-22 2021 年全国各省单位土地面积 GDP

表 5 - 25　　2021 年全国各省环境污染治理投资

地区	全国	北京	天津	河北	山西	内蒙古	辽宁	吉林
数值（万元）	9491.80	275.50	47.09	631.06	138.93	289.63	164.83	101.25
地区	黑龙江	上海	江苏	浙江	安徽	福建	江西	山东
数值（万元）	167.18	143.64	581.61	499.20	456.81	374.40	405.01	767.63
地区	河南	湖北	湖南	广东	广西	海南	重庆	四川
数值（万元）	645.19	367.33	287.27	744.09	193.09	30.61	244.89	548.65
地区	贵州	云南	西藏	陕西	甘肃	青海	宁夏	新疆
数值（万元）	251.95	310.82	18.84	324.95	174.25	40.03	110.82	134.73

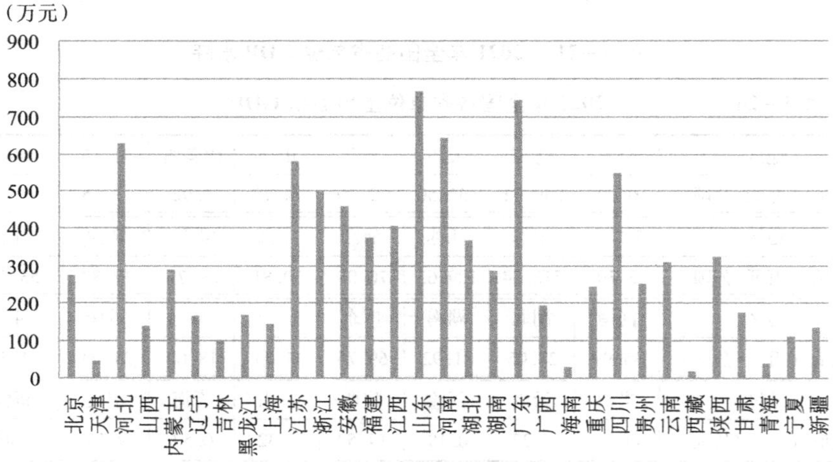

图 5 - 23　2021 年全国各省环境污染治理投资

表 5 - 26　　2021 年全国各省工业污染治理投资

地区	全国	北京	天津	河北	山西	内蒙古	辽宁	吉林
数值（万元）	3352364	6350	10076	95548	76071	330854	120759	39423
地区	黑龙江	上海	江苏	浙江	安徽	福建	江西	山东
数值（万元）	131055	110942	98229	175538	165279	120401	87284	376918
地区	河南	湖北	湖南	广东	广西	海南	重庆	四川
数值（万元）	75012	138490	105596	380607	119600	11091	20657	81009
地区	贵州	云南	西藏	陕西	甘肃	青海	宁夏	新疆
数值（万元）	97800	71485	10	64414	53787	11826	65360	110892

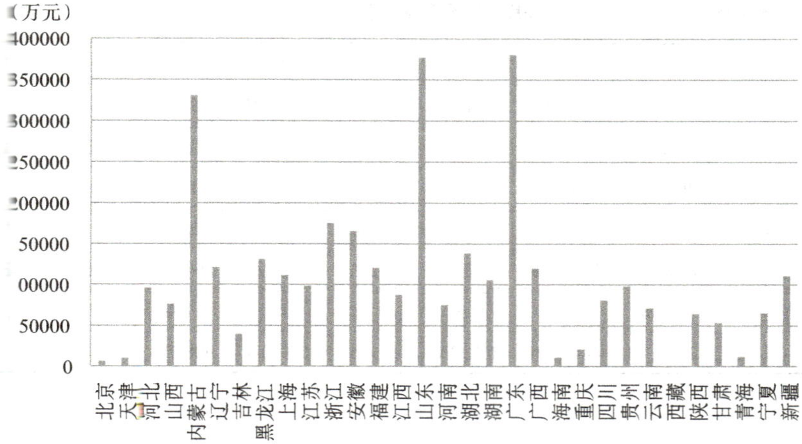

图 5－24　2021 年全国各省工业污染治理投资

表 5－27　2021 年全国各省垃圾无害化处理率

地区	全国	北京	天津	河北	山西	内蒙古	辽宁	吉林
数值（%）	99.9	100.0	100.0	100.0	100.0	99.9	99.8	100.0
地区	黑龙江	上海	江苏	浙江	安徽	福建	江西	山东
数值（%）	100.0	100.0	100.0	100.0	100.0	100.0	100.0	100.0
地区	河南	湖北	湖南	广东	广西	海南	重庆	四川
数值（%）	100.0	100.0	100.0	100.0	100.0	100.0	96.6	100.0
地区	贵州	云南	西藏	陕西	甘肃	青海	宁夏	新疆
数值（%）	99.0	100.0	99.7	100.0	100.0	99.4	100.0	100.0

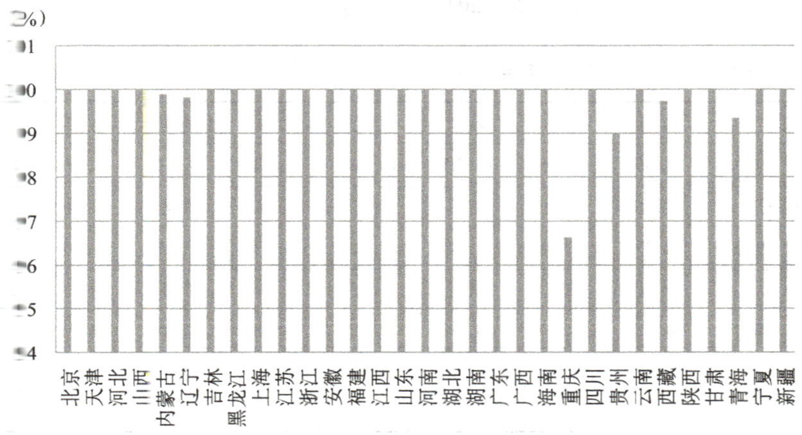

图 5－25　2021 年全国各省垃圾无害化处理率

表 5－28　　2021 年全国各省生态投入

地区	全国	北京	天津	河北	山西	内蒙古	辽宁	吉林
数值（万元）	110919.86	1212.66	1314.18	6658.41	1169.01	1649.09	711.49	1891.15
地区	黑龙江	上海	江苏	浙江	安徽	福建	江西	山东
数值（万元）	2676.82	1292.25	7128.78	6290.02	5865.67	5017.26	4286.97	6045.27
地区	河南	湖北	湖南	广东	广西	海南	重庆	四川
数值（万元）	8243.83	5236.69	6592.13	6782.51	2529.81	564.22	4576.35	6489.38
地区	贵州	云南	西藏	陕西	甘肃	青海	宁夏	新疆
数值（万元）	2688.71	4447.59	367.25	5879.69	899.10	908.76	485.51	2237.58

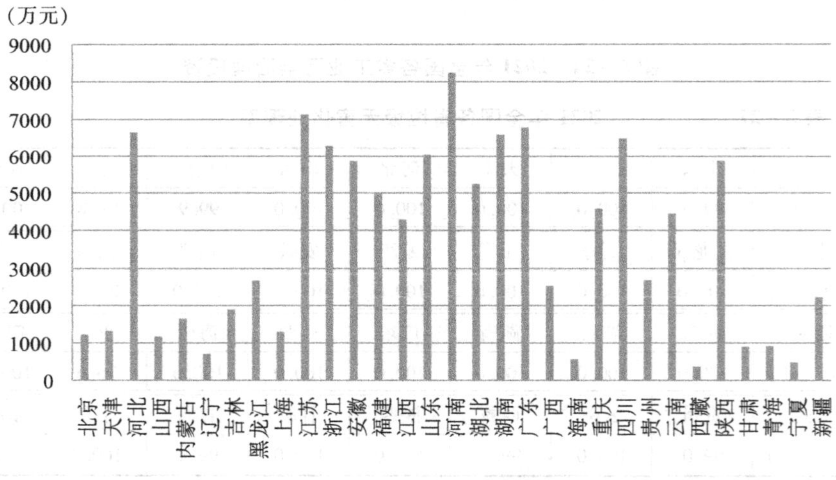

图 5－26　2021 年全国各省生态投入

表 5－29　　2021 年全国各省生态投入资金利用率

地区	全国	北京	天津	河北	山西	内蒙古	辽宁	吉林
数值（%）	14.35	14.66	10.10	16.62	13.93	14.22	9.73	13.91
地区	黑龙江	上海	江苏	浙江	安徽	福建	江西	山东
数值（%）	21.23	13.54	11.38	14.42	14.27	15.24	13.34	10.44
地区	河南	湖北	湖南	广东	广西	海南	重庆	四川
数值（%）	14.55	13.50	14.65	12.82	9.07	14.06	20.94	15.62
地区	贵州	云南	西藏	陕西	甘肃	青海	宁夏	新疆
数值（%）	14.84	17.31	19.14	21.61	12.58	24.37	16.70	18.06

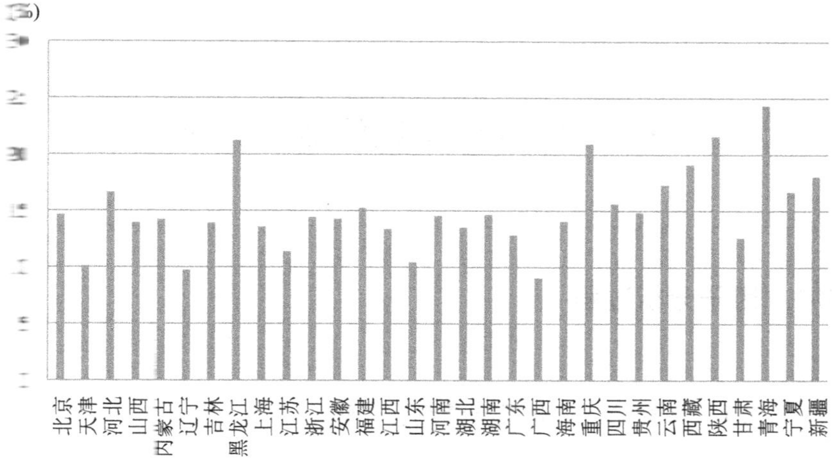

图 5－27　2021 年全国各省生态投入资金利用率

表 5－30　　2021 年全国各省突发环境事件次数

地区	全国	北京	天津	河北	山西	内蒙古	辽宁	吉林
数量（次）	199	2	0	0	24	6	4	2
地区	黑龙江	上海	江苏	浙江	安徽	福建	江西	山东
数量（次）	3	1	12	6	2	4	3	3
地区	河南	湖北	湖南	广东	广西	海南	重庆	四川
数量（次）	13	21	3	24	8	2	5	8
地区	贵州	云南	西藏	陕西	甘肃	青海	宁夏	新疆
数量（次）	4	5	0	9	5	5	9	7

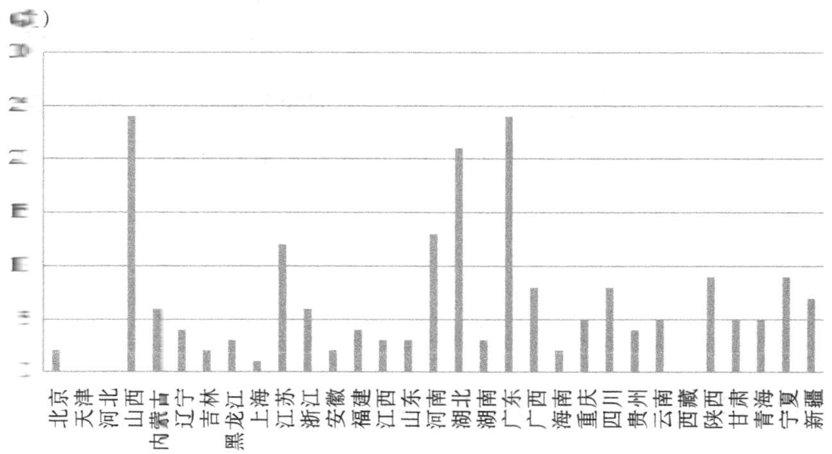

图 5－28　2021 年全国各省突发环境事件次数

5.3 区域生态经济效益评价

5.3.1 因子分析过程

5.3.1.1 指标的正向化及无量纲化处理

本书中除了城镇人口恩格尔系数/百分比X_{13}、农村人口恩格尔系数/百分比X_{14}、失业率/百分比X_{16}、人均能源利用量/千克标准煤X_{113}、人口密度/（人/平方千米）X_{22}、居民消费价格指数X_{25}、单位GDP能耗/（吨标准煤/万元）X_{31}、单位GDP水耗/（立方米/万元）X_{32}以及突发环境事件次数/次X_{39}这9个变量是负向指标之外，其余的指标均为正向性指标。负向性的指标在因子分析之前须先进行正向化处理。陈军才[204]（2005）的研究探讨了因子分析中常用的指标同趋势化方法，并对各种方法的适用性进行了分析。结合本书的负向指标数据中未出现零值以及负值的实际情况，因此可借鉴其研究方法，将本书涉及的负向指标正向化处理方法为：

$$x_{ij}^{*}=\frac{1}{1+x_{ij}} \tag{5-1}$$

指标中存在比率指标和非比率指标，为消除各指标之间量纲的差异影响，采用Z-score标准化处理方法对各指标数据进行无量纲化处理，其基本方法为：

$$x'_{ij}=\frac{x_{ij}^{*}-\bar{x}_j}{\sigma_j} \tag{5-2}$$

其中，$\bar{x}_j$是指标的均值，σ_j是指标的标准差。

5.3.1.2 KMO及巴特利球形度检验

首先对评价指标数据进行KMO（Kaiser-Meyer-Olkin）检验和巴特

利球形度检验（Bartlett's Test），检验的具体结果如表 5-31 所示（此处仅以 2021 年度的样本数据为例）。

根据 Kaiser（1974）给出的常用 KMO 度量标准（见表 5-32），并由表 5-31 可以看出，2021 年度的 KMO 检验值在 0.6 以上，而且 Bartlett 球形度检验所对应的概率 P 值均接近于 0，这表明本书的实证数据通过了 KMO 检验以及 Bartlett 球形度检验，是可以进行因子分析实证研究的。

表 5-31　　2021 年样本数据 KMO 和 Bartlett 的检验

取样足够度的 Kaiser-Meyer-Olkin 度量		0.715
Bartlett 的球形度检验	近似卡方	1562.187
	df	378
	Sig.	0.000

表 5-32　　KMO 度量标准

KMO 值	>0.9	0.8 左右	0.7 左右	0.6 以下	0.5 以下
适合进行因子分析	非常适合	适合	一般适合	不太适合	极不适合

5.3.1.3　特征值及方差累计贡献率的计算

在关于公共因子的载荷求解时，通常有主成分法、最小二乘法以及极大似然法等，其中主成分法较为普遍。因此，本书主要采用的是因子分析中的主成分法，对 2004—2021 年的各年度数据分别进行了因子分析。得出的 2021 年度数据的特征值、方差贡献率以及累计方差贡献率如表 5-33 所示。

由表 5-33 可以得到，前 7 个因子的特征值均超过 1，分别为 7.496，6.79[illegible]，3.493，2.62，1.859，1.427 以及 1.010；前七个因子的方差累计贡献率已经达到 88.229%，超过了 85% 的衡量标准。从因子分析的碎石图（见图 5-29）中也可以明显地看出，前 7 个因子的特征值均大于 1，从第八个因子开始其特征值已经比较小，而且变化趋势也比较平稳。因此，根据上文所述的特征值大于 1 的公共因子个数的选择标准，本书应该选择七个数目的公共因子来进行因子分析。

表 5-33　（累计）方差贡献率

成分	初始特征值			提取平方和载入			旋转平方和载入		
	合计	方差（%）	累积（%）	合计	方差（%）	累积（%）	合计	方差（%）	累积（%）
1	7.496	26.772	26.772	7.496	26.772	26.772	7.063	25.224	25.224
2	6.794	24.263	51.035	6.794	24.263	51.035	6.803	24.298	49.522
3	3.493	12.475	63.511	3.493	12.475	63.511	2.953	10.545	60.067
4	2.626	9.377	72.888	2.626	9.377	72.888	2.658	9.491	69.559
5	1.859	6.640	79.528	1.859	6.640	79.528	2.522	9.007	78.566
6	1.427	5.096	84.623	1.427	5.096	84.623	1.434	5.120	83.685
7	1.010	3.606	88.229	1.010	3.606	88.229	1.272	4.544	88.229
8	0.797	2.847	91.076						
9	0.592	2.113	93.189						
10	0.505	1.804	94.993						
11	0.379	1.355	96.348						
12	0.290	1.037	97.386						
13	0.181	0.646	98.031						
14	0.154	0.551	98.582						
15	0.122	0.437	99.019						
16	0.087	0.310	99.328						
17	0.073	0.261	99.589						
18	0.061	0.217	99.806						
19	0.027	0.095	99.901						
20	0.010	0.035	99.936						
21	0.008	0.029	99.965						
22	0.004	0.015	99.979						
23	0.003	0.009	99.988						
24	0.002	0.008	99.996						
25	0.001	0.003	99.999						
26	0.000	0.001	100.000						
27	2.954E-005	0.000	100.000						
28	4.813E-006	1.719E-005	100.000						

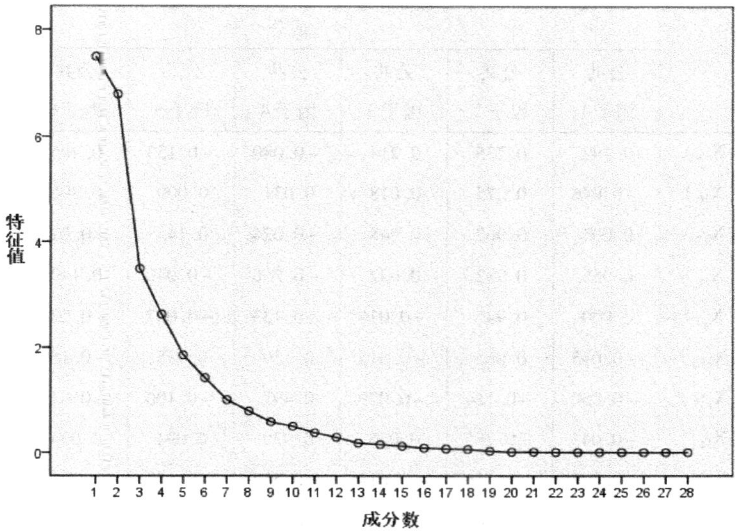

图 5－29　因子分析碎石图

5.3.1.4　公共因子的正交旋转

在因子分析中提取初始因子之后，通常无法直接对其做出合理有效的解释，需要对其载荷矩阵进行相应的旋转化处理，即对初始的公共因子进行一定的线性组合，其旋转的目的是使各个因子的载荷量大小更加清晰明了，从而能够对各公共因子的含义做出科学合理的解释。本书在相关理论研究的基础上采取方差极大化（Varimax）的方法来进行正交化旋转，经过旋转后的因子载荷矩阵如表 5－34 所示。

表 5－34　　公共因子载荷矩阵

	成分						
	公共因子 1	公共因子 2	公共因子 3	公共因子 4	公共因子 5	公共因子 6	公共因子 7
Zscore（X_{11}）	0.997	0.031	－0.025	－0.030	－0.026	－0.009	－0.009
Zscore（X_{12}）	－0.117	－0.076	－0.577	0.084	0.513	0.048	0.275
Zscore（X_{13}）	－0.015	0.328	0.846	0.050	－0.139	0.145	0.122
Zscore（X_{14}）	－0.036	－0.018	0.903	0.069	0.008	－0.010	0.030

续表

	成分						
	公共因子 1	公共因子 2	公共因子 3	公共因子 4	公共因子 5	公共因子 6	公共因子 7
Zscore（X_{15}）	0. 192	0. 735	0. 214	-0. 080	-0. 153	0. 405	-0. 069
Zscore（X_{16}）	-0. 046	0. 275	0. 018	0. 037	0. 009	0. 896	-0. 071
Zscore（X_{17}）	0. 005	0. 962	0. 048	-0. 024	0. 145	-0. 015	-0. 017
Zscore（X_{18}）	0. 055	0. 932	0. 032	-0. 056	-0. 040	0. 149	0. 025
Zscore（X_{19}）	0. 000	0. 945	-0. 016	-0. 133	-0. 067	-0. 024	-0. 006
Zscore（X_{110}）	-0. 045	0. 065	-0. 015	0. 159	0. 935	-0. 150	0. 009
Zscore（X_{111}）	-0. 050	-0. 184	-0. 029	0. 497	-0. 100	-0. 015	-0. 640
Zscore（X_{112}）	-0. 045	-0. 183	0. 065	0. 939	0. 094	0. 034	-0. 021
Zscore（X_{113}）	-0. 001	-0. 316	-0. 614	-0. 517	-0. 134	0. 307	0. 206
Zscore（X_{21}）	-0. 007	0. 950	0. 136	-0. 091	0. 004	-0. 020	-0. 070
Zscore（X_{22}）	-0. 047	-0. 180	0. 054	0. 949	0. 081	0. 058	-0. 056
Zscore（X_{23}）	0. 997	0. 012	-0. 011	-0. 027	-0. 037	-0. 014	-0. 033
Zscore（X_{24}）	0. 993	0. 038	-0. 035	-0. 022	-0. 050	-0. 001	-0. 036
Zscore（X_{25}）	-0. 103	-0. 558	0. 609	0. 025	0. 341	0. 253	-0. 029
Zscore（X_{26}）	0. 996	-0. 017	0. 001	-0. 027	-0. 026	0. 003	0. 018
Zscore（X_{31}）	-0. 043	0. 641	-0. 400	-0. 455	0. 008	0. 231	0. 046
Zscore（X_{32}）	-0. 037	0. 736	0. 217	-0. 180	0. 275	0. 253	0. 243
Zscore（X_{33}）	-0. 072	0. 889	0. 003	-0. 014	-0. 145	-0. 032	0. 074
Zscore（X_{34}）	0. 997	0. 015	0. 028	-0. 010	-0. 004	0. 025	-0. 006
Zscore（X_{35}）	0. 993	0. 026	0. 021	-0. 002	-0. 036	-0. 048	0. 002
Zscore（X_{36}）	0. 081	0. 387	-0. 225	-0. 145	0. 230	-0. 321	0. 471
Zscore（X_{37}）	0. 996	-0. 031	-0. 020	-0. 026	0. 037	-0. 012	0. 002
Zscore（X_{38}）	-0. 052	-0. 136	-0. 005	0. 020	0. 876	0. 082	-0. 058
Zscore（X_{39}）	-0. 170	-0. 232	0. 065	0. 136	-0. 480	-0. 060	0. 643

由表 5 - 34 可以得出，公共因子 1 在指标 X_{11}（区域 GDP/亿元），X_{23}（城市建设用地/平方千米），X_{24}（城市绿化覆盖面积/平方米），X_{26}（私人汽车拥有量/万辆），X_{34}（环境污染治理投资/万元），X_{35}（工业污染治理投资/万元）以及 X_{37}（生态投入/亿元）上均具有较高的载荷值，这说明各省各地区在经济规模、城市建设以及工业生态环境治理方面具有一定

的内在联系，本书将该因子命名为城市综合发展情况因子。公共因子2在指标 X_{17}（人均GDP/元），X_{18}（城镇居民家庭人均可支配收入/元），X_{19}（农村居民家庭人均可支配收入/元）以及 X_{21}（城镇化率/百分比）均具有较高的载荷值，这说明各省各地区在人均收入、单位消耗等方面具有一定程度的联系，本书将其命名为居民人均收入能力。公共因子3在指标 X_{13}（城镇人口恩格尔系数/百分比），X_{14}（农村人口恩格尔系数/百分比）以及 X[illegible]（居民消费价格指数）上均具有较高的载荷值，这说明各省各地区的人口恩格尔系数和居民消费价格指数存在一定程度的相关性，本书将该因子命名为居民消费能力因子。公共因子4在指标 X_{12}（GDP增长率/百分比） X_{22}［人口密度/（人/平方千米）］以及 X_{111}［人均用水量/（升/日）］上均具有较高的载荷值，这说明各省各地区在经济增长、人口密度和人均用水上具有一定程度相关性，本书将该因子命名为居民生活情况因子。公共因子5在指标 X_{110}（人均生态投入/元），X_{38}（生态投入资金利用率/百分比），X_{112}（人均土地面积/亩），X_{32}（单位GDP水耗/（立方米/万元）），以及 X_{33}［单位土地面积GDP/（万元/公顷）］上均具有较高的载荷值，这说明各省各地区在生态投入和人均土地等方面具有一定程度的相关性，本书将该因子命名为生态资源影响因子。公共因子6在指标 X_{16}（失业率/百分比）上具有较高的载荷值，这说明各省各地区的就业情况存在一定的相关性，故将其因子命名为就业情况因子。公共因子7在指标 X_{113}（人均能源利用量/千克标准煤），X_{39}（突发环境事件次数/次），X_{31}［单位GDP能耗/（吨标准煤/万元）］，X_{15}（工业污染治理投资/万元）以及 X[illegible]（垃圾无害化处理率/百分比）上均具有较高的载荷值，这说明各省各地区在资源利用和环境治理方面具有一定程度的相关性，本书将该因子命名为环境消耗治理能力因子。

5.3.1.5 公共因子得分的计算

公共因子命名之后，在对各公共因子进行得分值计算时，本书采用的是一种常用的回归得分法的思想，可以得到各公共因子的得分系数矩阵，具体得分值的大小如表5-35所示。

F_1，F_2，F_3，F_4，F_5，F_6 以及 F_7 分别为城市综合发展情况、人均收入

能力、居民消费能力、居民生活情况、生态资源情况、就业情况以及环境消耗治理能力的得分值，则根据表5-35可以得出各公共因子得分值。

表5-35　　成分得分系数矩阵

	成分						
	1	2	3	4	5	6	7
Zscore（X_{11}）	0.142	-0.001	-0.007	0.009	0.003	0.005	0.013
Zscore（X_{12}）	0.000	0.001	-0.199	0.115	0.182	0.101	0.243
Zscore（X_{13}）	0.002	0.023	0.290	-0.007	-0.031	0.063	0.142
Zscore（X_{14}）	-0.002	-0.025	0.330	-0.060	0.031	-0.044	0.057
Zscore（X_{15}）	0.025	0.088	0.039	0.017	-0.051	0.240	-0.036
Zscore（X_{16}）	0.004	-0.002	-0.051	0.079	0.002	0.646	0.029
Zscore（X_{17}）	-0.004	0.157	-0.003	0.040	0.057	-0.071	-0.038
Zscore（X_{18}）	0.004	0.141	-0.018	0.052	-0.016	0.057	0.011
Zscore（X_{19}）	-0.009	0.150	-0.021	0.005	-0.026	-0.080	-0.048
Zscore（X_{110}）	0.006	0.026	0.016	0.026	0.369	-0.103	0.014
Zscore（X_{111}）	-0.016	0.019	-0.075	0.126	-0.066	-0.033	-0.477
Zscore（X_{112}）	0.014	0.031	-0.068	0.418	-0.006	0.090	0.141
Zscore（X_{113}）	0.000	-0.091	-0.179	-0.143	-0.049	0.265	0.119
Zscore（X_{21}）	-0.010	0.150	0.031	-0.004	0.007	-0.089	-0.094
Zscore（X_{22}）	0.013	0.032	-0.076	0.421	-0.013	0.105	0.114
Zscore（X_{23}）	0.141	-0.003	-0.002	0.004	-0.001	-0.001	-0.007
Zscore（X_{24}）	0.141	0.001	-0.013	0.012	-0.007	0.009	-0.009
Zscore（X_{25}）	-0.003	-0.124	0.239	-0.098	0.160	0.188	0.027
Zscore（X_{26}）	0.143	-0.010	0.004	0.009	0.004	0.018	0.040
Zscore（X_{31}）	-0.014	0.073	-0.130	-0.108	0.009	0.131	-0.033
Zscore（X_{32}）	0.002	0.083	0.080	-0.016	0.124	0.149	0.197
Zscore（X_{33}）	-0.016	0.148	-0.026	0.071	-0.063	-0.069	0.039
Zscore（X_{34}）	0.143	-0.006	0.011	0.013	0.013	0.030	0.024
Zscore（X_{35}）	0.142	0.001	0.010	0.017	-0.001	-0.023	0.024
Zscore（X_{36}）	0.018	0.068	-0.045	0.027	0.091	-0.210	0.343
Zscore（X_{37}）	0.143	-0.011	-0.001	0.004	0.029	0.008	0.024
Zscore（X_{38}）	0.005	-0.028	0.025	-0.048	0.354	0.065	-0.038
Zscore（X_{39}）	-0.010	-0.037	0.018	0.162	-0.201	0.036	0.578

各公共因子得分值的计算公式为：

$$F_1 = 0.142x_{11} + 0.141x_{23} + 0.141x_{24} + \cdots + 0.143x_{37}$$

$$\cdots\cdots \tag{5-3}$$

在得出各公共因子得分值的计算公式之后，可以通过 MATLAB 软件生成各样本的公共因子得分值F_1，F_2，F_3，F_4，F_5，F_6以及F_7。

5.3.1.6　综合因子得分值的计算

求出各公共因子得分值之后，需进行综合因子得分计算。在综合因子得分值的计算过程中，以各公共因子的方差贡献率大小为权重，进行加权求和。即综合因子得分值为：

$$F_i = \sum_{j=1}^{p} w_j F_{ij} \tag{5-4}$$

其中，$w_j = \lambda_j / \sum_{j=1}^{p} \lambda_j$，为第$j$个公共因子的特征值占所有公共因子特征值之和的比率。

其中，各公共因子得分的具体权重值结果如表 5-36 所示，表 5-36 包含样本数据为 2004—2021 年各总共因子的权重值。

表 5-36　　2004—2021 年各公共因子得分的具体权重值

变量 / 年份	F_1	F_2	F_3	F_4	F_5	F_6	F_7	F_8
2004	0.3198	0.2537	0.1525	0.0951	0.0709	0.0601	0.0479	—
2005	0.2935	0.2846	0.1514	0.0843	0.0715	0.0628	0.0519	—
2006	0.3186	0.2940	0.1880	0.0782	0.0746	0.0466	—	—
2007	0.2996	0.2850	0.1740	0.0854	0.0656	0.0466	0.0438	—
2008	0.3220	0.2779	0.1273	0.0720	0.0617	0.0523	0.0466	0.0402
2009	0.3116	0.2881	0.1430	0.0791	0.0744	0.0597	0.0441	—
2010	0.3287	0.2869	0.1435	0.0838	0.0638	0.0501	0.0431	—
2011	0.3470	0.2784	0.1437	0.0716	0.0663	0.0523	0.0408	—
2012	0.3797	0.2920	0.1354	0.0770	0.0678	0.0480	—	—
2013	0.3209	0.2803	0.1395	0.0878	0.0777	0.0502	0.0436	—
2014	0.3407	0.2594	0.1400	0.0881	0.0707	0.0587	0.0423	—
2015	0.3624	0.2913	0.1489	0.0782	0.0670	0.0521	—	—

续表

变量 年份	F_1	F_2	F_3	F_4	F_5	F_6	F_7	F_8
2016	0. 3209	0. 2816	0. 1360	0. 0999	0. 0711	0. 0488	0. 0417	—
2017	0. 3223	0. 2869	0. 1410	0. 0902	0. 0681	0. 0503	0. 0412	—
2018	0. 3292	0. 2908	0. 1625	0. 0934	0. 0672	0. 0569	0. 0000	—
2019	0. 3036	0. 2790	0. 1294	0. 1007	0. 0892	0. 0534	0. 0447	—
2020	0. 2891	0. 2532	0. 1388	0. 0948	0. 0827	0. 0521	0. 0473	0. 0419
2021	0. 3034	0. 2750	0. 1414	0. 1063	0. 0753	0. 0578	0. 0409	—

根据表 5 - 36 中公共因子的权重值 W，结合各公共因子的得分值 F，可计算得到综合因子的得分值：

$$F_i = \sum_{j=1}^{7} w_j F_{ij} \tag{5-5}$$

其具体研究结果如表 5 - 37 所示，表 5 - 37 涵盖 2004—2021 年全国总量的各公共因子值以及综合因子值的结果。

表 5 - 37　　2004—2021 年全国总量的各年度因子得分值

变量 年份	F_1	F_2	F_3	F_4	F_5	F_6	F_7	综合因子
2004	5. 4593	-0. 4618	0. 0864	-0. 0939	-0. 4150	-0. 0491	0. 2449	1. 6126
2005	5. 4469	-0. 2052	0. 0404	-0. 2284	-0. 2335	0. 0322	-0. 0934	1. 5078
2006	-0. 0875	5. 4294	0. 0357	-0. 0880	-0. 0843	-0. 2300	-0. 0875	1. 5513
2007	5. 3926	-0. 2085	-0. 2263	0. 0706	0. 0404	-0. 0867	0. 1678	1. 5288
2008	-0. 2035	5. 4315	-0. 0053	-0. 1118	0. 0720	-0. 2558	-0. 0537	1. 4320
2009	5. 4113	-0. 2970	-0. 0572	-0. 0005	0. 0448	-0. 1669	-0. 2413	1. 5753
2010	-0. 1635	5. 4306	0. 0360	-0. 2549	-0. 1978	-0. 0435	-0. 0963	1. 4690
2011	5. 4298	-0. 1694	-0. 0560	0. 0218	-0. 0349	-0. 0514	-0. 0592	1. 8230
2012	-0. 0877	5. 4398	-0. 0809	0. 0589	0. 1304	-0. 1256	-0. 0877	1. 5517
2013	5. 1973	-0. 1546	0. 0344	-0. 1366	0. 1596	0. 0279	-0. 1760	1. 6237
2014	-0. 1497	5. 3913	0. 0176	-0. 0936	-0. 1913	-0. 0703	-0. 3021	1. 3113
2015	5. 4212	-0. 1463	0. 0106	0. 1104	-0. 0483	-0. 0977	5. 4212	1. 9239
2016	5. 4438	-0. 1076	-0. 0046	-0. 0507	0. 0599	0. 0688	-0. 0750	1. 7156
2017	5. 4299	-0. 1497	-0. 0392	-0. 1031	0. 0841	0. 1503	0. 1500	1. 7115

续表

变量 年份	F_1	F_2	F_3	F_4	F_5	F_6	F_7	综合因子
2009	5.4328	-0.1324	0.0204	0.0047	0.0193	0.0842	5.4328	1.7598
2010	5.4341	-0.1108	0.0047	-0.0671	0.0203	-0.0881	0.0405	1.5896
2011	5.4412	-0.1415	0.0261	0.1244	-0.0304	0.0632	0.0170	1.5526
2012	5.4367	-0.1148	0.0988	0.0152	-0.0004	0.0458	-0.0167	1.6356

同样，利用因子分析得到全国 31 个省区的综合因子值，其结果如表 5-38所示。

表 5-38　　　　全国各省区综合发展情况

年份 地区	2004	2005	2006	2007	2008	2009	2010	2011	2012
北京	0.9712	1.1133	0.8897	0.9285	0.9814	1.182	0.9701	0.9481	1.1767
天津	0.3332	0.5447	0.4428	0.5614	0.6305	0.7145	0.5779	0.4622	0.7157
河北	0.0132	-0.1761	-0.284	-0.1973	-0.2372	-0.1907	-0.0878	-0.106	-0.2102
山西	-0.3206	-0.1666	-0.3001	-0.123	-0.2291	-0.2298	-0.1507	-0.0733	-0.1693
内蒙古	-0.057	-0.0603	-0.0386	0.2086	-0.0592	0.0561	0.2963	0.1706	0.1457
辽宁	-0.0727	-0.0357	-0.0796	-0.1991	-0.0777	-0.0643	-0.0277	0.0378	0.0469
吉林	-0.204	-0.2537	-0.2459	-0.1869	-0.2026	-0.1678	-0.1195	-0.0795	-0.1038
黑龙江	-0.0617	-0.2398	-0.143	-0.1164	-0.1966	-0.2353	-0.1007	-0.1337	-0.2937
上海	0.6042	0.8779	0.863	0.7783	0.8474	0.7735	0.7993	0.7573	1.0742
江苏	0.3497	0.2163	0.1996	0.2072	0.265	0.2419	0.3265	0.2222	0.2789
浙江	0.3974	0.3669	0.3041	0.2761	0.4342	0.4335	0.4362	0.3607	0.4377
安徽	-0.3559	-0.3901	-0.4176	-0.448	-0.4668	-0.4384	-0.512	-0.3442	-0.3805
福建	0.0286	0.1192	-0.0656	-0.1299	-0.0108	-0.0304	0.0003	-0.0365	0.0316
江西	-0.3653	-0.3484	-0.4155	-0.3153	-0.324	-0.3306	-0.3863	-0.3799	-0.3951
山东	0.1335	0.1139	0.0499	0.1824	0.0663	0.1937	0.1848	0.1581	0.0778
河南	-0.0587	-0.2767	-0.3525	-0.1195	-0.3347	-0.3076	-0.1938	-0.1985	-0.3247
湖北	-0.1425	-0.2016	-0.2435	-0.1575	-0.2991	-0.3063	-0.2301	-0.2525	-0.259
湖南	-0.3724	-0.2866	-0.3553	-0.3379	-0.4264	-0.3516	-0.3152	-0.2629	-0.3112
广东	0.2276	0.3157	0.2349	0.1287	0.2914	0.3286	0.3372	0.2179	0.2966
广西	-0.2743	-0.4212	-0.3693	-0.3864	-0.35	-0.4099	-0.385	-0.3858	-0.415
海南	-0.2358	-0.167	-0.2721	-0.4345	-0.2175	-0.3805	-0.4553	-0.3752	-0.3015

续表

地区\年份	2004	2005	2006	2007	2008	2009	2010	2011	2012
重庆	-0.495	-0.4495	-0.3347	-0.3504	-0.1906	-0.1541	-0.2802	-0.2267	-0.0287
四川	-0.4021	-0.3221	-0.311	-0.3826	-0.294	-0.2789	-0.4014	-0.3168	-0.3177
贵州	-0.6057	-0.5446	-0.5537	-0.6641	-0.5054	-0.5116	-0.5225	-0.452	-0.5171
云南	-0.4375	-0.4365	-0.4792	-0.4241	-0.3982	-0.4327	-0.492	-0.4574	-0.4705
西藏	0.0924	0.4376	0.825	0.4448	0.4258	0.1639	0.1705	-0.0977	0.1414
陕西	-0.1938	-0.3142	-0.3055	-0.1641	-0.3012	-0.1995	-0.3539	-0.2471	-0.2888
甘肃	-0.2307	-0.3755	-0.3241	-0.2347	-0.2369	-0.3269	-0.4218	-0.3941	-0.5547
青海	-0.0256	0.0567	0.1725	0.2337	0.0011	-0.0514	0.0028	-0.0999	-0.1717
宁夏	-0.0149	-0.1623	0.0985	-0.1046	-0.1275	-0.2282	-0.1484	-0.1474	-0.1997
新疆	0.1626	-0.0415	0.2595	-0.0022	0.1104	-0.0368	0.0132	-0.0906	-0.2623

地区\年份	2013	2014	2015	2016	2017	2018	2019	2020	2021
北京	0.6672	0.9748	0.8346	1.0422	0.8537	0.8518	0.6843	0.7982	0.6971
天津	1.0006	0.8224	0.5582	0.7016	0.7329	0.8966	0.9478	0.6785	0.3147
河北	-0.261	-0.0797	-0.0465	-0.0676	-0.0322	-0.3487	-0.3424	-0.1936	0.3727
山西	-0.1383	-0.1164	-0.1167	-0.0672	0.039	-0.202	-0.5973	-0.125	0.4453
内蒙古	0.1955	0.24	-0.0661	-0.0477	0.0821	0.1163	0.1869	0.1597	0.4357
辽宁	-0.1239	0.0253	0.0949	0.1349	0	0.0186	-0.138	0.0323	0.1578
吉林	-0.1025	-0.2497	-0.1824	-0.0868	-0.0547	-0.6373	-0.299	-0.2223	0.1586
黑龙江	-0.3289	-0.4244	-0.2135	-0.2272	-0.2427	-0.3958	-0.5579	-0.2287	0.1343
上海	0.8653	0.6886	0.7441	0.5694	0.5431	0.5185	0.5425	0.5716	0.3057
江苏	0.0383	0.2529	0.2793	0.1918	0.2472	0.2729	0.3466	0.2746	0.1725
浙江	0.2582	0.3651	0.3739	0.2781	0.3505	0.1976	0.2081	0.2857	0.2857
安徽	-0.3878	-0.4244	-0.2002	-0.3309	-0.2734	-0.3301	-0.3246	-0.3915	0.0657
福建	-0.2616	0.0595	0.0369	-0.1024	-0.0327	0.0129	0.0913	-0.0027	0.0962
江西	-0.4618	-0.3342	-0.1623	-0.2976	-0.373	-0.4218	-0.2371	-0.4066	-0.0351
山东	0.0251	0.2259	0.1733	0.1651	0.249	-0.0096	0.084	0.0547	0.2912
河南	-0.4149	-0.2619	-0.1347	-0.1692	-0.0993	-0.3534	-0.2751	-0.2696	0.2261
湖北	-0.0811	-0.2624	-0.1159	-0.1736	-0.1691	-0.1622	-0.0846	-0.2017	0.1534
湖南	-0.2444	-0.2801	-0.2138	-0.2161	-0.1182	-0.3235	-0.1206	-0.2897	0.1345
广东	0.0496	0.305	0.383	0.2699	0.1887	0.0147	0.0183	-0.0203	0.0283
广西	-0.1971	-0.3181	-0.1827	-0.2952	-0.3323	-0.3679	-0.3728	-0.3848	0.0284

续表

年份 地区	2013	2014	2015	2016	2017	2018	2019	2020	2021
海南	-0.2328	-0.4325	-0.3195	-0.0781	-0.3638	-0.2348	-0.2901	-0.3619	-0.1295
重庆	0.0657	-0.0691	-0.081	-0.1482	-0.0606	-0.0211	-0.0143	-0.1522	0.1768
四川	-0.0504	-0.2205	-0.2389	-0.2812	-0.1972	-0.2443	-0.3646	-0.338	0.0246
贵州	-0.3031	-0.3881	-0.29	-0.2082	-0.1438	-0.2126	-0.049	-0.1781	0.3357
云南	-0.2596	-0.2885	-0.2705	-0.226	-0.3196	-0.4157	-0.4235	-0.5627	0.2222
西藏	0.4583	0.2207	-0.6714	-0.6299	-0.848	0.5719	0.3808	0.3527	0.4375
陕西	-0.0815	-0.168	-0.0882	-0.0014	-0.0447	-0.0118	-0.0543	-0.1215	0.4145
甘肃	-0.5849	-0.6347	-0.4604	-0.3015	-0.2899	-0.4236	-0.4207	-0.3021	0.2336
青海	-0.1432	-0.0098	-0.5868	-0.3566	-0.3972	-0.0666	0.0215	0.0843	0.4214
宁夏	-0.441	-0.3824	-0.304	-0.1943	-0.1679	-0.1589	-0.2296	-0.0937	0.3057
新疆	-0.1478	-0.2612	-0.4564	-0.5616	-0.6364	0.1101	0.072	0.0017	0.2366

5.3.2　基于 WNN - SVM 方法的空间权重矩阵的确定

大多数学者从“共性”的角度出发进行区域发展水平的影响因素研究，而本书以5.3.1部分的因子分析过程中所得到的样本省份各年度的综合因子得分值作为被解释变量［回归支持向量机的输出变量G（X）］，以前文所构建的因子分析评价指标体系作为基础，利用因子分析法得到各省区的综合因子得分值作为支持向量机的输入向量。

实证过程中我们按照3.3章节的理论，先利用小波神经网络为支持向量机进行特征选择，然后再利用 WNN - SVM 方法确定空间统计中的权重矩阵。所有省区的敏感度以及平均敏感度值如表5-39所示。

表5-39　　　各省区相对于全国总量的敏感度及其均值

变量 地区	1	2	3	4	5	6	7	8	9	10
北京	0.0041	0.0054	0.0321	-0.0042	0.0023	0.0837	-0.127	0.0905	-0.0784	0.0593
天津	0.0123	-0.0644	-0.0124	-0.0193	-0.0129	-0.0019	-0.0379	-0.0747	0.3253	0.0181
河北	-0.0048	0.0149	-0.0074	-0.0206	-0.0146	-0.1349	0.0329	0.0868	-0.083	-0.021
山西	0.0076	-0.0582	-0.0025	-0.02	0.0069	-0.1	0.0448	0.0038	-0.1997	-0.0045

续表

变量 地区	1	2	3	4	5	6	7	8	9	10
内蒙古	0.0083	-0.0522	-0.028	-0.0195	0.0223	-0.2029	0.0291	0.2775	-0.1634	0.0108
辽宁	0.0056	-0.0229	-0.0049	-0.0101	-0.0403	-0.0916	0.0328	-0.0324	-0.1257	0.0158
吉林	0.0043	-0.0258	-0.0136	-0.0096	-0.0014	-0.0297	-0.0083	0.1107	-0.2681	0.022
黑龙江	0.0018	0.0473	-0.0029	0.0111	0.0237	0.0355	0.0068	0.2005	-0.2275	-0.0191
上海	-0.0061	0.0355	0.023	0.0165	0.0104	0.1368	-0.0238	0.1097	-0.0678	0.0602
江苏	-0.0062	0.0409	-0.0063	-0.0074	-0.0103	0.0233	0.0043	0.1433	0.0745	0.009
浙江	0.0014	0.0216	0.0062	-0.0046	-0.0143	0.1356	-0.0599	0.1815	-0.0723	0.0294
安徽	0.0029	-0.0091	-0.0066	-0.0093	-0.0225	-0.1523	0.0511	-0.2714	-0.0338	-0.0072
福建	-0.0005	0.0111	0.0241	-0.0082	-0.0282	0.0014	0.0119	0.0227	0.0702	0.013
江西	0.0036	-0.0062	-0.0026	-0.0123	0.005	0.0163	-0.003	-0.0964	0.1276	-0.018
山东	0.0017	-0.0096	-0.0035	-0.0125	0.0127	-0.0933	-0.0391	0.0995	-0.0755	-0.0162
河南	-0.0055	-0.0036	-0.0107	-0.019	0.024	-0.1547	0.0532	0.0504	-0.0632	-0.0298
湖北	0	-0.007	-0.0044	-0.0098	0.0055	-0.165	0.0773	-0.0951	0.2057	-0.0236
湖南	0.0073	0.0053	-0.0055	-0.0145	-0.0195	-0.2196	0.0575	-0.1049	0.0131	-0.0156
广东	-0.0055	0.025	0.0179	0.0031	-0.0184	0.1011	-0.0647	0.2039	-0.0137	0.0226
广西	-0.0034	-0.0187	-0.0183	-0.0066	-0.0151	-0.0342	0.0525	-0.1101	0.1686	-0.0262
海南	-0.0035	-0.0245	0.0235	0.0037	-0.0323	0.109	0.0519	-0.2719	0.2176	-0.0015
重庆	0.0128	-0.0759	-0.035	-0.0196	-0.0341	-0.0408	0.0008	-0.1744	0.1568	0.0259
四川	0.0046	-0.0207	-0.0093	-0.0056	-0.0262	-0.028	0.0029	-0.2273	0.1195	-0.0129
贵州	0.0106	-0.0656	-0.0228	-0.0188	-0.0433	-0.1332	0.0616	-0.1945	0.1673	-0.0301
云南	-0.0013	0.0312	-0.0148	-0.0178	-0.016	-0.0548	0.0458	-0.238	0.271	-0.0323
西藏	-0.0018	-0.0194	0.0234	0.0253	0.0309	0.1628	0.024	-0.064	0.3368	-0.0148
陕西	0.0044	-0.0422	-0.028	-0.021	-0.004	-0.1906	0.0304	-0.3176	0.2547	-0.0372
甘肃	-0.0031	-0.008	-0.005	0.0032	0.0238	0.1333	-0.0116	-0.1245	0.119	-0.0494
青海	-0.0014	0.007	0.0134	0.0216	0.0415	0.0371	0.0099	0.0511	0.1508	-0.0312
宁夏	-0.0076	0.0586	-0.005	0.0252	0.0063	0.0074	0.0518	-0.0247	0.0349	-0.0173
新疆	-0.011	0.0645	-0.0002	0.0222	0.0053	0.1194	-0.0009	0.0565	0.0811	-0.0318

续表

变量 地区	11	12	13	14	15	16	17	18	19	均值
北京	0.0112	0.1483	0.2023	-0.0153	0.0181	0.0865	-0.0442	-0.0521	0.0129	0.0229
天津	-0.0111	0.3577	0.1423	-0.0069	-0.0219	-0.2248	0.0434	0.0166	0.013	0.0232
河北	0.007	0.1515	-0.2201	-0.0088	-0.0288	0.2501	-0.0432	-0.0267	-0.0132	-0.0044
山西	-0.0008	0.0938	-0.0873	-0.0103	-0.0449	0.0638	-0.0564	0.0125	-0.0098	-0.019
内蒙古	-0.0048	0.317	0.3889	0.0183	0.0066	-0.0134	0.0177	0.0237	-0.0145	0.0327
辽宁	0.0063	0.0926	-0.2493	-0.0171	-0.0499	-0.0374	-0.0288	0.0193	-0.0106	-0.0289
吉林	-0.0045	-0.1855	0.0031	-0.0121	-0.0348	0.3027	-0.0272	-0.0195	-0.0158	-0.0112
黑龙江	0.0057	-0.4549	-0.0247	0.0005	0.0053	0.2017	-0.052	-0.0023	-0.0154	-0.0136
上海	-0.0066	-0.093	-0.0343	0.0163	0.0407	0.2067	-0.0335	-0.0578	0.0137	0.0183
江苏	0.0105	0.0118	-0.0806	0.0076	0.0005	-0.034	0.0235	0.0127	0.0055	0.0117
浙江	0.0044	0.0844	-0.1019	0.0075	-0.0047	0.1758	-0.029	-0.0234	0.0036	0.018
安徽	0.0019	-0.1894	-0.3626	-0.0034	-0.0239	-0.0362	0.0077	-0.0171	-0.0147	-0.0577
福建	0.012	0.1978	-0.1279	0.0121	0.0064	-0.0347	0.0246	0.0044	-0.0078	0.0107
江西	0.0074	0.0031	-0.4016	-0.0052	0.0115	0.1209	0.0234	-0.0349	-0.0154	-0.0146
山东	0.0063	0.2585	-0.1105	-0.0046	-0.0338	0.1878	-0.0119	-0.0374	-0.0109	0.0057
河南	0.0103	-0.1132	-0.2177	-0.0069	-0.034	0.1747	-0.0132	-0.0234	-0.015	-0.0209
湖北	-0.0057	-0.2313	-0.1655	-0.0008	-0.0032	-0.0244	0.0226	-0.0109	-0.0157	-0.0238
湖南	-0.0008	-0.0607	-0.1136	-0.0056	-0.0375	0.09	0.0303	-0.0152	-0.0148	-0.0223
广东	0.008	0.2324	-0.3767	-0.0071	0.0065	0.2144	-0.0373	-0.083	0.0109	0.0126
广西	-0.0072	0.0228	-0.345	-0.0042	0.0019	0.0588	-0.0116	-0.0287	-0.0157	-0.0179
海南	-0.0038	-0.3587	0.0605	-0.0246	0.02	-0.0847	0.0016	-0.0315	-0.0111	-0.019
重庆	-0.0082	0.1697	-0.1375	-0.0004	-0.02	-0.128	0.0236	0.0001	-0.0123	-0.0156
四川	-0.0106	0.1468	-0.0913	0.0009	-0.0222	-0.0413	-0.0219	-0.0308	-0.0149	-0.0152
贵州	-0.0022	-0.0477	-0.1159	-0.0117	-0.0332	-0.1172	0.0324	0.0478	-0.0061	-0.0275
云南	-0.0056	0.1905	-0.2203	-0.0163	-0.0117	0.0782	-0.0157	-0.0888	-0.0105	-0.0067
西藏	-0.0078	-0.0156	0.228	0.0114	0.0302	-0.236	0.0224	0.0363	-0.009	0.0296
陕西	-0.0035	-0.0545	-0.1365	-0.0161	-0.0263	-0.1554	0.0197	0.0111	-0.0105	-0.0381
甘肃	0.0109	-0.566	0.2613	-0.0056	-0.0153	0.0955	-0.0162	0.0196	-0.0103	-0.0078
青海	0.0051	0.0489	0.4558	0.0252	0.0577	0.0387	0.0104	0.043	-0.0133	0.0511
宁夏	0.0122	-0.5114	0.3652	0.0073	0.0092	0.0314	-0.0205	0.0169	-0.0139	0.0014
新疆	0.0035	-0.2982	0.3812	0.0198	0.0419	-0.1173	0.0157	0.0115	-0.0103	0.0186

各省区的敏感度均是各省发展状况相对于全国综合发展状况所得到的。基于上述得到的各地区的敏感度值，我们计算各省敏感度的比值，以此作为不同地区间的权重，从而构建空间统计中最为重要的权重矩阵，计算结果如表 5-40 所示。

表 5-40　敏感度比值矩阵

地区	北京	天津	河北	山西	内蒙古	辽宁	吉林	黑龙江	上海	江苏
北京	1.000	1.012	-0.193	-0.830	1.427	-1.260	-0.489	-0.594	0.796	0.512
天津	0.988	1.000	-0.191	-0.820	1.410	-1.245	-0.484	-0.587	0.787	0.506
河北	-5.188	-5.249	1.000	4.304	-7.404	6.536	2.538	3.083	-4.132	-2.654
山西	-1.205	-1.220	0.232	1.000	-1.720	1.519	0.590	0.716	-0.960	-0.617
内蒙古	0.701	0.709	-0.135	-0.581	1.000	-0.883	-0.343	-0.416	0.558	0.358
辽宁	-0.794	-0.803	0.153	0.658	-1.133	1.000	0.388	0.472	-0.632	-0.406
吉林	-2.044	-2.068	0.394	1.695	-2.917	2.575	1.000	1.215	-1.628	-1.045
黑龙江	-1.683	-1.702	0.324	1.396	-2.401	2.120	0.823	1.000	-1.340	-0.861
上海	1.256	1.270	-0.242	-1.042	1.792	-1.582	-0.614	-0.746	1.000	0.642
江苏	1.955	1.978	-0.377	-1.622	2.790	-2.463	-0.957	-1.162	1.557	1.000
浙江	1.276	1.291	-0.246	-1.058	1.821	-1.608	-0.624	-0.758	1.016	0.653
安徽	-0.397	-0.402	0.077	0.330	-0.567	0.501	0.194	0.236	-0.316	-0.203
福建	2.132	2.158	-0.411	-1.769	3.043	-2.687	-1.043	-1.267	1.698	1.091
江西	-1.573	-1.592	0.303	1.305	-2.245	1.982	0.770	0.935	-1.253	-0.805
山东	4.051	4.099	-0.781	-3.361	5.781	-5.104	-1.982	-2.408	3.226	2.072
河南	-1.096	-1.109	0.211	0.909	-1.564	1.381	0.536	0.652	-0.873	-0.561
湖北	-0.965	-0.976	0.186	0.800	-1.377	1.216	0.472	0.573	-0.768	-0.494
湖南	-1.026	-1.038	0.198	0.851	-1.465	1.293	0.502	0.610	-0.817	-0.525
广东	1.820	1.842	-0.351	-1.510	2.598	-2.294	-0.891	-1.082	1.450	0.931
广西	-1.279	-1.294	0.247	1.061	-1.825	1.612	0.626	0.760	-1.019	-0.654
海南	-1.209	-1.223	0.233	1.003	-1.726	1.523	0.592	0.719	-0.963	-0.618
重庆	-1.469	-1.486	0.283	1.218	-2.096	1.851	0.719	0.873	-1.170	-0.751
四川	-1.511	-1.529	0.291	1.253	-2.156	1.903	0.739	0.898	-1.203	-0.773
贵州	-0.833	-0.843	0.161	0.691	-1.189	1.050	0.408	0.495	-0.664	-0.426
云南	-3.423	-3.463	0.660	2.839	-4.885	4.312	1.675	2.034	-2.726	-1.751
西藏	0.774	0.783	-0.149	-0.642	1.104	-0.975	-0.379	-0.460	0.616	0.396
陕西	-0.602	-0.609	0.116	0.500	-0.860	0.759	0.295	0.358	-0.480	-0.308
甘肃	-2.933	-2.968	0.565	2.433	-4.186	3.695	1.435	1.743	-2.336	-1.500
青海	0.448	0.454	-0.086	-0.372	0.640	-0.565	-0.219	-0.267	0.357	0.229
宁夏	16.809	17.008	-3.240	-13.945	23.989	-21.179	-8.225	-9.990	13.387	8.599
新疆	1.234	1.248	-0.238	-1.024	1.761	-1.555	-0.604	-0.733	0.983	0.631

续表1

地区	浙江	安徽	福建	江西	山东	河南	湖北	湖南	广东	广西
北京	0.784	-2.516	0.469	-0.636	0.247	-0.912	-1.036	-0.974	0.549	-0.782
天津	0.775	-2.487	0.463	-0.628	0.244	-0.902	-1.024	-0.963	0.543	-0.773
河北	-4.066	13.055	-2.433	3.298	-1.281	4.732	5.377	5.055	-2.850	4.056
山西	-0.945	3.033	-0.565	0.766	-0.298	1.100	1.249	1.175	-0.662	0.942
内蒙古	0.549	-1.763	0.329	-0.445	0.173	-0.639	-0.726	-0.683	0.385	-0.548
辽宁	-0.622	1.997	-0.372	0.505	-0.196	0.724	0.823	0.773	-0.436	0.620
吉林	-1.602	5.143	-0.958	1.299	-0.505	1.864	2.118	1.992	-1.123	1.598
黑龙江	-1.319	4.234	-0.789	1.070	-0.415	1.535	1.744	1.640	-0.924	1.315
上海	0.984	-3.160	0.589	-0.798	0.310	-1.145	-1.301	-1.224	0.690	-0.982
江苏	1.532	-4.919	0.917	-1.243	0.483	-1.783	-2.026	-1.905	1.074	-1.528
浙江	1.000	-3.211	0.598	-0.811	0.315	-1.164	-1.322	-1.243	0.701	-0.997
安徽	-0.311	1.000	-0.186	0.253	-0.098	0.363	0.412	0.387	-0.218	0.311
福建	1.671	-5.366	1.000	-1.356	0.526	-1.945	-2.210	-2.078	1.171	-1.667
江西	-1.233	3.959	-0.738	1.000	-0.388	1.435	1.631	1.533	-0.864	1.230
山东	3.175	-10.190	1.900	-2.575	1.000	-3.695	-4.199	-3.947	2.225	-3.167
河南	-0.859	2.759	-0.514	0.697	-0.271	1.000	1.136	1.068	-0.602	0.857
湖北	-0.756	2.428	-0.452	0.613	-0.238	0.880	1.000	0.940	-0.530	0.754
湖南	-0.804	2.582	-0.481	0.652	-0.253	0.936	1.064	1.000	-0.564	0.802
广东	1.427	-4.581	0.854	-1.157	0.449	-1.661	-1.887	-1.774	1.000	-1.423
广西	-1.003	3.219	-0.600	0.813	-0.316	1.167	1.326	1.246	-0.703	1.000
海南	-0.948	3.043	-0.567	0.769	-0.298	1.103	1.253	1.178	-0.664	0.945
重庆	-1.151	3.696	-0.689	0.934	-0.363	1.340	1.522	1.431	-0.807	1.148
四川	-1.184	3.802	-0.708	0.960	-0.373	1.378	1.566	1.472	-0.830	1.181
贵州	-0.653	2.097	-0.391	0.530	-0.206	0.760	0.864	0.812	-0.458	0.651
云南	-2.683	8.613	-1.605	2.176	-0.845	3.122	3.547	3.335	-1.880	2.676
西藏	0.606	-1.947	0.363	-0.492	0.191	-0.706	-0.802	-0.754	0.425	-0.605
陕西	-0.472	1.516	-0.282	0.383	-0.149	0.549	0.624	0.587	-0.331	0.471
甘肃	-2.299	7.381	-1.375	1.864	-0.724	2.676	3.040	2.858	-1.611	2.293
青海	0.351	-1.128	0.210	-0.285	0.111	-0.409	-0.465	-0.437	0.246	-0.351
宁夏	13.174	-42.290	7.883	-10.680	4.150	-15.330	-17.420	-16.380	9.234	-13.141
新疆	0.967	-3.105	0.579	-0.784	0.305	-1.126	-1.279	-1.202	0.678	-0.965

续表2

地区	海南	重庆	四川	贵州	云南	西藏	陕西	甘肃	青海	宁夏	新疆
北京	-0.827	-0.681	-0.662	-1.200	-0.292	1.293	-1.660	-0.341	2.230	0.059	0.810
天津	-0.817	-0.673	-0.654	-1.186	-0.289	1.278	-1.641	-0.337	2.204	0.059	0.801
河北	4.291	3.532	3.434	6.226	1.516	-6.706	8.613	1.769	-11.569	-0.309	-4.205
山西	0.997	0.821	0.798	1.447	0.352	-1.558	2.001	0.411	-2.688	-0.072	-0.977
内蒙古	-0.580	-0.477	-0.464	-0.841	-0.205	0.906	-1.163	-0.239	1.563	0.042	0.568
辽宁	0.656	0.540	0.525	0.952	0.232	-1.026	1.318	0.271	-1.770	-0.047	-0.643
吉林	1.690	1.391	1.353	2.453	0.597	-2.642	3.393	0.697	-4.558	-0.122	-1.656
黑龙江	1.392	1.146	1.114	2.019	0.492	-2.175	2.793	0.574	-3.752	-0.100	-1.364
上海	-1.038	-0.855	-0.831	-1.507	-0.367	1.623	-2.085	-0.428	2.800	0.075	1.018
江苏	-1.617	-1.331	-1.294	-2.346	-0.571	2.527	-3.245	-0.666	4.359	0.116	1.584
浙江	-1.055	-0.869	-0.845	-1.531	-0.373	1.649	-2.118	-0.435	2.845	0.076	1.034
安徽	0.329	0.271	0.263	0.477	0.116	-0.514	0.660	0.135	-0.886	-0.024	-0.322
福建	-1.764	-1.452	-1.412	-2.559	-0.623	2.757	-3.540	-0.727	4.755	0.127	1.728
江西	1.301	1.071	1.041	1.888	0.460	-2.034	2.612	0.536	-3.508	-0.094	-1.275
山东	-3.350	-2.758	-2.681	-4.861	-1.184	5.237	-6.725	-1.381	9.034	0.241	3.283
河南	0.907	0.746	0.726	1.316	0.320	-1.417	1.820	0.374	-2.445	-0.065	-0.888
湖北	0.798	0.657	0.639	1.158	0.282	-1.247	1.602	0.329	-2.152	-0.057	-0.782
湖南	0.849	0.699	0.679	1.232	0.300	-1.327	1.704	0.350	-2.288	-0.061	-0.832
广东	-1.506	-1.239	-1.205	-2.185	-0.532	2.353	-3.022	-0.621	4.060	0.108	1.475
广西	1.058	0.871	0.847	1.535	0.374	-1.654	2.124	0.436	-2.853	-0.076	-1.037
海南	1.000	0.823	0.800	1.451	0.353	-1.563	2.007	0.412	-2.696	-0.072	-0.980
重庆	1.215	1.000	0.972	1.763	0.429	-1.899	2.438	0.501	-3.275	-0.087	-1.190
四川	1.249	1.029	1.000	1.813	0.441	-1.953	2.508	0.515	-3.369	-0.090	-1.224
贵州	0.689	0.567	0.552	1.000	0.243	-1.077	1.383	0.284	-1.858	-0.050	-0.675
云南	2.831	2.330	2.266	4.107	1.000	-4.424	5.682	1.167	-7.633	-0.204	-2.774
西藏	-0.640	-0.527	-0.512	-0.928	-0.226	1.000	-1.284	-0.264	1.725	0.046	0.627
陕西	0.498	0.410	0.399	0.723	0.176	-0.779	1.000	0.205	-1.343	-0.036	-0.488
甘肃	2.426	1.997	1.941	3.520	0.857	-3.792	4.869	1.000	-6.541	-0.174	-2.377
青海	-0.371	-0.305	-0.297	-0.538	-0.131	0.580	-0.744	-0.153	1.000	0.027	0.363
宁夏	-13.900	-11.440	-11.120	-20.170	-4.911	21.729	-27.900	-5.731	37.486	1.000	13.623
新疆	-1.021	-0.840	-0.817	-1.481	-0.361	1.595	-2.048	-0.421	2.752	0.073	1.000

5.3.3　基于 Moran's I 参数的区域生态经济效益评价

在计算Moran's I 指数时，将敏感度比值小于 0 的记为“0”，大于 0 的记为“1”，从而得到权重矩阵。在各省市经济效益评价分数取平均值的基础上，借助Moran's I 指数公式分别计算 WNN - SVM 多方法融合权重矩阵和距离 0—1 权重矩阵的Moran's I 指数值，空间距离 0—1 权重矩阵莫兰指数结果 Moran's I =0. 4246，Z 检验为 4. 1889，散点图如图 5 - 30 所示。

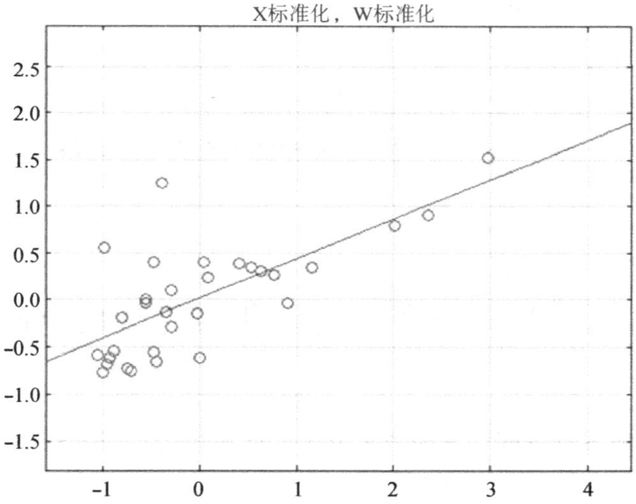

图 5 - 30　空间距离 0—1 权重矩阵莫兰指数散点图

莫兰指数大于 0，说明样本省市间存在正的空间溢出效应，样本省市位于散点图第一象限，其中第一象限代表了高观测值的区域单元为同是高值的区域所包围的空间联系形式（高—高）。WNN - SVM 多方法融合权重矩阵的莫兰指数大于空间距离 0—1 权重矩阵的莫兰指数，说明通过 WNN - SVM 多方法融合构建的空间统计方法能进一步地反映出省区之间存在较强的空间溢出效应，除了位置距离可以影响他们空间溢出效应，经济、生态、文化等因素都会影响省区之间的空间溢出效应。

WNN - SVM 多方法融合权重矩阵的莫兰指数结果Moran's I =0. 5663，Z 检验为 13. 3662，说明检验显著，散点图如图 5 - 31 所示。

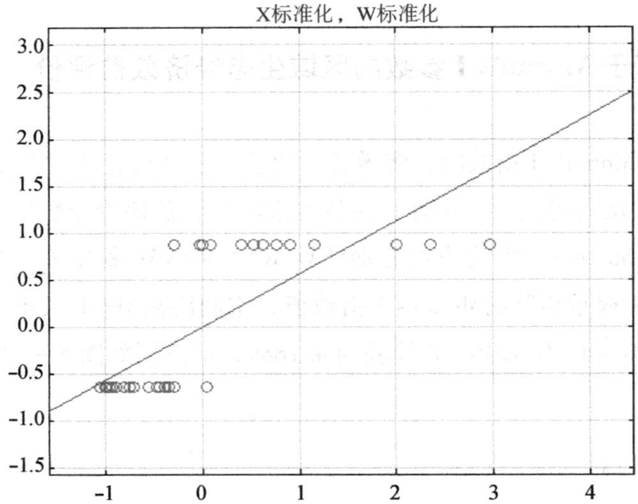

图5-31 WNN-SVM 多方法融合权重矩阵莫兰指数散点图

5.4 区域生态经济效益提升与跨区域空间优化

根据本研究的空间计量经济学分析，区域生态经济效益的提升，不仅取决于区域内经济生态系统内部各子系统的协同发展效率，还取决于跨区域间的空间关联性和相互作用。因此，提升区域生态经济效益，既要探讨区域内生态经济效益的提升路径，又需要研究区域间生态经济的协同及优化，应从区域内部和区域之间这两个层面，探讨如何提升区域生态经济效益。

5.4.1 区域内生态经济效益提升途径

区域生态经济系统内部子系统的协同和结构优化是提升区域生态经济效益的基础，只有处理好内部子系统的协同问题，区域间生态经济的空间协同才会更好发挥作用。因此，本书根据前面研究结果从区域内部及区域之间协同角度提出生态经济效益提升的途径。

5.4.1.1　区域内产业结构调整升级

根据各区域（省域）的产业占比数据情况，结合各地自然资源及生态条件，综合考虑产业调整和升级，尤其是提高第三产业比重。本书使用经济服务率这一指标，表示第三产业占区域 GDP 的百分比。通过区域经济增长和生态间关系的研究，表明第三产业因其具有去物质化的性质，会带来地区的生态经济效益水平提高。相对于经济快速服务化的省份而言，工业占比较高的省份的生态文明水平、生态经济效益就要明显低很多。

根据统计分析，2021 年，内蒙古（43.5%）、山西（44.7%）、陕西（45.6%）、宁夏（47.2%）、江西（47.6%）等省份第三产业占比较低，相较于全国各省经济服务率 52.9% 的平均数还有差距，而这些区域往往工业占比较高（如陕西省等）。为了使区域经济与生态实现可持续协调发展，缓解经济与资源、环境之间矛盾，应在确保第一产业、第二产业稳健发展的前提下，增大对第三产业的投入和支持力度，逐步改变现有产业结构体系，促进第三产业稳步发展。

转变经济发展方式，将以高消耗、高污染、低产出为特征的粗放经济发展方式，转变为以低消耗、低污染、高效率为特征的经济发展方式。各个区域应该立足于本区域的资源状况、科技发展水平、经济发展水平、气候状况、基础设施建设等具体状况，建立适合自身发展的绿色发展途径。首先，从制度上，完善管理和约束机制，综合制定市场性、参与性政策，突破体制障碍。其次，从技术上，应充分依靠科技创新和技术进步，促进资源高效利用，推进能源结构调整，发展低碳经济。

5.4.1.2　调节区域能源消费结构

随着煤炭、石油等资源的进一步开采和使用，我们面临不可再生能源逐步枯竭的境地，同时传统能源占主导的能源消费结构又是高污染、对生态环境产生破坏的主要原因之一，而当前新能源技术及新能源的发展为我们提供了科学的能源利用和能源消费途径。各区域应根据自身能源消费状况，探索适合自身发展的能源结构调整之路。

首先，对于传统能源，进一步限制煤炭、石油、天然气等化石能源开采规模，发展循环经济，进行深度开发，延伸产业链条，推广使用清洁生产技术，提高能源效率。其次，西部地区应积极推进太阳能、风能、水电等清洁能源发展，推进清洁能源科技的进步，加快新型能源的开发。

5.4.1.3 加大生态环保投入

国家在战略层面上提倡生态环境保护、提出建设“金山银山”的理念，也将生态宜居作为实施乡村振兴战略的重要目标。区域应不断加大生态环境投入的力度，积极增加工业企业投入以提高资源有效利用率，探索新型清洁能源以减少对不可再生资源依赖。同时，应加大对新型环保产品政策和资金支持。

从时间上看，各区域在生态环境保护上的投入均有大幅提升，尤其是环境污染治理投资、工业污染治理投资以及生态投入都逐年加大，垃圾无害化处理率和生态投入资金利用率逐年提升。从空间上看，各省份在生态环境、污染治理和生态投入上也具有差异性，基本表现为东部高西部低、经济发达地区高欠发达地区低的格局，如2021年环境污染治理投资山东（767.6亿元）、广东（744亿元）、河南（645.2亿元）、河北（631.1亿元）等区域较青海（40亿元）、海南（30.6亿元）、西藏（18.84亿元）具有较大差异。各地区应积极加大投入力度，提升垃圾无害化处理率，提高生态投入利用率。

实施区域青山绿水工程。增加绿色植被面积，提升城市绿化覆盖面积，以提高生态系统承载力。加快河道治理，重视防护林建设（尤其是西部省份，如广西等）等，有效降低城市能源生态足迹水平。

5.4.1.4 促进区域内生态与经济子系统的协调发展

作为区域生态经济研究的主要对象，区域内生态与经济的协同发展至关重要，研究生态系统和经济系统的协同演化及其机理为区域生态经济效益提高奠定基础。

区域政府在进行政策制定过程中，应构建适合本地化的生态与经济系统评价和协同的科学模型，对区域生态经济效率进行有效测算。进行生态和经济系统协同性影响因素分析，找准影响区域生态经济系统协同发展的主因，在此基础上，因地制宜地制定相关政策、提出改善生态环境等方面的对策建议。

本书以省域层面的区域生态经济效益为研究对象，省域区域内各个城市之间在经济、社会、生态方面均存在差异性。应该在区域内充分发挥龙头地区或城市的发展，强化其辐射作用，使其优势产业能够有效带动周边发展。如内蒙古的呼和浩特市、包头市和鄂尔多斯，应充分利用其区域经济发展的核心作用，从而带动其周边发展。而对落后子区域则应更多提供技术、政策和资金支持，促进其快速发展。

5.4.1.5 促进区域内各子系统的耦合协同

区域生态经济系统是一个复杂的系统，其内涵不仅包括经济系统和生态系统，同时也应涵盖区域系统内其他子系统，如能源系统、人口系统、创新系统等，探讨各子系统间的协同和优化，更为全面地促进区域各子系统的协同耦合。

扩展区域生态经济协同模型，构建多子系统协同模型，如能源—经济—环境（3E）（陈琼[138]，2012）模型，创新系统与经济系统耦合协同的模型（蔡冰冰等[140]，2019），系统分析区域各子系统间协同状况，依据空间分析的结果，进行横向比较和分析，从而为提升区域生态经济效益提供依据。

各省域的系统协调度呈现沿海地区高，西部地区低的结果，因而，战略上中西部地区应尽快将自然优势转换为经济优势，加强基础设施建设和技术水平，提高资源利用效率，即能源系统、环境系统促进经济系统发展的阶段性战略。东部地区则应将战略重点放在提升生态环境质量上，加大生态环保投入和污染治理，即实施经济子系统促进生态环境子系统的战略。

5.4.2 跨区域生态经济的空间协同及优化

5.4.2.1 区域间生态经济效益空间协同优化

区域生态经济效益具有空间相关性，区域生态经济效益提升可以带来空间溢出效应，带动相邻区域的生态经济效益提升。在充分探讨区域生态经济的空间特性基础上，应在各区域自身生态经济效益提升基础上，探讨区域间如何实现空间协同。区域生态经济的空间协同涉及诸多方面，其中主要包括区域间的经济、交通、旅游、科技等协同。

第一，加强区域间经济协同发展。加强区域间经济合作，可以有效促进资源、资本、人才、技术等要素在区域间流动，实现资源跨区域的有效配置，从而促进区域生态经济的进一步发展。

第二，促进区域间生态结构协同优化。基于区域间生态具有空间相互作用、互利共生的特点，应优化区域间生态空间结构组合模式，构建高效区域间生态网络系统。

第三，促进区域间旅游的协同。整合旅游资源，加强跨区域景区之间的无缝对接，节约旅游者的时间成本，提高区域旅游合作水平。同时，建立区域间旅游发展利益共享机制，充分发挥优势区域旅游经济的溢出效应。

第四，促进区域间交通的协同合作。基于地理位置的邻近性，区域间交通能有效促进区域生态经济合作水平。高速公路、铁路交通对区域间经济合作具有重要促进作用，尤其是能提升商品物流水平和促进旅游等。因此，各区域应加快区域间铁路、高速公路建设进程，完善区域间高速公路交通网络布局，实现机场、高铁、公路等跨区域立体交通体系。

5.4.2.2 促进区域间生态合作

区域间生态合作是实现区域生态良好发展的重要手段，如京津冀地区大气污染治理的空间合作。区域间应基于地理邻近性构建跨区域的生态合作机制，探讨生态合作、生态空间合作治理的有效途径。

首先，区域间应积极探讨合作机制和生态合作体系的构建。从环境监测、环境治理、地方环境立法、生态教育等方面建立交流与合作机制，共同构建能实现共赢的生态合作体系，从而推动区域生态水平的提高。

其次，构建科学合理的区域间利益分配，以保障区域间生态合作顺利进行。运用博弈论、多主体分析方法等科学的分析方法，对各区域间生态合作进行利益分析，以有效协调各区域间冲突，实现区域间生态合作稳定发展。

最后，要构建合理监管机制和长效的合作机制。在各方达成共识的基础上，应建立有效的监管机制，合理规划生态合作机制，以保障区域间生态合作顺利进行。

5.4.2.3　建立区域间的生态补偿机制

建立合理的区域间生态补偿机制是各区域进行空间生态经济合作的基础，应从多角度，采用多种方法建立起区域间生态价值核算和补偿机制。

首先，进行顶层设计，成立区域生态补偿的专门组织机构，打破区域间行政局限，防止区域间生态补偿机构相互推诿责任、动力不足等情况的发生，对涉及环保、土地、农业、水利等部门进行有效的组织协调，保障生态补偿有效实施。

其次，建立科学的生态补偿价值核算模型，合理核算生态价值，这是建立合理生态补偿机制的基础。构建科学合理的生态价值评价指标体系，突出各区域为生态环境改善所做的贡献。

再次，运用利益相关者、博弈论、多主体分析等科学方法，对区域生态补偿利益各方进行利益分析，明确其利益诉求和现实状况。

最后，构建多维度、多途径的生态补偿机制。构建包含流域、大气污染、农业、森林、旅游、土地等生态补偿内容的多维度的生态补偿体系，运用市场化运作方式探讨生态补偿运行机制。

5.5 本章小结

本章主要依据第 3 章、第 4 章的方法，对样本数据进行实证分析。通过因子分析法计算得到全国以及各省区的综合发展状况数值，然后利用 WNN－SVM 多方法融合计算得到权重矩阵，最后基于莫兰指数对比分析距离 0—1 权重矩阵和 WNN－SVM 多方法融合权重矩阵在区域生态效益评价中的价值，发现 WNN－SVM 多方法权重矩阵更能反映生态、经济等在各省区间的相关性程度。

在实证分析的基础上，本章从区域内部和区域间两个层面提出了提升区域生态经济效益的对策和建议：从区域内部视角上，注重优化产业结构、调整能源消费结构、促进区域内生态和经济子系统以及其他（能源、人口、社会、科技等）子系统的协同发展、加大污染治理和生态投入等；从区域间层面上，应促进各区域间经济生态技术等的协同发展和协同优化，加强区域间生态合作和生态治理，建立科学合理的生态补偿机制和合作机制。

第 6 章

区域生态经济效益评价展望

本章对本研究的创新进行总结，并对区域生态经济效益评价的未来研究进行展望，并提出对策和建议。

6.1　区域生态经济效益评价方法的创新

（1）空间矩阵权重确定方法创新。本书进行多方法融合的空间统计分析方法，建立了基于支持向量机和小波神经网络集成的混合人工智能技术的空间权重矩阵的确定方法与实现算法，提出了改进的空间统计方法。①基于方差占比方法，利用小波神经网络（WNN）进行特征选择；基于打折的最小二乘思想，构建改进的样本加权支持向量机（ISVM），来估计影响空间相关结构变量的函数 g（x）的具体形式。②针对空间权重矩阵，设计合理的空间数据模式 X，使之充分反映社会经济问题的时空影响因素及其空间依赖性（空间自相关）和空间非均质性（空间结构）；在构建的 WNN－SVM 多方法融合模型下计算各省区相对于全国的敏感度，通过不同省区的敏感度的比值进行空间权重矩阵的确定。③通过对比分析距离 0—1 权重矩阵和 WNN－SVM 多方法融合权重矩阵在莫兰指数中的计算结果，判断权重矩阵在区域生态效益评价中的价值。

（2）实证分析多方法融合的空间统计方法的有效性。实证分析结果表明，基于改进支持向量机和小波神经网络集成的混合人工智能技术及其空间权重矩阵的确定方法，能有效分析与时空相关的数据间的空间依赖、空间关联或空间自相关，正确反映空间位置的数据间统计关系，更好地处理有关时空特性的影响因素，有效避免“虚假的解释”。利用所建的分析模型与方法，能更有效地进行区域生态经济效益评价，有效解决区域生态经济效益评价中诸多因素之间的协调关系和合理布局，考虑这些因素之间的空间分布模式以及相互之间的影响作用关系和变化机理，真正实现生态效益和经济效益评价的统一，对评价区域生态经济效益的新途径和工具进行了有益探索，为政府主管部门提供科学的决策方法。

（3）区域生态经济效益评价方法创新。区域生态经济效益评价指标体系，是进行区域生态经济效益评价的关键。依据生态学、生态经济学、区域经济学、可持续发展等理论，借鉴前人的研究成果，根据区域生态经济系统的特性和共性，指标选取原则及数据的可获得性，对区域生态环境基础的发展状况、资源的质量和利用状况、环境的污染和治理状况、社会经济的发展水平等方面进行分析，构建了衡量区域生态经济效益的指标体系，指标体系包含经济、社会、生态三个方面共28个指标，能较为全面地反映区域经济发展、人均影响、社会影响、公众影响、资源节约、资源利用、环境保护、综合生态等方面，可以较为客观而准确反映区域生态经济效益水平。

（4）实证研究为政府部门提供政策建议。本书以全国31个省份为对象进行实证研究，选取2004—2021年数据综合分析区域生态经济效益的时空差异和时空演变，并分析问题和差距。在此基础上，结合区域生态经济协同发展策略，从区域内部和区域间（外部）两个层面提出促进区域生态经济发展、提高区域生态经济效益的对策。区域内部角度，从促进产业结构升级、调整能源消费结构、加大生态投入和促进区域内各子系统协同发展角度提出对策；区域间空间协同的角度，从促进区域间生态经济协同发展、构建区域间生态合作机制和建立科学合理的区域间生态补偿机制方面提出建议。

本书围绕空间社会经济分析中出现的边缘效应、解释谬误等问题，有效地分析与时空相关的数据间的空间依赖、空间关联或空间自相关，正确反映了空间位置的数据间的统计关系，更好地处理了有关时空特性的影响因素，本书构建了WNN－SVM多方法融合空间统计分析方法，并取得了一定成果，但也存在一些不足之处，主要表现如下。

（1）利用小波神经网络对支持向量机进行改进时，由于WNN在数据处理、特征选择时会产生误差，并将其传递到后续的支持向量机建模步骤中。这将影响支持向量机的推广能力和分类、预测精度，有时当误差积累较大时，可能会抵消融合带来的部分好处。

（2）本书尚未对构建的WNN－SVM模型做鲁棒性检验，不利于模型的推广应用。除此之外，本书仅从理论和经验上确定了WNN－SVM模型的初始输入参数，未结合样本数据的特性进行选择参数。

（3）本书在利用 WNN－SVM 方法计算权重矩阵时，为了与常规 0—1 距离矩阵做比较分析，在得到原始矩阵的基础上，令矩阵中小于 0 的元素值标记为“0”，大于 0 的元素值标记为“1”。

（4）由于本书将研究的焦点放在了利用小波神经网络和支持向量机处理数据的非线性和非平稳问题上，以至于为了达到良好的模型表现，可能牺牲了训练速度，导致 WNN－SVM 方法的训练和分类、预测时间较常规支持向量机所用的时间长。

（5）在检验权重矩阵的有效性时，仅从莫兰指数方面检验了其有效性，尚未进一步发挥权重矩阵在生态经济效益评价中的作用。

6.2　区域生态经济效益评价方法的展望

通过梳理和分析本书的研究工作以及存在的不足，结合目前国内外空间统计及区域生态经济等方面的应用研究情况，提出以下展望。

（1）随着生态经济的进一步发展，区域生态经济效益的标准化评价已经成为必然趋势。现有的效益评价指标体系设计都是面向整个区域的发展情况而量身定制的，缺乏对具体项目区的生态经济效益分析。因此，在未来的区域生态效益评价中，必须建立针对不同区域、不同项目区的标准化、统一、客观、合理的评价指标体系。在指标体系构建的研究中，需要深入研究指标的共性，处理好宏观、中观和微观指标之间的关系，以促进效益评价的标准化、规范化和可比化实现。

（2）区域生态经济的发展变化是一个长期过程，生态经济效益的发挥具有滞后性。如何才能设计出体现区域生态经济动态发展变化特征的评价指标，是未来效益评价和权重矩阵设计研究需要进一步思考的问题。

（3）除了考虑 WNN－SVM 多方法融合权重矩阵设计的空间统计技术，还应该综合考虑生态经济的含义，尤其是从区域经济效益、影响因素、变化机理等方面考虑。

（4）由于生态经济不断演化的复杂机理，多方法空间统计还需要朝着动态性、自适应性和鲁棒性方向发展。具体来说，WNN－SVM 融合方法的样本加权应该完善兼顾时间衰减、信息含量和抗干扰性等因素的权重取值方法。同时，还应该探讨样本与特征同时加权的算法，特别是“嵌入式”混合加权算法，以优化和权衡样本加权和特征加权对数据挖掘的影响。

6.3 区域生态经济效益评价方法的建议

基于本书对区域生态经济效益的评价结果，提出以下对策和建议：

（1）立足于区域协同发展和组建经济圈的战略定位及长远发展，从战略高度认识生态经济效益评价的重要性、现实性、紧迫性和长期性。打破区域地理位置管理的行政、条块分割，不仅要考虑时空距离，还应考虑不同地区间的生态环境、经济发展、资源、人口以及社会等因素。进一步强化生态经济的统一、综合、协调管理，实现经济发展、生态环境保护与建设、产业发展和脱贫攻坚之间的关系。

（2）重视和加强空间统计方法在区域生态经济效益评价中的应用。本书的分析表明，区域间生态经济之间存在较强的空间关联性，空间溢出效应也很明显。为此，需要构建科学合理的指标体系，并运用空间统计方法对区域生态效益进行评价。这样做不仅能有效避免传统方法的弊端，还能准确、直观地反映区域生态经济效益的空间差异，并对其变化的空间关联性进行分析，找出影响生态经济效益的主要因素。从而为改善区域生态经济水平提供依据。

（3）为了构建包含海量数据的相关数据库，我们需要进行大数据建设布局。本书基于各省共 18 年的数据构造了数据集，用于训练神经网络并构建权重矩阵。但由于传统统计的局限性，这些数据多为较为宏观的生态和经济指标，针对性不强，也不能全面系统地反映区域的生态经济状况。在大数据时代，我们应该借助大数据方法和手段，从现有各类海量数据中提取适用数据，甚至有意识地构建生态经济效益的专门数据库，为生态经济效益评价提供更全面、准确的数据基础。

（4）在数据统计中，我们尝试用结合支持向量机和波形神经网络的方法构建合理的权重矩阵，以提高空间统计方法的科学性和有效性，并取得了良好的效果。未来的研究应该进一步探索各种人工智能算法在空间统计、生态经济效益评价中的应用，提高数据处理的科学性，实现生态治理的精准性。

（5）在实践层面上，为了提高区域生态经济的效益，本书提出以下对策和建议，主要包括：①制定相关政策。政府应该出台一系列政策和法规来规范区域生态经济的发展。例如，提供税收优惠和补贴，支持绿色产业发展等。②加强宣传教育。通过宣传教育，提高公众的环保意识，让更多的人参与到生态经济建设中来。③加强环境保护力度。生态经济发展离不开良好的生态环境，应该加强对环境的保护力度，减少环境污染和资源浪费。④发展绿色产业。绿色产业是指以环保、低碳、节能、可持续为特征的产业。发展绿色产业可以促进区域经济发展，同时保护生态环境。⑤加强科技创新。科技创新是推动生态经济发展的重要力量。政府应该加大对科技创新的投入力度，促进科技创新与生态经济发展的融合。⑥加强区域间合作。生态环境是跨区域性的，需要各地区之间加强合作，共同保护生态环境，共同推进生态经济发展。⑦推进生态补偿机制。建立生态补偿机制，对为保护生态环境做出贡献的单位或个人给予奖励，同时对环境破坏者进行处罚，推动生态经济发展。

附　录

条　例

附表 1 **2004—2021 年各省区域 GDP** （亿元）

地区	2004	2005	2006	2007	2008	2009	2010	2011	2012
北京	6060.3	6886.3	8117.8	9846.8	11115.0	12153.0	14113.6	16251.9	17879.4
天津	3111.0	3697.6	4462.7	5252.8	6719.0	7521.9	9224.5	11307.3	12893.9
河北	8477.6	10096.1	11467.6	13607.3	16012.0	17235.5	20394.3	24515.8	26575.0
山西	3571.4	4179.5	4878.6	6024.5	7315.4	7358.3	9200.9	11237.6	12112.8
内蒙古	3041.1	3895.6	4944.3	6423.2	8496.2	9740.3	11672.0	14359.9	15880.6
辽宁	6672.0	8009.0	9304.5	11164.3	13668.6	15212.5	18457.3	22226.7	24846.4
吉林	3122.0	3620.3	4275.1	5284.7	6426.1	7278.8	8667.6	10568.8	11939.2
黑龙江	4750.6	5511.5	6211.8	7104.0	8314.4	8587.0	10368.6	12582.0	13691.6
上海	8072.8	9154.2	10572.2	12494.0	14069.9	15046.5	17166.0	19195.7	20181.7
江苏	15003.6	18305.7	21742.1	26018.5	30982.0	34457.3	41425.5	49110.3	54058.2
浙江	11648.7	13437.9	15718.5	18753.7	21462.7	22990.4	27722.3	32318.9	34665.3
安徽	4759.3	5375.1	6112.5	7360.9	8851.7	10062.8	12359.3	15300.7	17212.1
福建	5763.4	6568.9	7583.9	9248.5	10823.0	12236.5	14737.1	17560.2	19701.8
江西	3456.7	4056.8	4820.5	5800.3	6971.1	7655.2	9451.3	11702.8	12948.9
山东	15021.8	18516.9	21900.2	25776.9	30933.3	33896.7	39169.9	45361.9	50013.2
河南	8553.8	10587.4	12362.8	15012.5	18018.5	19480.5	23092.4	26931.0	29599.3

续表

年份 地区	2004	2005	2006	2007	2008	2009	2010	2011	2012
湖北	5633.2	6520.1	7617.5	9333.4	11328.9	12961.1	15967.6	19632.3	22250.5
湖南	5641.9	6511.3	7688.7	9439.6	11555.0	13059.7	16038.0	19669.6	22154.2
广东	18864.6	22366.5	26587.8	31777.0	36796.7	39482.6	46013.1	53210.3	57067.9
广西	3433.5	4075.7	4746.2	5823.4	7021.0	7759.2	9569.9	11720.9	13035.1
海南	798.9	894.6	1044.9	1254.2	1503.1	1654.2	2064.5	2522.7	2855.5
重庆	2692.8	3070.5	3907.2	4676.1	5793.7	6530.0	7925.6	10011.4	11409.6
四川	6379.6	7385.1	8690.2	10562.4	12601.2	14151.3	17185.5	21026.7	23872.8
贵州	1677.8	1979.1	2339.0	2884.1	3561.6	3912.7	4602.2	5701.8	6852.2
云南	3081.9	3472.9	3988.1	4772.5	5692.1	6169.8	7224.2	8893.1	10309.5
西藏	220.3	251.2	290.8	341.4	394.9	441.4	507.5	605.8	701.0
陕西	3175.6	3675.7	4743.6	5757.3	7314.6	8169.8	10123.5	12512.3	14453.7
甘肃	1688.5	1934.0	2276.7	2702.4	3166.8	3387.6	4120.8	5020.4	5650.2
青海	466.1	543.3	648.5	797.4	1018.6	1081.3	1350.4	1670.4	1893.5
宁夏	537.2	606.1	725.9	919.1	1203.9	1353.3	1689.7	2102.2	2341.3
新疆	2209.1	2604.2	3045.3	3523.2	4183.2	4277.1	5437.5	6610.1	7505.3

续表

年份 地区	2013	2014	2015	2016	2017	2018	2019	2020	2021
北京	19800.8	21330.8	23014.6	25669.1	28014.9	30320.0	35371.3	36102.6	40269.6
天津	14442.0	15726.9	16538.2	17885.4	18549.2	18809.6	14104.3	14083.7	15695.0
河北	28443.0	29421.2	29806.1	32070.5	34016.3	36010.3	35104.5	36206.9	40391.3
山西	12665.3	12761.5	12766.5	13050.4	15528.4	16818.1	17026.7	17651.9	22590.2
内蒙古	16916.5	17770.2	17831.5	18128.1	16096.2	17289.2	17212.5	17359.8	20514.2
辽宁	27213.2	28626.6	28669.0	22246.9	23409.2	25315.4	24909.5	25115.0	27584.1
吉林	13046.4	13803.1	14063.1	14776.8	14944.5	15074.6	11726.8	12311.3	13235.5
黑龙江	14454.9	15039.4	15083.7	15386.1	15902.7	16361.6	13612.7	13698.5	14879.2
上海	21818.2	23567.7	25123.5	28178.7	30633.0	32679.9	38155.3	38700.6	43214.9
江苏	59753.4	65088.3	70116.4	77388.3	85869.8	92595.4	99631.5	102719.0	116364.2
浙江	37756.6	40173.0	42886.5	47251.4	51768.3	56197.2	62351.7	64613.3	73515.8
安徽	19229.3	20848.7	22005.6	24407.6	27018.0	30006.8	37114.0	38680.6	42959.2
福建	21868.5	24055.8	25979.8	28810.6	32182.1	35804.0	42395.0	43903.9	48810.4
江西	14410.2	15714.6	16723.8	18499.0	20006.3	21984.8	24757.5	25691.5	29619.7
山东	55230.3	59426.6	63002.3	68024.5	72634.1	76469.7	71067.5	73129.0	83095.9
河南	32191.3	34938.2	37002.2	40471.8	44552.8	48055.9	54259.2	54997.1	58887.4

续表

年份 地区	2013	2014	2015	2016	2017	2018	2019	2020	2021
湖北	24791. 8	27379. 2	29550. 2	32665. 4	35478. 1	39366. 6	45828. 3	43443. 5	50012. 9
湖南	24621. 7	27037. 3	28902. 2	31551. 4	33903. 0	36425. 8	39752. 1	41781. 5	46063. 1
广东	62474. 8	67809. 9	72812. 6	80854. 9	89705. 2	97277. 8	107671. 1	110760. 9	124369. 7
广西	14449. 9	15672. 9	16803. 1	18317. 6	18523. 3	20352. 5	21237. 1	22156. 7	24740. 9
海南	3177. 6	3500. 7	3702. 8	4053. 2	4462. 5	4832. 1	5308. 9	5532. 4	6475. 2
重庆	12783. 3	14262. 6	15717. 3	17740. 6	19424. 7	20363. 2	23605. 8	25002. 8	27894. 0
四川	26392. 1	28536. 7	30053. 1	32934. 5	36980. 2	40678. 1	46615. 8	48598. 8	53850. 8
贵州	8086. 9	9266. 4	10502. 6	11776. 7	13540. 8	14806. 5	16769. 3	17826. 6	19586. 4
云南	11832. 3	12814. 6	13619. 2	14788. 4	16376. 3	17881. 1	23223. 8	24521. 9	27146. 8
西藏	815. 7	920. 8	1026. 4	1151. 4	1310. 9	1477. 6	1697. 8	1902. 7	2080. 2
陕西	16205. 5	17689. 9	18021. 9	19399. 6	21898. 8	24438. 3	25793. 2	26181. 9	29801. 0
甘肃	6330. 7	6836. 8	6790. 3	7200. 4	7459. 9	8246. 1	8718. 3	9016. 7	10243. 3
青海	2122. 1	2303. 3	2417. 1	2572. 5	2624. 8	2865. 2	2966. 0	3005. 9	3346. 6
宁夏	2577. 6	2752. 1	2911. 8	3168. 6	3443. 6	3705. 2	3748. 5	3920. 6	4522. 3
新疆	8443. 8	9273. 5	9324. 8	9649. 7	10882. 0	12199. 1	13597. 1	13797. 6	15983. 6

附表 2

2004—2021 年各省 GDP 增长率

（%）

年份 地区	2004	2005	2006	2007	2008	2009	2010	2011	2012	2013	2014	2015	2016	2017	2018	2019	2020	2021
全国	10. 10	11. 40	12. 70	14. 20	9. 70	9. 40	10. 60	9. 50	7. 90	7. 80	7. 30	6. 90	6. 70	6. 86	6. 57	6. 11	2. 35	8. 11
北京	14. 10	11. 83	13. 00	14. 50	9. 10	10. 20	10. 30	8. 10	7. 73	7. 70	7. 30	6. 90	6. 79	6. 74	6. 60	6. 10	1. 20	8. 50
天津	15. 84	14. 70	14. 70	15. 50	16. 50	16. 50	17. 40	16. 40	13. 85	12. 50	10. 04	9. 30	9. 10	3. 64	3. 60	4. 80	1. 50	6. 56
河北	12. 90	13. 43	13. 40	12. 80	10. 10	10. 00	12. 20	11. 30	9. 63	8. 20	6. 50	6. 80	6. 80	6. 60	6. 60	6. 80	3. 90	6. 50
山西	15. 20	12. 60	12. 80	15. 90	8. 50	5. 40	13. 90	13. 00	10. 14	8. 90	4. 90	3. 10	4. 50	7. 10	6. 70	6. 20	3. 60	9. 13
内蒙古	20. 90	23. 83	19. 10	19. 20	17. 80	16. 90	15. 00	14. 30	11. 46	9. 00	7. 80	7. 70	7. 20	4. 00	5. 30	5. 20	0. 20	6. 26
辽宁	12. 80	12. 32	14. 20	15. 00	13. 40	13. 10	14. 20	12. 20	9. 55	8. 70	5. 80	3. 00	−2. 50	4. 20	5. 70	5. 50	0. 60	5. 76
吉林	12. 20	12. 10	15. 00	16. 10	16. 00	13. 60	13. 80	13. 80	11. 97	8. 30	6. 50	6. 30	6. 90	5. 30	4. 50	3. 00	2. 40	6. 60
黑龙江	11. 68	11. 61	12. 10	12. 00	11. 80	11. 40	12. 70	12. 30	10. 03	8. 00	5. 61	5. 66	6. 10	6. 36	4. 70	4. 20	1. 00	6. 06
上海	14. 25	11. 10	12. 70	15. 20	9. 70	8. 20	10. 30	8. 20	7. 46	7. 70	7. 00	6. 94	6. 90	6. 90	6. 60	6. 00	1. 70	8. 10
江苏	14. 75	14. 48	14. 90	14. 90	12. 70	12. 40	12. 70	11. 00	10. 13	9. 60	8. 70	8. 53	7. 80	7. 15	6. 70	6. 10	3. 70	8. 60
浙江	14. 48	12. 78	13. 90	14. 70	10. 10	8. 90	11. 90	9. 00	7. 98	8. 20	7. 62	7. 96	7. 55	7. 76	7. 10	6. 80	3. 60	8. 48
安徽	13. 30	11. 60	12. 50	14. 20	12. 70	12. 90	14. 60	13. 50	12. 10	10. 40	9. 20	8. 71	8. 69	8. 46	8. 00	7. 50	3. 90	8. 26
福建	11. 83	11. 64	14. 80	15. 20	13. 00	12. 30	13. 90	12. 30	11. 45	11. 00	9. 90	9. 00	8. 40	8. 10	8. 30	7. 60	3. 30	7. 95
江西	13. 20	12. 83	12. 30	13. 20	13. 20	13. 10	14. 00	12. 50	10. 95	10. 10	9. 70	9. 10	9. 00	8. 80	8. 70	8. 00	3. 80	8. 76
山东	15. 35	15. 24	14. 70	14. 20	12. 00	12. 20	12. 30	10. 90	9. 76	9. 60	8. 70	7. 95	7. 60	7. 36	6. 40	5. 50	3. 60	8. 30

续表

年份 地区	2004	2005	2006	2007	2008	2009	2010	2011	2012	2013	2014	2015	2016	2017	2018	2019	2020	2021
河南	13.71	14.22	14.40	14.60	12.10	10.90	12.50	11.90	10.15	9.00	8.86	8.30	8.14	7.80	7.60	7.00	1.30	6.29
湖北	11.20	12.10	13.20	14.60	13.40	13.50	14.80	13.80	11.25	10.10	9.68	8.85	8.10	7.80	7.80	7.50	-5.00	12.85
湖南	12.10	11.60	12.80	15.00	13.90	13.70	14.60	12.80	11.26	10.10	9.47	8.50	8.00	8.00	7.80	7.60	3.80	7.67
广东	14.79	13.80	14.80	14.90	10.40	9.70	12.40	10.00	8.16	8.50	7.76	8.00	7.50	7.54	6.80	6.20	2.30	7.95
广西	11.83	13.18	13.60	15.10	12.80	13.90	14.20	12.30	11.26	10.20	8.50	8.10	7.30	7.10	6.80	6.00	3.70	7.50
海南	10.69	10.24	13.20	15.80	10.30	11.70	16.00	12.00	9.13	9.90	8.50	7.80	7.50	7.00	5.80	5.80	3.50	11.20
重庆	12.15	11.50	12.40	15.90	14.50	14.90	17.10	16.40	13.55	12.30	10.90	11.00	10.70	9.30	6.00	6.30	3.90	8.30
四川	12.73	12.61	13.50	14.50	11.00	14.50	15.10	15.00	12.55	10.00	8.50	7.90	7.80	8.10	8.00	7.50	3.80	8.20
贵州	11.40	11.60	12.80	14.80	11.30	11.40	12.80	15.00	13.57	12.50	10.80	10.70	10.53	10.20	9.10	8.30	4.50	8.06
云南	11.33	9.00	11.60	12.20	10.60	12.10	12.30	13.70	12.96	12.10	8.10	8.70	8.70	9.50	8.90	8.10	4.00	7.25
西藏	12.06	12.10	13.30	14.00	10.10	12.40	12.30	12.70	11.78	12.10	10.80	11.01	10.10	10.04	9.10	8.10	7.80	6.69
陕西	12.86	12.60	13.90	15.80	16.40	13.60	14.60	13.90	12.86	11.00	9.70	7.85	7.60	8.00	8.30	6.00	2.20	6.45
甘肃	11.51	11.85	11.50	12.30	10.10	10.30	11.80	12.52	12.56	10.80	8.89	8.08	7.60	3.56	6.30	6.20	3.90	6.94
青海	12.30	12.17	13.30	13.50	13.50	10.10	15.30	13.50	12.25	10.80	9.20	8.20	8.00	7.30	7.20	6.30	1.50	5.69
宁夏	11.20	10.94	12.70	12.70	12.60	11.90	13.50	12.10	11.50	9.80	8.00	8.00	8.10	7.80	7.00	6.50	3.90	6.66
新疆	11.38	10.90	11.00	12.20	11.00	8.10	10.60	12.00	11.96	11.00	10.00	8.80	7.60	7.60	6.10	6.20	3.40	6.96

附表 3　　2004—2021 年各省城镇人口恩格尔系数

（%）

年份 地区	2004	2005	2006	2007	2008	2009	2010	2011	2012	2013	2014	2015	2016	2017	2018	2019	2020	2021
全国	37.70	36.70	35.80	36.30	37.90	36.52	35.67	36.32	36.23	35.02	30.05	29.73	29.30	28.64	27.72	27.55	29.18	28.63
北京	32.20	31.80	30.80	32.20	33.80	33.18	32.07	31.41	31.34	31.10	23.75	22.08	21.10	19.84	19.98	19.31	20.97	20.78
天津	37.20	36.70	34.90	35.30	37.30	36.51	35.87	36.17	36.67	36.58	33.22	32.21	30.62	31.23	28.85	27.92	29.53	26.92
河北	36.80	34.60	33.90	33.90	34.70	33.59	32.32	33.83	33.61	32.29	26.17	26.05	26.13	24.60	25.11	25.65	26.91	26.96
山西	33.90	32.40	31.40	32.10	33.80	32.84	31.17	31.34	31.57	27.92	25.99	25.17	22.73	23.06	23.76	23.98	26.09	25.17
内蒙古	32.50	31.40	30.30	30.40	32.80	30.50	30.09	31.25	30.84	31.78	28.74	28.39	28.34	27.37	26.94	26.35	28.01	26.94
辽宁	40.40	38.80	38.80	37.80	39.00	37.98	35.08	35.53	35.01	32.19	28.35	28.26	27.61	27.54	26.77	26.89	29.51	28.78
吉林	35.90	34.70	33.40	33.20	34.00	33.33	32.26	32.69	31.72	29.24	26.10	25.82	25.96	25.78	24.85	24.97	27.94	27.12
黑龙江	35.40	33.50	33.30	35.00	36.30	35.28	35.42	36.07	36.10	35.80	27.52	27.69	27.66	27.23	26.76	26.23	29.56	29.05
上海	36.40	35.90	35.60	35.50	36.60	34.99	33.52	35.48	36.78	34.89	26.83	26.23	25.13	24.72	24.13	23.35	25.68	25.11
江苏	40.00	37.20	36.00	36.70	37.90	36.29	36.52	36.12	35.37	34.73	28.52	28.05	27.95	27.47	26.09	25.48	26.85	26.23
浙江	36.20	33.80	32.90	34.70	36.40	33.59	34.26	34.57	35.05	34.43	28.28	28.23	28.16	27.90	27.08	27.09	27.39	26.74
安徽	43.90	43.70	42.40	39.70	41.00	39.59	37.96	39.80	38.74	39.12	33.28	33.67	32.55	32.14	31.00	31.20	32.63	31.96
福建	41.60	40.90	39.30	38.90	40.60	39.67	39.26	39.22	39.36	36.95	33.19	32.99	33.19	32.92	31.98	30.82	31.73	31.27
江西	43.00	40.90	39.70	40.90	41.70	39.85	39.51	39.80	39.70	37.70	32.79	32.32	32.03	31.15	30.02	29.08	31.39	31.41
山东	34.60	33.70	32.00	32.90	33.60	32.92	32.06	33.16	32.97	32.88	28.92	27.84	27.58	26.78	26.33	26.06	26.82	26.24

续表

年份 地区	2004	2005	2006	2007	2008	2009	2010	2011	2012	2013	2014	2015	2016	2017	2018	2019	2020	2021
河南	35.00	34.20	33.10	34.60	34.80	34.21	32.99	34.15	33.55	33.15	28.81	28.09	28.02	26.71	25.73	25.26	27.05	27.78
湖北	39.30	39.00	38.80	39.70	42.20	40.42	38.68	40.75	40.27	39.74	32.32	32.04	31.41	30.75	28.08	27.76	31.08	29.86
湖南	36.00	35.80	34.90	36.10	39.90	38.55	36.55	36.89	37.25	35.15	30.52	31.15	29.91	28.43	27.33	27.85	29.13	28.73
广东	37.00	36.10	36.20	35.30	37.80	36.93	36.49	36.89	36.87	36.70	33.25	33.24	32.93	32.16	31.63	31.25	32.21	31.74
广西	44.00	42.50	42.10	41.70	42.40	39.89	38.06	39.50	38.98	37.89	35.19	34.37	34.38	33.24	30.66	30.46	33.92	31.43
海南	46.90	47.60	43.50	42.80	44.90	44.69	44.81	44.88	45.35	44.76	38.00	38.22	39.02	37.19	35.63	34.33	37.76	34.80
重庆	37.80	36.40	36.30	37.00	39.10	37.68	37.59	39.05	41.45	40.67	34.51	33.57	32.73	32.10	31.45	31.16	32.57	32.02
四川	40.20	39.30	37.70	41.20	44.00	40.44	39.48	40.68	40.36	39.60	34.93	35.19	34.46	33.33	32.24	32.64	34.78	34.28
贵州	41.10	39.90	38.70	40.20	43.10	41.51	39.90	40.22	39.67	35.87	31.53	31.23	31.30	30.68	26.96	28.32	31.91	30.65
云南	42.35	42.83	42.00	45.00	47.10	43.72	41.48	39.21	39.38	37.88	30.66	30.25	29.69	28.96	27.03	27.10	27.89	29.16
西藏	45.60	44.20	50.20	50.90	51.20	50.71	50.05	49.85	49.33	48.15	39.35	42.52	44.89	43.88	38.97	37.77	34.65	33.37
陕西	35.90	36.10	34.30	36.40	36.70	37.26	37.06	36.57	36.20	36.43	27.36	27.87	27.99	28.44	26.99	27.12	27.53	26.89
甘肃	37.10	36.00	34.50	35.90	38.30	37.78	37.41	37.38	35.82	36.82	31.14	30.63	29.57	29.20	28.72	28.61	28.72	29.28
青海	35.70	36.30	36.20	37.30	40.40	40.39	39.37	38.89	37.80	35.28	29.89	28.66	28.66	28.23	27.62	29.01	27.78	30.14
宁夏	37.00	34.80	33.90	35.30	35.10	33.39	33.24	34.77	33.90	31.95	27.85	25.72	24.01	24.49	24.46	24.25	27.12	26.35
新疆	36.10	36.40	35.50	35.10	37.30	36.30	36.23	38.33	37.71	35.01	31.27	30.67	29.11	27.90	28.52	29.00	31.35	30.14

附表 4　　**2004—2021 年各省农村人口恩格尔系数**　　（%）

年份 / 地区	2004	2005	2006	2007	2008	2009	2010	2011	2012	2013	2014	2015	2016	2017	2018	2019	2020	2021
全国	47.2	45.5	43.0	43.1	43.7	41.0	41.1	40.4	34.4	33.6	33.6	33.0	32.2	31.2	30.1	30.0	32.7	32.7
北京	32.6	32.8	32.0	32.1	34.3	32.4	30.9	32.4	33.0	34.4	27.8	27.7	26.9	24.7	23.8	25.3	28.5	28.3
天津	38.5	38.3	38.0	38.9	39.9	43.3	41.7	35.3	36.0	34.5	31.4	29.5	31.3	29.6	29.6	30.8	33.4	33.1
河北	42.5	41.0	36.7	36.8	38.2	35.7	35.2	33.5	31.9	30.4	29.4	28.6	28.0	26.7	26.4	26.7	29.2	30.6
山西	45.8	44.2	38.5	38.5	39.0	37.1	37.5	37.7	30.9	31.3	29.4	29.0	28.3	27.4	27.7	28.3	31.6	30.9
内蒙古	42.7	43.1	39.0	39.3	41.0	41.7	38.8	37.5	31.5	30.9	30.5	29.4	29.3	27.8	27.5	27.3	30.6	30.1
辽宁	46.4	41.6	41.2	39.6	40.6	36.7	38.2	39.1	35.6	32.9	28.3	28.2	26.9	26.7	26.7	26.6	29.7	30.0
吉林	45.6	43.5	40.1	40.0	39.6	35.1	36.7	35.3	33.0	32.0	29.6	29.0	28.6	28.2	27.8	28.1	31.4	30.2
黑龙江	40.9	36.3	35.3	34.6	33.0	31.4	33.8	38.9	36.5	33.8	28.2	27.5	27.7	26.5	27.3	26.8	34.3	33.6
上海	34.6	36.8	37.8	36.8	40.9	37.1	37.3	40.9	39.4	36.3	36.0	35.0	33.6	33.8	37.2	36.4	39.1	37.3
江苏	44.2	44.0	41.8	41.6	41.3	39.2	38.1	35.1	31.0	30.8	31.4	31.7	29.5	28.9	26.2	26.2	30.6	32.1
浙江	39.5	38.6	37.2	36.4	38.0	37.4	35.5	37.3	36.2	34.8	31.9	31.1	31.8	31.0	30.3	30.6	32.3	31.0
安徽	47.5	45.5	43.2	43.3	44.3	40.9	40.7	41.5	35.6	36.9	35.6	35.8	34.2	33.5	33.0	32.7	34.3	33.6
福建	46.7	46.1	45.2	46.1	46.4	45.9	46.1	46.4	43.3	41.5	38.2	37.6	37.3	36.9	35.7	35.5	38.4	35.1
江西	54.4	49.1	49.3	49.8	49.4	45.6	46.3	45.2	35.5	36.0	36.5	36.2	35.3	33.6	31.3	30.4	33.6	33.3
山东	41.9	39.8	37.9	37.8	38.1	36.6	37.5	35.7	31.6	32.8	31.0	30.4	29.8	28.6	28.1	27.8	29.4	29.6

续表

年份 地区	2004	2005	2006	2007	2008	2009	2010	2011	2012	2013	2014	2015	2016	2017	2018	2019	2020	2021
河南	48.6	45.4	40.9	38.0	38.3	36.0	37.2	36.1	30.8	31.9	29.6	29.2	28.5	27.1	26.7	26.2	27.8	29.4
湖北	51.5	49.1	46.8	47.9	46.9	44.8	43.1	39.0	30.2	30.6	31.4	30.1	30.1	28.6	28.2	27.2	29.7	31.9
湖南	54.1	52.0	48.6	49.6	51.2	48.9	48.4	45.2	34.8	31.7	34.3	32.9	31.7	30.5	29.2	28.8	31.0	31.0
广东	48.8	48.3	48.6	49.7	49.0	48.3	47.7	49.1	46.0	42.8	39.5	40.6	40.4	40.2	36.6	37.1	40.8	39.3
广西	54.3	50.5	49.5	50.2	53.4	48.7	48.5	43.8	33.0	33.7	36.9	35.4	34.5	32.2	30.1	30.9	34.6	33.3
海南	58.9	57.6	53.4	56.0	53.4	53.1	50.0	51.3	47.8	45.9	43.2	42.7	43.2	41.9	41.8	41.7	43.8	41.6
重庆	56.0	52.8	52.2	54.5	53.3	49.1	48.3	46.8	35.9	36.3	40.5	40.0	38.7	36.5	34.9	34.9	36.7	36.6
四川	55.6	54.7	50.8	52.3	52.0	42.0	48.3	46.2	36.8	33.6	39.7	39.1	38.1	37.2	35.8	34.7	36.6	36.3
贵州	58.2	52.8	51.5	52.2	51.7	45.2	46.3	47.6	33.1	31.6	37.2	34.2	30.8	30.2	28.3	27.1	29.7	31.3
云南	54.0	54.5	48.8	46.5	49.6	48.2	47.2	47.1	35.6	35.3	35.6	36.4	35.3	32.5	29.5	31.8	34.3	35.8
西藏	57.5	60.3	53.0	57.1	56.0	49.6	49.7	50.5	40.4	39.0	52.6	52.2	52.4	49.1	36.1	35.7	37.8	37.8
陕西	42.4	42.9	39.0	36.8	37.4	35.1	34.2	29.9	26.5	29.2	29.1	27.8	26.9	26.0	25.6	25.9	28.0	29.0
甘肃	48.0	47.2	46.7	46.8	47.2	41.3	44.7	42.2	32.8	31.0	34.9	32.9	31.3	30.4	29.7	29.2	30.9	30.9
青海	48.5	45.1	44.2	44.4	43.6	38.1	39.6	37.8	27.2	24.0	31.9	29.9	29.4	29.7	29.5	29.7	30.2	31.9
宁夏	42.0	44.0	41.4	40.3	37.9	36.3	38.4	37.3	29.6	26.3	29.9	29.1	26.5	25.3	27.3	27.4	28.4	29.1
新疆	45.2	41.8	39.9	39.9	42.5	41.6	40.3	36.1	29.1	29.3	34.5	34.1	31.7	30.6	30.0	29.0	32.2	30.5

附表 5 **2004—2021 年各省经济服务率** (%)

地区	2004	2005	2006	2007	2008	2009	2010	2011	2012	2013	2014	2015	2016	2017	2018	2019	2020	2021
全国	40.8	44.3	45.9	47.3	46.2	43.7	39.0	43.8	44.9	47.2	47.5	50.2	51.6	51.6	52.2	53.9	54.5	53.3
北京	60.0	69.1	70.9	72.1	73.2	75.5	75.1	76.1	76.5	76.9	77.9	79.7	80.2	80.6	81.0	83.5	83.9	81.7
天津	43.3	41.5	40.2	40.5	37.9	45.3	46.0	46.2	47.0	48.1	49.6	52.2	56.4	58.2	58.6	63.5	64.4	61.3
河北	31.5	33.3	33.8	34.0	33.2	35.2	34.9	34.6	35.3	35.5	37.3	40.2	41.5	44.2	46.2	51.2	51.7	49.5
山西	32.2	37.4	36.4	35.3	34.2	39.2	37.1	35.2	38.7	40.0	44.5	53.2	55.5	51.7	53.4	51.4	51.2	44.7
内蒙古	32.2	39.4	37.8	35.7	33.3	38.0	36.1	34.9	35.5	36.5	39.5	40.5	43.8	50.0	50.5	49.6	48.8	43.5
辽宁	41.1	39.6	38.3	36.6	34.5	38.7	37.1	36.7	38.1	38.7	41.8	46.2	51.5	52.6	52.4	53.0	53.5	51.6
吉林	34.4	39.1	39.5	38.3	38.0	37.9	35.9	34.8	34.8	35.5	36.2	38.8	42.5	45.8	49.8	53.8	52.2	52.2
黑龙江	29.4	33.7	33.7	34.7	34.4	39.3	37.2	36.2	40.5	41.4	45.8	50.7	54.0	55.8	57.0	50.1	49.5	50.0
上海	47.9	50.5	50.6	52.6	53.7	59.4	57.3	58.0	60.4	62.2	64.8	67.8	69.8	69.2	69.9	72.7	73.1	73.3
江苏	34.9	35.4	36.3	37.4	38.1	39.6	41.4	42.4	43.5	44.7	47.0	48.6	50.0	50.3	51.0	51.3	52.5	51.4
浙江	39.0	40.0	40.1	40.7	41.0	43.1	43.5	43.9	45.2	46.1	47.8	49.8	51.0	53.3	54.7	54.0	55.8	54.6
安徽	35.5	40.7	40.2	39.0	37.4	36.4	33.9	32.5	32.7	33.0	35.4	39.1	41.0	42.9	45.1	50.8	51.3	51.2
福建	38.4	38.5	39.1	40.0	39.3	41.3	39.7	39.2	39.3	39.1	39.6	41.6	42.9	45.4	45.2	45.3	47.5	47.2
江西	34.0	34.8	33.5	31.9	30.9	34.4	33.0	33.5	34.6	35.1	36.8	39.1	42.0	42.7	44.8	47.5	48.1	47.6
山东	32.2	32.0	32.6	33.4	33.4	34.7	36.6	38.3	40.0	41.2	43.5	45.3	46.7	48.0	49.5	53.0	53.5	52.8

续表

年份 / 地区	2004	2005	2006	2007	2008	2009	2010	2011	2012	2013	2014	2015	2016	2017	2018	2019	2020	2021
河南	30.1	30.0	29.8	30.1	28.6	29.3	28.6	29.7	30.9	32.0	37.1	40.2	41.8	43.3	45.2	48.0	48.7	49.1
湖北	36.4	40.3	40.6	42.1	40.5	39.6	37.9	36.9	36.9	38.1	41.5	43.1	43.9	46.5	47.6	50.0	51.3	52.8
湖南	39.9	40.5	40.8	39.8	37.8	41.4	39.7	38.3	39.0	40.3	42.2	44.1	46.4	49.4	51.9	53.2	51.7	51.3
广东	36.8	42.9	42.7	43.3	42.9	45.7	45.0	45.3	46.5	47.8	49.0	50.6	52.0	53.6	54.2	55.5	56.5	55.6
广西	36.8	40.5	39.7	38.4	37.4	37.6	35.4	34.1	35.4	36.0	37.9	38.8	39.6	44.2	45.5	50.7	51.9	50.7
海南	39.7	41.8	39.9	40.7	40.2	45.3	46.2	45.5	46.9	48.3	51.9	53.3	54.3	56.1	56.6	58.9	60.4	61.5
重庆	39.5	43.9	44.8	42.4	41.0	37.9	36.4	36.2	39.4	41.4	46.8	47.7	48.1	49.2	52.3	53.2	52.8	53.0
四川	37.7	38.4	37.8	36.5	34.8	36.7	35.1	33.4	34.5	35.2	38.7	43.7	47.2	49.7	51.4	52.4	52.4	52.5
贵州	34.1	39.6	39.8	41.8	41.3	48.2	47.3	48.8	47.9	46.6	44.6	44.9	44.7	44.9	46.5	50.3	50.9	50.4
云南	35.2	39.5	38.5	39.1	39.1	40.8	40.0	41.6	41.1	41.8	43.3	45.1	46.7	47.8	47.1	52.6	51.5	50.4
西藏	52.3	55.6	55.0	55.2	55.5	54.6	54.2	53.2	53.9	53.0	53.5	53.8	52.7	51.5	48.7	54.4	50.1	55.7
陕西	37.2	37.8	35.3	34.9	32.9	38.5	36.4	34.8	34.7	34.9	37.0	40.7	42.3	42.4	42.8	45.8	47.9	45.6
甘肃	33.3	40.7	39.5	38.4	39.1	40.2	37.3	39.1	40.2	41.0	44.0	49.2	51.4	54.1	54.9	55.1	55.1	52.8
青海	38.8	39.3	37.5	36.0	34.0	36.9	34.9	32.3	33.0	32.8	37.0	41.4	42.8	46.6	47.1	50.7	50.8	49.6
宁夏	33.8	41.7	39.6	38.2	36.2	41.7	41.6	41.0	42.0	42.0	43.4	44.5	45.4	46.8	47.9	50.3	50.3	47.2
新疆	33.9	35.7	34.7	35.4	33.9	37.1	32.5	34.0	36.0	37.4	40.8	44.7	45.1	45.9	45.8	51.6	51.3	47.9

附表 6

2004—2021 年各省失业率

（%）

年份 地区	2004	2005	2006	2007	2008	2009	2010	2011	2012	2013	2014	2015	2016	2017	2018	2019	2020	2021
全国	4.20	4.20	4.10	4.00	4.20	4.30	4.10	4.10	4.10	4.05	4.09	4.05	4.02	3.90	3.80	3.62	4.24	3.96
北京	1.30	2.11	2.00	1.84	1.82	1.44	1.37	1.39	1.27	1.21	1.31	1.39	1.41	1.43	1.40	1.30	2.56	3.23
天津	3.80	3.70	3.60	3.59	3.60	3.60	3.60	3.60	3.60	3.60	3.50	3.50	3.50	3.50	3.51	3.53	3.62	3.68
河北	4.00	3.93	3.80	3.83	3.96	3.93	3.86	3.75	3.69	3.68	3.59	3.60	3.68	3.68	3.30	3.12	3.46	3.08
山西	3.10	3.01	3.20	3.24	3.29	3.86	3.58	3.48	3.33	3.13	3.40	3.51	3.52	3.43	3.26	2.71	3.11	2.27
内蒙古	4.60	4.26	4.10	3.99	4.10	3.97	3.90	3.80	3.73	3.66	3.59	3.65	3.65	3.63	3.58	3.70	3.80	3.84
辽宁	6.50	5.62	5.10	4.28	3.90	3.87	3.63	3.68	3.55	3.35	3.38	3.42	3.81	3.80	3.94	4.16	4.61	4.33
吉林	4.20	4.20	4.20	3.92	3.98	3.95	3.80	3.70	3.65	3.70	3.40	3.50	3.45	3.52	3.46	3.11	3.42	3.26
黑龙江	4.50	4.42	4.40	4.26	4.23	4.27	4.27	4.10	4.15	4.44	4.47	4.47	4.22	4.21	3.99	3.53	3.37	3.18
上海	4.40	4.40	4.40	4.22	4.20	4.26	4.35	3.54	3.05	3.98	4.06	4.04	4.08	3.92	3.53	3.55	3.67	2.73
江苏	3.80	3.56	3.40	3.17	3.25	3.22	3.16	3.22	3.14	3.03	3.01	3.00	3.00	2.98	2.97	3.03	3.20	2.54
浙江	4.10	3.72	3.50	3.27	3.49	3.26	3.20	3.12	3.01	3.01	2.96	2.93	2.87	2.73	2.60	2.52	2.79	2.61
安徽	4.20	4.40	4.30	4.06	3.92	3.92	3.66	3.74	3.68	3.41	3.21	3.14	3.20	2.88	2.83	2.63	2.83	2.46
福建	4.00	3.95	3.90	3.89	3.86	3.90	3.77	3.69	3.63	3.55	3.47	3.66	3.86	3.87	3.71	3.50	3.82	3.33
江西	3.60	3.48	3.60	3.37	3.42	3.44	3.31	2.98	3.00	3.17	3.27	3.35	3.35	3.34	3.44	2.93	3.15	2.84
山东	3.40	3.33	3.30	3.21	3.70	3.40	3.36	3.35	3.33	3.24	3.30	3.35	3.46	3.40	3.35	3.29	3.10	2.94

续表

年份 地区	2004	2005	2006	2007	2008	2009	2010	2011	2012	2013	2014	2015	2016	2017	2018	2019	2020	2021
河南	3.40	3.45	3.50	3.41	3.40	3.50	3.38	3.35	3.08	3.09	2.97	2.96	3.00	2.76	3.02	3.17	3.24	3.40
湖北	4.20	4.33	4.20	4.21	4.20	4.21	4.18	4.10	3.83	3.49	3.10	2.64	2.41	2.59	2.55	2.44	3.35	2.99
湖南	4.40	4.27	4.30	4.25	4.20	4.14	4.16	4.21	4.23	4.20	4.14	4.09	4.19	4.02	3.58	2.73	2.74	2.29
广东	2.70	2.58	2.60	2.51	2.56	2.60	2.52	2.46	2.48	2.43	2.44	2.45	2.47	2.47	2.41	2.25	2.53	2.45
广西	4.10	4.15	4.20	3.79	3.75	3.74	3.66	3.46	3.41	3.30	3.15	2.92	2.93	2.21	2.34	2.60	2.77	2.49
海南	3.40	3.55	3.60	3.49	3.72	3.48	3.00	1.73	2.01	2.17	2.26	2.29	2.36	2.33	2.30	2.25	2.78	3.06
重庆	4.10	4.12	4.00	3.98	3.96	3.96	3.90	3.50	3.30	3.40	3.46	3.58	3.67	3.35	2.96	2.62	4.49	2.92
四川	4.40	4.61	4.50	4.24	4.57	4.34	4.14	4.16	4.02	4.11	4.15	4.12	4.15	4.01	3.47	3.31	3.63	3.60
贵州	4.10	4.20	4.10	3.97	3.98	3.81	3.64	3.63	3.29	3.26	3.27	3.29	3.24	3.23	3.16	3.11	3.75	4.45
云南	4.30	4.17	4.30	4.18	4.21	4.26	4.21	4.05	4.03	3.98	3.98	3.96	3.60	3.20	3.40	3.25	3.92	3.75
西藏	4.00	4.30	4.30	4.30	4.30	3.80	3.99	3.20	2.58	2.47	2.47	2.48	2.58	2.68	2.83	2.86	2.90	2.56
陕西	3.80	4.18	4.00	4.02	3.91	3.94	3.85	3.59	3.22	3.32	3.34	3.36	3.30	3.28	3.21	3.23	3.63	3.47
甘肃	3.40	3.26	3.60	3.34	3.23	3.25	3.21	3.11	2.68	2.30	2.19	2.14	2.20	2.71	2.78	3.00	3.27	3.40
青海	3.90	3.93	3.90	3.75	3.80	3.80	3.80	3.76	3.37	3.31	3.15	3.17	3.12	3.05	2.97	2.24	2.13	1.84
宁夏	4.50	4.52	4.30	4.28	4.35	4.40	4.35	4.35	4.18	4.06	4.02	4.02	3.92	3.87	3.89	3.74	3.92	4.13
新疆	3.80	3.92	3.90	3.88	3.70	3.84	3.23	3.22	3.39	3.36	3.17	2.86	2.48	2.58	2.36	2.14	2.39	2.04

附表 7 2004—2021 年各省人均 GDP （元）

地区	2004	2005	2006	2007	2008	2009	2010	2011	2012	2013	2014	2015	2016	2017	2018	2019	2020	2021
全国	12487	14368	16738	20505	24121	26222	30876	36403	40007	43852	47203	50251	53980	59201	66006	70892	71828	80976
北京	37058	45444	50467	58204	63029	66940	75943	81658	87475	94648	99995	106497	118198	128994	140211	164220	164889	183980
天津	31550	35783	41163	46122	55473	62574	72994	85213	93173	100105	105231	107960	115053	118944	120711	90371	101614	113732
河北	12918	14782	16962	19877	23239	24581	28668	33969	36584	38909	39984	40255	43062	45387	47772	46348	48564	54172
山西	9150	12495	14123	16945	20398	21522	26283	31357	33628	34984	35070	34919	35532	42060	45328	45724	50528	64821
内蒙古	11305	16331	20053	25393	32214	39735	47347	57974	63886	67836	71046	71101	72064	63764	68302	67852	72062	85422
辽宁	16297	18983	21788	25729	31259	35149	42355	50760	56649	61996	65201	65354	50791	53527	58008	57191	58872	65026
吉林	10932	13348	15720	19383	23514	26595	31599	38460	43415	47428	50160	51086	53868	54838	55611	43475	50800	55450
黑龙江	13897	14434	16195	18478	21727	22447	27076	32819	35711	37697	39226	39462	40432	41916	43274	36183	42635	47266
上海	55307	51474	57695	66367	73124	69164	76074	82560	85373	90993	97370	103796	116562	126634	134982	157279	155768	173630
江苏	20705	24560	28814	33928	39622	44253	52840	62290	68347	75354	81874	87995	96887	107150	115168	123607	121231	137039
浙江	23942	27703	31874	37411	42214	43842	51711	59249	63374	68805	73002	77644	84916	92057	98643	107624	100620	113032
安徽	7768	8675	10055	12045	14485	16408	20888	25659	28792	32001	34425	35997	39561	43401	47712	58496	63426	70321
福建	17218	18646	21471	25908	30123	33437	40025	47377	52763	58145	63472	67966	74707	82677	91197	107139	105818	116939
江西	8189	9440	10798	12633	14781	17335	21253	26150	28800	31930	34674	36724	40400	43424	47434	53164	56871	65560
山东	16925	20096	23794	27807	33083	35894	41106	47335	51768	56885	60879	64168	68733	72807	76267	70653	72151	81727

续表

地区＼年份	2002	2003	2004	2005	2006	2007	2008	2009	2010	2011	2012	2013	2014	2015	2016	2017	2018	2019	2020	2021
河南	6436	7570	9470	11346	13313	16012	19593	20597	24446	28661	31499	34211	37072	39123	42575	46674	50152	56388	55435	59410
湖北	8319	9011	10500	11431	13296	16206	19860	22677	27906	34197	38572	42826	47145	50654	55665	60199	66616	77387	74440	86416
湖南	6565	7554	9117	10426	11950	14492	17521	20428	24719	29880	33480	36943	40271	42754	46382	49558	52949	57540	62900	69440
广东	15030	17213	19707	24435	28332	33151	37589	39436	44736	50807	54095	58833	63469	67503	74016	80932	86412	94172	88210	98285
广西	5099	5969	7196	8788	10296	12555	14966	16045	20219	25326	27952	30741	33090	35190	38027	38102	41489	42964	44309	49206
海南	7803	8316	9450	10871	12654	14555	17175	19254	23831	28898	32377	35663	38924	40818	44347	48430	51955	56507	55131	63707
重庆	6347	7209	9608	10982	12457	14660	18025	22920	27596	34500	38914	43223	47850	52321	58502	63442	65933	75828	78170	86879
四川	5766	6418	8113	9060	10546	12893	15378	17339	21182	26133	29608	32617	35128	36775	40003	44651	48883	55774	58126	64326
贵州	3153	3603	4215	5052	5787	6915	8824	10971	13119	16413	19710	23151	26437	29847	33246	37956	41244	46433	46267	50808
云南	5179	5662	6733	7835	8970	10540	12587	13539	15752	19265	22195	25322	27264	28806	31093	34221	37136	47944	51975	57686
西藏	6093	6871	7779	9114	10430	12109	13861	15295	17319	20077	22936	26326	29252	31999	35184	39267	43398	48902	52345	56831
陕西	5523	6480	7757	9899	12138	14607	18246	21947	27133	33464	38564	43117	46929	47626	51015	57266	63477	66649	66292	75360
甘肃	4493	5022	5970	7477	8757	10346	12110	13269	16113	19595	21978	24539	26433	26165	27643	28497	31336	32995	35995	41046
青海	6426	7277	8606	10045	11762	14257	17389	19454	24115	29522	33181	36875	39671	41252	43531	44047	47689	48981	50819	56398
宁夏	5804	6691	7880	10239	11847	14649	17892	21777	26860	33043	36394	39613	41834	43805	47194	50765	54094	54217	54528	62549
新疆	8382	9700	11199	13108	15000	16999	19893	19942	25034	30087	33796	37553	40648	40036	40564	44941	49475	54280	53593	61725

附表 8

2004—2021 年各省城镇居民家庭人均可支配收入

（元）

年份/地区	2004	2005	2006	2007	2008	2009	2010	2011	2012	2013	2014	2015	2016	2017	2018	2019	2020	2021
全国	9422	10493	11760	13786	15781	17175	19109	21810	24565	26467	28844	31195	33616	36396	39251	42359	43834	47412
北京	15638	17653	19978	21989	24725	26738	29073	32903	36469	44564	48532	52859	57275	62406	67990	73849	75602	81518
天津	11467	12639	14283	16357	19423	21402	24293	26921	29626	28980	31506	34101	37110	40278	42976	46119	47659	51486
河北	7951	9107	10305	11690	13441	14718	16263	18292	20543	22227	24141	26152	28249	30548	32977	35738	37286	39791
山西	7903	8914	10028	11565	13119	13997	15648	18124	20412	22258	24069	25828	27352	29132	31035	33262	34793	37433
内蒙古	8123	9137	10358	12378	14433	15849	17698	20408	23150	26004	28350	30594	32975	35670	38305	40782	41353	44377
辽宁	8008	9108	10370	12300	14393	15761	17713	20467	23223	26697	29082	31126	32876	34993	37342	39777	40376	43051
吉林	7841	8691	9775	11286	12829	14006	15411	17797	20208	21331	23218	24901	26530	28319	30172	32299	33396	35646
黑龙江	7471	8273	9182	10245	11581	12566	13857	15696	17760	20848	22609	24203	25736	27446	29191	30945	31115	33646
上海	16683	18645	20668	23623	26675	28838	31838	36230	40188	44878	48841	52962	57692	62596	68034	73615	76437	82429
江苏	10482	12319	14084	16378	18680	20552	22944	26341	29677	31585	34346	37173	40152	43622	47200	51056	53102	57744
浙江	14546	16294	18265	20574	22727	24611	27359	30971	34550	37080	40393	43714	47237	51261	55574	60182	62699	68487
安徽	7511	8471	9771	11474	12990	14086	15788	18606	21024	22789	24839	26936	29156	31640	34393	37540	39442	43009
福建	11175	12321	13753	15505	17961	19577	21781	24907	28055	28174	30722	33275	36014	39001	42121	45620	47160	51141
江西	7560	8620	9551	11222	12866	14022	15481	17495	19860	22120	24309	26500	28673	31198	33819	36546	38556	41684
山东	9438	10745	12192	14265	16305	17811	19946	22792	25755	26882	29222	31545	34012	36789	39549	42329	43726	47066

续表

地区＼年份	2004	2005	2006	2007	2008	2009	2010	2011	2012	2013	2014	2015	2016	2017	2018	2019	2020	2021
河南	7705	8668	9810	11477	13231	14372	15930	18195	20443	21741	23672	25576	27233	29558	31874	34201	34750	37095
湖北	8023	8786	9803	11485	13153	14367	16058	18374	20840	22668	24852	27051	29386	31889	34455	37601	36706	40278
湖南	8617	9524	10505	12294	13821	15084	16566	18844	21319	24352	26570	28838	31284	33948	36698	39842	41698	44866
广东	13628	14770	16016	17699	19733	21575	23898	26897	30227	29537	32148	34757	37684	40975	44341	48118	50257	54854
广西	8177	8917	9899	12200	14146	15451	17064	18854	21243	22689	24669	26416	28324	30502	32436	34745	35859	38530
海南	7736	8124	9395	10997	12608	13751	15581	18369	20918	22411	24487	26356	28453	30817	33349	36017	37097	40213
重庆	9221	10244	11570	13715	15709	15749	17532	20250	22968	23058	25147	27239	29610	32193	34889	37939	40006	43503
四川	7710	8386	9350	11098	12633	13839	15461	17899	20307	22228	24234	26205	28335	30727	33216	36154	38253	41444
贵州	7322	8147	9117	10678	11759	12863	14143	16495	18701	20565	22548	24580	26743	29080	31592	34404	36096	39211
云南	8871	9266	10070	11496	13250	14424	16065	18576	21075	22460	24299	26373	28611	30996	33488	36238	37500	40905
西藏	8200	8411	8941	11131	12482	13544	14980	16196	18028	20394	22016	25457	27802	30671	33797	37410	41156	46503
陕西	7492	8272	9268	10763	12858	14129	15695	18245	20734	22346	24366	26420	28440	30810	33319	36098	37868	40713
甘肃	7377	8087	8921	10012	10969	11930	13189	14989	17157	19873	21804	23767	25693	27763	29957	32323	33822	36187
青海	7320	8058	9000	10276	11648	12692	13855	15603	17566	20352	22307	24542	26757	29169	31515	33830	35506	37745
宁夏	7218	8094	9117	10859	12932	14025	15344	17579	19831	21476	23285	25186	27153	29472	31895	34328	35720	38291
新疆	7503	7990	8871	10313	11432	12258	13644	15514	17921	21091	23214	26275	28463	30775	32764	34664	34838	37642

附表 9　　2004—2021 年各省农村居民家庭人均纯收入　　（元）

年份 地区	2004	2005	2006	2007	2008	2009	2010	2011	2012	2013	2014	2015	2016	2017	2018	2019	2020	2021
全国	2936	3255	3587	4140	4761	5153	5919	6977	7917	9430	10489	11422	12363	13432	14617	16021	17131	18931
北京	7172	7860	8620	9559	10747	11669	13262	14736	16476	17101	18867	20569	22310	24240	26490	28928	30126	33303
天津	6525	7202	7942	8752	9670	8688	10075	12321	14026	15353	17014	18482	20076	21754	23065	24804	25691	27955
河北	3171	3482	3802	4293	4795	5150	5958	7120	8081	9188	10186	11051	11919	12881	14031	15373	16467	18179
山西	2590	2891	3181	3666	4097	4244	4736	5601	6357	7949	8809	9454	10082	10788	11750	12902	13878	15308
内蒙古	2606	2989	3342	3953	4656	4938	5530	6642	7611	8985	9976	10776	11609	12584	13803	15283	16567	18337
辽宁	3307	3690	4090	4773	5576	5958	6908	8297	9384	10161	11191	12057	12881	13747	14656	16108	17450	19217
吉林	3000	3264	3641	4190	4933	5266	6237	7510	8598	9781	10780	11326	12123	12950	13748	14936	16067	17642
黑龙江	3005	3221	3552	4132	4856	5207	6211	7591	8604	9369	10453	11095	11832	12665	13804	14982	16168	17889
上海	7337	8342	9213	10222	11385	12483	13978	16054	17804	19208	21192	23205	25520	27825	30375	33195	34911	38521
江苏	4754	5276	5813	6561	7357	8004	9118	10805	12202	13521	14958	16257	17606	19158	20845	22675	24198	26791
浙江	6096	6660	7335	8265	9258	10007	11303	13071	14552	17494	19373	21125	22866	24956	27302	29876	31930	35247
安徽	2499	2641	2969	3556	4202	4504	5285	6232	7160	8850	9916	10821	11720	12758	13996	15416	16620	18372
福建	4089	4450	4835	5467	6196	6680	7427	8779	9967	11405	12650	13793	14999	16335	17821	19568	20880	23229
江西	2953	3266	3585	4098	4697	5075	5789	6892	7829	9089	10117	11139	12138	13242	14460	15796	16981	18684
山东	3507	3931	4368	4985	5641	6119	6990	8342	9447	10687	11882	12930	13954	15118	16297	17775	18753	20794

续表

地区＼年份	2004	2005	2006	2007	2008	2009	2010	2011	2012	2013	2014	2015	2016	2017	2018	2019	2020	2021
河南	2553	2871	3261	3852	4454	4807	5524	6604	7525	8969	9966	10853	11697	12719	13831	15164	16108	17533
湖北	2890	3099	3419	3957	4656	5035	5832	6898	7852	9692	10849	11844	12725	13812	14978	16391	16306	18259
湖南	2838	3118	3390	3904	4512	4909	5622	6567	7440	9029	10060	10993	11930	12936	14093	15395	16585	18295
广东	4366	4690	5080	5624	6400	6907	7890	9372	10543	11068	12246	13360	14512	15780	17168	18818	20143	22306
广西	2305	2495	2771	3224	3690	3980	4543	5231	6008	7793	8683	9467	10359	11325	12435	13676	14815	16363
海南	2818	3004	3256	3791	4390	4744	5275	6446	7408	8802	9913	10858	11843	12902	13989	15113	16279	18076
重庆	2510	2809	2874	3509	4126	4478	5277	6480	7383	8493	9490	10505	11549	12638	13781	15133	16361	18100
四川	2580	2803	3002	3547	4121	4462	5087	6129	7001	8381	9348	10247	11203	12227	13331	14670	15929	17575
贵州	1722	1877	1985	2374	2797	3005	3472	4145	4753	5898	6671	7387	8090	8869	9716	10756	11642	12856
云南	1864	2042	2251	2643	3103	3369	3952	4722	5417	6724	7456	8242	9020	9862	10768	11902	12842	14197
西藏	1861	2078	2435	2788	3176	3532	4139	4904	5719	6553	7359	8244	9094	10330	11450	12951	14598	16932
陕西	1867	2052	2260	2645	3136	3438	4105	5028	5763	7092	7932	8689	9396	10265	11213	12326	13316	14745
甘肃	1852	1980	2134	2329	2724	2980	3425	3909	4507	5589	6277	6936	7457	8076	8804	9629	10344	11433
青海	2005	2165	2358	2684	3061	3346	3863	4608	5364	6462	7283	7933	8664	9462	10393	11499	12342	13604
宁夏	2320	2509	2760	3181	3681	4048	4675	5410	6180	7599	8410	9119	9852	10738	11708	12858	13889	15337
新疆	2245	2482	2737	3183	3503	3883	4643	5442	6394	7847	8724	9425	10183	11045	11975	13122	14056	15575

附表 10　　2004—2021 年各省人均生态投入　　（元）

年份/地区	2004	2005	2006	2007	2008	2009	2010	2011	2012	2013	2014	2015	2016	2017	2018	2019	2020	2021
全国	778.6	948.9	1181.8	1561.3	2093.6	2657.2	2696.3	3218.8	3985.9	4685.1	5379.6	6370.2	7394.1	7611.8	7942.3	7986.8	7852.2	438.1
北京	2019.6	3012.8	3072.8	2767.0	3639.1	3732.0	3871.2	4769.0	5401.1	6506.3	6199.1	8383.9	8987.1	8510.5	8020.2	7337.2	5539.8	178.6
天津	2656.9	2620.2	2701.9	5084.0	6856.6	7698.5	7687.2	8528.8	10465.1	11124.0	13910.2	14275.7	14421.0	7584.9	9749.8	9672.7	9571.6	175.0
河北	569.8	645.0	895.5	1195.1	2244.0	2716.8	2619.7	2682.9	3238.4	3839.2	4273.9	5077.9	6714.1	6718.1	8061.8	8841.5	8939.9	245.2
山西	513.4	773.5	1156.9	1671.2	2176.6	2332.7	2429.7	3454.4	5026.4	5335.3	5880.2	7539.9	3500.6	3799.1	4454.6	3769.9	3359.2	205.6
内蒙古	1405.1	1663.8	2204.7	2824.2	3694.6	4321.1	5712.7	6675.2	8064.3	11785.6	10763.3	13912.6	14502.3	8479.7	7766.9	8860.7	6871.2	756.5
辽宁	1138.0	1364.6	1797.4	2270.9	2936.3	4110.9	4698.4	6005.2	6671.7	7196.2	6351.9	1922.9	1898.1	1643.0	1592.3	1677.9	1682.4	309.1
吉林	732.5	1297.1	1478.4	2056.8	2630.6	2839.7	2459.7	3866.4	4302.9	4535.9	4969.1	5953.2	6423.7	6318.6	6030.0	7731.5	7962.7	483.0
黑龙江	471.4	590.9	817.6	1091.3	1457.0	2224.2	2043.0	3217.4	4112.0	3685.8	3909.0	3936.5	4180.3	3959.9	5559.1	7256.2	8565.8	926.6
上海	2242.7	2193.7	2508.6	3748.3	4037.5	2923.8	2625.7	2411.9	2909.5	3531.4	3524.5	3674.3	5165.9	4350.3	4817.9	5781.1	5191.8	433.5
江苏	1259.8	1467.3	1622.8	1940.9	2611.3	3200.9	3468.2	3832.8	5017.3	6418.1	6956.4	6837.0	7733.1	7966.2	7961.1	8104.3	8381.9	722.9
浙江	1443.7	1632.8	1764.3	2780.0	2433.6	2779.3	2876.7	3384.1	4135.7	5064.9	6446.3	8851.9	8937.3	9210.6	9737.5	9754.8	9617.8	325.5
安徽	520.3	674.5	1018.0	1391.1	1819.9	2167.2	2075.6	3100.2	3916.6	4467.4	4766.1	5993.4	7114.6	7532.3	8551.1	9007.3	9595.4	471.2
福建	742.0	918.0	1353.0	1535.4	2082.4	2465.9	2944.8	3618.7	4563.7	5419.7	7836.5	10077.4	12206.7	12743.2	11950.9	11698.7	11982.9	490.3
江西	669.5	824.3	927.2	1110.1	1659.9	2455.0	2360.1	2799.3	3149.0	4116.2	4737.5	5781.4	6983.1	8423.0	9185.7	9111.1	9490.7	535.9
山东	769.8	880.8	1001.5	1607.6	2078.9	2175.7	2469.8	2912.8	3741.1	4039.8	4429.8	5175.9	5985.9	6401.9	5831.2	6270.9	5944.2	216.2

续表

地区\年份	2004	2005	2006	2007	2008	2009	2010	2011	2012	2013	2014	2015	2016	2017	2018	2019	2020	2021
河南	437.2	567.3	729.9	880.5	1270.3	1698.6	1710.0	2000.1	2342.6	2884.9	3581.3	4675.0	6318.6	7492.5	8753.8	8188.8	8341.4	4418.1
湖北	543.5	670.9	948.1	1216.6	1893.8	2448.8	2661.5	2955.8	3564.1	4186.8	5566.1	7704.9	8817.1	9772.5	11524.9	8591.1	8982.3	6915.3
湖南	428.3	532.3	745.1	1034.2	1665.1	1956.5	2148.2	2803.7	3787.8	4748.4	6643.4	7952.2	9433.1	8888.3	8945.1	9647.5	9954.9	7428.8
广东	795.6	922.0	1011.6	1150.2	1730.3	3539.0	2202.8	1964.0	2250.4	2429.0	2835.4	3156.0	3835.9	4443.4	5745.6	6263.8	5347.3	3082.7
广西	549.3	565.4	788.0	996.2	1600.8	2461.5	2569.6	2745.7	3357.7	3834.8	4826.3	5223.3	5988.5	6110.6	5661.2	5903.3	5022.4	4821.7
海南	392.1	474.6	819.1	1075.1	1279.9	1780.0	1896.7	2531.6	2693.3	2743.5	3253.6	5296.0	6153.6	5655.6	8362.1	6593.3	5531.5	5196.6
重庆	1078.9	1460.2	1833.2	2181.8	2616.3	3605.6	3939.0	4012.9	4472.4	5369.5	7316.0	10143.8	11845.3	13256.6	12338.8	12407.6	14247.7	9877.0
四川	772.5	989.1	1107.6	1431.3	2010.7	2217.4	2098.1	2705.4	3468.5	4037.8	4641.8	5504.4	6509.1	7516.9	7859.5	7899.7	7751.3	5145.6
贵州	279.4	352.4	469.7	581.4	900.2	1291.9	2241.3	3417.2	4796.8	6232.0	7125.1	8632.2	10635.9	11286.2	9840.8	8061.1	6980.0	8792.1
云南	421.8	564.1	641.2	1007.3	1562.1	1832.6	1584.7	2313.3	2606.5	3129.6	3867.9	5022.1	7225.9	7722.6	6961.6	7905.1	9483.1	4617.6
西藏	429.7	521.0	512.0	791.3	1108.2	1309.4	2926.3	2475.3	4350.3	4032.7	6668.0	7295.9	10185.9	9462.7	8215.4	9837.4	10034.1	7068.3
陕西	883.2	999.2	1284.4	1745.9	2800.6	3640.7	3632.5	3645.2	5719.6	7315.8	8886.7	12146.8	16401.8	16971.1	16630.6	16113.3	14870.2	11508.7
甘肃	363.0	498.1	683.3	704.0	919.7	1219.7	1712.8	2410.0	3091.6	3590.0	4134.1	5462.0	4024.7	6342.3	3336.0	3384.2	3610.9	4823.1
青海	593.8	769.3	1071.0	1272.1	1972.0	1990.0	2398.8	2615.4	3888.4	5747.9	6498.6	8698.2	10078.8	14589.7	18225.1	15095.8	15299.0	7587.4
宁夏	1106.5	1475.9	1543.5	1856.9	1973.8	2463.7	3042.9	3145.1	4607.8	6011.7	6187.4	7591.4	9164.6	7361.1	8146.4	7085.5	6696.7	6317.0
新疆	855.6	786.3	902.5	1134.4	1531.1	1597.7	1856.9	2994.6	4120.3	6031.9	6181.8	8200.6	11067.0	5922.7	6171.4	7480.9	8642.6	6998.8

附表 11 **2004—2021 年各省人均用水量** （升/日）

年份/地区	2004	2005	2006	2007	2008	2009	2010	2011	2012	2013	2014	2015	2016	2017	2018	2019	2020	2021
全国	426.8	432.1	442.0	441.5	446.2	448.0	450.2	454.4	454.7	455.5	446.7	445.1	438.1	435.9	431.9	430.8	411.9	419.2
北京	231.4	225.0	219.9	216.6	210.8	205.8	189.4	189.4	175.5	173.9	175.7	176.8	178.6	181.9	181.7	193.6	185.4	186.4
天津	215.4	222.0	216.8	213.4	194.9	194.4	177.9	177.9	167.1	164.7	161.2	167.8	175.0	176.3	182.2	181.9	200.6	234.1
河北	287.7	295.4	296.7	292.6	280.0	276.3	272.3	272.3	268.9	261.7	262.0	252.8	245.2	242.3	242.0	240.7	245.2	244.0
山西	167.6	166.6	176.2	173.6	167.3	164.6	182.2	182.2	203.7	203.8	196.1	201.3	205.6	202.9	200.3	204.1	208.4	208.3
内蒙古	719.3	734.5	747.2	749.9	729.5	749.6	737.9	737.9	741.6	734.7	727.6	740.9	756.5	744.7	758.8	752.5	807.0	798.3
辽宁	308.8	316.7	332.6	333.5	331.5	330.8	329.7	329.7	324.3	323.8	322.9	321.0	309.1	299.8	298.6	299.2	303.1	304.1
吉林	366.1	363.3	378.4	369.6	381.0	405.9	437.6	437.6	472.1	478.0	483.3	485.3	483.0	465.0	440.9	427.8	485.7	461.7
黑龙江	679.7	712.9	748.9	762.1	776.6	826.7	848.6	848.6	936.1	944.8	949.7	929.5	926.6	930.7	909.6	825.1	977.6	1030.8
上海	678.2	684.2	660.0	654.5	639.5	657.4	559.7	559.7	490.6	513.9	437.6	428.8	433.5	433.3	427.1	415.9	392.4	425.2
江苏	707.1	697.4	727.3	735.9	729.7	713.2	704.4	704.4	698.2	727.3	743.8	721.0	722.9	737.8	736.3	768.1	675.1	668.4
浙江	440.2	429.8	421.7	420.3	425.6	384.0	378.7	378.7	362.2	361.4	357.7	336.9	325.5	319.2	305.1	286.2	255.2	255.8
安徽	324.6	340.9	395.5	379.5	434.8	475.9	485.0	485.0	489.5	492.6	449.3	472.3	471.2	466.3	454.4	437.7	439.9	444.8
福建	526.7	530.2	528.0	549.9	551.3	557.2	550.2	550.2	535.8	544.6	542.6	526.6	490.3	493.3	476.1	448.6	441.1	437.5
江西	475.1	484.0	475.6	539.5	534.2	546.3	539.1	539.1	539.4	586.8	572.2	539.8	535.9	538.3	541.1	543.9	540.3	552.0
山东	234.1	228.9	243.4	235.1	234.1	233.0	233.5	233.5	229.6	224.5	219.8	216.7	216.2	210.0	212.1	224.0	219.5	206.6

续表

地区＼年份	2004	2005	2006	2007	2008	2009	2010	2011	2012	2013	2014	2015	2016	2017	2018	2019	2020	2021
河南	206.5	211.5	241.8	223.2	242.2	247.1	237.8	237.8	253.9	255.7	222.1	235.6	239.4	244.9	244.8	247.1	239.0	224.9
湖北	403.4	445.1	453.9	454.2	474.5	492.4	503.1	503.1	518.9	504.1	496.5	516.5	480.5	492.6	502.4	512.0	477.9	580.7
湖南	483.2	520.7	517.4	510.8	508.2	504.2	501.2	501.2	496.9	498.9	495.1	488.7	485.7	477.8	489.9	482.0	459.3	486.0
广东	560.0	500.7	496.7	493.3	486.0	483.2	456.0	456.0	427.5	417.3	414.2	410.8	398.2	391.1	373.9	360.6	322.6	321.6
广西	594.8	673.4	670.5	654.4	647.1	627.3	637.2	637.2	649.8	655.6	649.4	626.8	603.3	586.0	586.7	573.3	522.1	534.0
海南	566.0	533.6	558.4	555.5	552.0	517.6	511.9	511.9	514.0	484.5	500.7	504.9	492.3	494.8	484.9	493.9	438.5	442.9
重庆	216.1	255.1	261.2	275.3	292.7	299.4	300.8	300.8	282.9	283.7	270.0	263.0	255.6	252.8	250.0	245.7	219.2	224.6
四川	241.1	259.3	262.7	262.6	255.3	273.8	283.8	283.8	305.0	299.7	291.6	324.9	324.7	324.1	311.4	302.0	283.3	291.8
贵州	241.6	261.4	267.1	260.7	269.7	264.5	289.2	289.2	290.0	263.4	271.9	277.1	283.1	290.1	297.5	299.3	233.8	270.0
云南	332.8	330.9	324.1	333.5	338.2	335.0	321.6	321.6	326.9	320.4	317.9	317.5	315.8	327.2	323.3	319.8	330.6	340.6
西藏	1021.5	1201.8	1255.4	1299.1	1314.5	1069.4	1177.7	1177.7	975.9	978.2	967.3	960.2	949.6	940.8	931.0	920.9	885.8	885.2
陕西	203.9	212.4	225.6	217.9	227.6	223.9	223.5	223.5	234.9	237.3	238.3	241.0	238.8	243.2	243.4	239.3	229.4	232.1
甘肃	464.9	475.5	470.5	469.1	465.9	458.4	476.3	476.3	478.7	472.9	466.2	459.3	454.5	443.5	426.8	416.4	438.7	441.2
青海	559.7	565.9	590.3	565.6	621.3	517.8	549.2	549.2	480.3	490.0	453.8	457.4	447.1	433.1	434.6	432.7	410.8	412.8
宁夏	1259.3	1314.2	1293.8	1169.7	1208.1	1162.3	1150.4	1150.4	1078.0	1108.6	1068.6	1059.1	966.5	974.3	966.4	1010.8	976.4	941.9
新疆	2532.1	2539.7	2529.2	2498.1	2499.9	2475.1	2463.7	2463.7	2657.4	2615.4	2550.7	2478.2	2376.6	2280.8	2225.5	2346.1	2215.6	2216.3

附表 12　**2004—2021 年各省人均土地面积**　（亩）

年份/地区	2004	2005	2006	2007	2008	2009	2010	2011	2012	2013	2014	2015	2016	2017	2018	2019	2020	2021
全国	9.78	9.72	9.67	9.62	9.57	9.53	9.48	9.44	9.36	9.30	9.24	9.19	9.13	—	—	—	—	—
北京	1.62	1.57	1.51	1.44	1.37	1.30	1.23	1.20	1.16	1.14	1.11	1.11	1.10	1.10	1.10	1.10	1.11	1.11
天津	1.74	1.71	1.65	1.59	1.51	1.45	1.37	1.31	1.29	1.26	1.24	1.24	1.23	1.26	1.28	1.28	1.28	1.29
河北	4.00	3.98	3.95	3.93	3.90	3.88	3.79	3.77	3.76	3.74	3.73	3.72	3.70	3.68	3.68	3.67	3.66	3.67
山西	6.88	6.84	6.80	6.77	6.73	6.70	6.42	6.39	6.47	6.50	6.51	6.53	6.54	6.54	6.56	6.57	6.58	6.60
内蒙古	67.03	66.74	66.41	66.03	65.61	65.24	64.87	64.62	65.09	65.33	65.49	65.73	65.84	65.92	66.22	66.41	66.75	66.82
辽宁	5.26	5.25	5.19	5.16	5.14	5.11	5.07	5.06	5.07	5.08	5.09	5.11	5.13	5.14	5.17	5.19	5.21	5.25
吉林	10.57	10.54	10.52	10.49	10.47	10.45	10.42	10.41	10.61	10.73	10.83	10.95	11.15	11.33	11.52	11.69	11.93	12.05
黑龙江	17.74	17.72	17.71	17.71	17.70	17.70	17.66	17.66	18.18	18.47	18.77	19.19	19.55	19.92	20.35	20.80	21.35	21.67
上海	0.68	0.66	0.63	0.60	0.58	0.56	0.54	0.53	0.52	0.51	0.51	0.51	0.51	0.51	0.50	0.50	0.50	0.50
江苏	2.12	2.10	2.08	2.06	2.05	2.04	2.02	2.02	1.96	1.94	1.92	1.91	1.90	1.89	1.89	1.88	1.88	1.87
浙江	3.19	3.15	3.10	3.05	3.02	2.98	2.89	2.88	2.77	2.72	2.67	2.63	2.59	2.55	2.51	2.47	2.44	2.41
安徽	3.36	3.42	3.42	3.42	3.41	3.41	3.51	3.50	3.50	3.49	3.49	3.48	3.47	3.45	3.44	3.43	3.43	3.42
福建	5.22	5.18	5.14	5.10	5.06	5.03	4.99	4.95	4.80	4.74	4.67	4.63	4.59	4.53	4.49	4.46	4.43	4.40
江西	5.83	5.79	5.75	5.71	5.67	5.63	5.59	5.56	5.58	5.58	5.57	5.57	5.55	5.53	5.53	5.53	5.52	5.53
山东	2.55	2.53	2.51	2.50	2.49	2.47	2.44	2.43	2.41	2.40	2.39	2.37	2.35	2.33	2.32	2.32	2.30	2.30

续表

地区\年份	2004	2005	2006	2007	2008	2009	2010	2011	2012	2013	2014	2015	2016	2017	2018	2019	2020	2021
河南	2. 52	2. 61	2. 61	2. 62	2. 60	2. 59	2. 61	2. 61	2. 57	2. 56	2. 54	2. 53	2. 51	2. 50	2. 49	2. 48	2. 47	2. 48
湖北	4. 87	4. 86	4. 87	4. 87	4. 86	4. 85	4. 84	4. 82	4. 80	4. 78	4. 77	4. 74	4. 71	4. 70	4. 69	4. 68	4. 83	4. 76
湖南	4. 70	4. 98	4. 97	4. 96	4. 94	4. 92	4. 80	4. 78	4. 78	4. 78	4. 77	4. 76	4. 76	4. 75	4. 75	4. 75	4. 74	4. 76
广东	2. 92	2. 90	2. 82	2. 76	2. 70	2. 63	2. 56	2. 54	2. 42	2. 37	2. 32	2. 29	2. 24	2. 20	2. 16	2. 14	2. 12	2. 11
广西	6. 83	7. 17	7. 08	7. 00	6. 93	6. 88	7. 24	7. 19	7. 12	7. 06	7. 00	6. 94	6. 88	6. 81	6. 75	6. 71	6. 66	6. 63
海南	6. 39	6. 31	6. 25	6. 18	6. 12	6. 05	6. 02	5. 95	5. 74	5. 68	5. 58	5. 53	5. 46	5. 37	5. 32	5. 25	5. 16	5. 12
重庆	4. 40	4. 40	4. 38	4. 37	4. 33	4. 30	4. 26	4. 21	4. 13	4. 08	4. 04	4. 01	3. 95	3. 91	3. 89	3. 86	3. 83	3. 83
四川	8. 64	8. 51	8. 56	8. 60	8. 59	8. 54	8. 69	8. 68	8. 64	8. 62	8. 59	8. 53	8. 47	8. 43	8. 40	8. 37	8. 35	8. 35
贵州	6. 57	6. 88	6. 96	7. 07	7. 14	7. 26	7. 38	7. 40	7. 16	7. 07	6. 98	6. 93	6. 83	6. 75	6. 72	6. 68	6. 66	6. 67
云南	12. 69	12. 59	12. 50	12. 41	12. 33	12. 25	12. 17	12. 10	12. 10	12. 07	12. 04	12. 01	11. 98	11. 94	11. 91	11. 88	11. 86	11. 94
西藏	594. 64	581. 26	571. 53	564. 11	557. 36	550. 74	542. 71	537. 20	517. 24	513. 98	501. 33	493. 73	479. 21	466. 85	460. 25	451. 33	445. 16	445. 16
陕西	8. 36	8. 34	8. 32	8. 30	8. 28	8. 26	8. 24	8. 22	8. 13	8. 09	8. 04	8. 00	7. 95	7. 88	7. 83	7. 80	7. 78	7. 78
甘肃	18. 15	18. 13	18. 12	18. 12	18. 10	18. 07	18. 04	18. 02	18. 12	18. 22	18. 26	18. 32	18. 35	18. 34	18. 39	18. 44	18. 50	18. 58
青海	162. 15	160. 90	159. 57	158. 45	157. 67	156. 83	155. 11	153. 83	153. 06	153. 07	151. 74	151. 47	150. 17	149. 15	148. 90	148. 14	147. 39	147. 14
宁夏	12. 57	12. 40	12. 25	12. 12	11. 97	11. 83	11. 69	11. 57	11. 23	11. 11	10. 91	10. 82	10. 65	10. 50	10. 42	10. 32	10. 27	10. 21
新疆	86. 56	84. 53	82. 90	81. 12	79. 77	78. 75	77. 81	76. 97	75. 47	74. 42	73. 15	71. 31	70. 05	68. 59	67. 51	66. 48	65. 69	65. 73

附表 13　　**2004—2021 年各省人均能源利用量**　　（千克标准煤）

年份 / 地区	2004	2005	2006	2007	2008	2009	2010	2011	2012	2013	2014	2015	2016	2017	2018	2019	2020	2021
全国	1777. 0	2005. 0	2185. 0	2363. 0	2420. 0	2525. 0	2696. 0	2880. 0	2977. 0	3071. 0	3121. 0	3135. 0	3161. 0	—	—	—	—	—
北京	3442. 7	3590. 4	3687. 8	3750. 0	3572. 6	3532. 3	3544. 5	3465. 3	3454. 3	3164. 2	3146. 5	3132. 1	3171. 8	3230. 8	3316. 5	3360. 9	3089. 1	3245. 1
天津	3610. 4	3947. 1	4186. 0	4433. 2	4561. 2	4782. 8	5247. 5	5609. 1	5316. 4	5590. 1	5699. 8	5740. 1	5713. 8	5554. 4	5765. 2	5950. 0	5843. 3	5976. 5
河北	2547. 8	2895. 3	3159. 5	3397. 0	3480. 0	3613. 7	3642. 3	3882. 1	3960. 7	4070. 5	4003. 9	4225. 4	4265. 5	4330. 1	4333. 9	4370. 5	4392. 2	4402. 0
山西	3373. 6	3669. 5	4177. 7	4598. 6	4595. 9	4544. 6	4702. 7	5097. 0	5312. 9	5590. 1	5630. 1	5508. 4	5521. 1	5714. 3	5767. 9	5964. 8	6011. 6	6219. 5
内蒙古	3186. 0	3650. 5	4179. 2	4682. 8	5077. 2	5451. 6	5895. 0	6503. 6	6864. 0	7146. 3	7418. 3	7698. 2	7926. 8	8123. 1	9524. 6	10495. 1	11292. 4	11315. 9
辽宁	2953. 3	3052. 2	3331. 3	3666. 3	3922. 5	4186. 2	4538. 6	4903. 5	5100. 3	4696. 3	4723. 7	4924. 5	4817. 9	4954. 9	5201. 9	5552. 8	5840. 1	5895. 2
吉林	1764. 0	1936. 1	2156. 3	2368. 6	2596. 8	2757. 2	2975. 6	3232. 3	3346. 3	3240. 4	3239. 9	2686. 6	2682. 4	2724. 2	2818. 2	2913. 5	2995. 3	3068. 5
黑龙江	1956. 0	2101. 1	2283. 8	2452. 1	2608. 9	2735. 7	2930. 6	3160. 9	3425. 9	3233. 2	3313. 5	3436. 1	3546. 1	3308. 2	3437. 3	3568. 0	3634. 5	3633. 3
上海	4036. 0	4268. 7	4519. 1	4686. 0	4768. 2	4690. 3	4864. 4	4800. 9	4736. 1	4634. 8	4493. 3	4632. 6	4747. 5	4615. 5	4627. 8	4714. 4	4461. 3	4693. 9
江苏	1814. 7	2226. 5	2487. 2	2712. 4	2864. 0	3035. 6	3275. 2	3492. 8	3553. 0	3565. 1	3606. 2	3636. 2	3705. 3	3751. 9	3745. 6	3840. 6	3854. 3	3890. 9
浙江	2197. 9	2410. 8	2606. 4	2817. 5	2898. 3	2950. 8	3096. 5	3263. 2	3179. 6	3222. 7	3196. 3	3276. 5	3339. 3	3408. 4	3455. 2	3512. 6	3812. 6	4070. 9
安徽	966. 1	1065. 0	1157. 0	1265. 0	1357. 0	1451. 0	1629. 6	1771. 1	1831. 2	1953. 2	2002. 8	2051. 6	2104. 3	2149. 4	2188. 1	2276. 7	2407. 5	2509. 8
福建	1544. 0	1731. 0	1904. 6	2100. 5	2268. 2	2432. 1	1720. 8	1862. 4	2912. 0	2880. 3	3069. 7	3057. 2	3077. 2	3088. 5	3199. 6	3316. 0	3341. 8	3620. 1
江西	890. 3	994. 1	1073. 9	1156. 7	1223. 4	1311. 6	1424. 2	1543. 5	1597. 3	1694. 1	1798. 0	1881. 8	1945. 5	1988. 9	2057. 5	2140. 2	2170. 5	2290. 3
山东	2137. 7	2552. 9	2874. 6	3114. 9	3246. 2	3423. 3	3630. 4	3853. 0	4006. 9	3627. 9	3722. 6	3846. 0	3882. 8	3996. 6	4027. 0	4095. 6	4144. 9	4386. 5

续表

地区＼年份	2004	2005	2006	2007	2008	2009	2010	2011	2012	2013	2014	2015	2016	2017	2018	2019	2020	2021
河南	1345.5	1559.2	1728.3	1905.8	2012.5	2081.9	2279.3	2456.5	2487.7	2288.6	2373.3	2387.5	2364.2	2254.8	2297.1	2252.3	2288.7	2378.0
湖北	1600.6	1725.2	1940.8	2130.7	2249.2	2396.5	2642.8	2879.3	3057.4	2708.3	2806.1	2804.1	2863.2	2398.3	2378.7	2534.1	2344.4	2699.7
湖南	1134.5	1440.1	1668.4	1829.9	1936.5	2081.0	2264.8	2450.3	2540.8	2260.5	2316.9	2338.5	2385.5	2439.6	2494.0	2565.3	2607.3	2718.3
广东	1669.5	1932.7	2115.1	2300.0	2372.9	2433.7	2577.2	2711.1	2639.6	2527.1	2575.8	2581.3	2623.5	2606.5	2653.1	2671.1	2675.5	2834.7
广西	859.7	1068.9	1142.2	1257.8	1349.0	1457.0	1717.8	1849.5	1950.4	1923.5	1994.8	2028.9	2077.8	2130.8	2187.9	2262.2	2407.1	2618.4
海南	907.1	989.1	1100.6	1250.8	1328.8	1427.0	1564.7	1824.8	1890.1	1869.6	1944.4	2050.8	2096.1	2139.5	2210.0	2275.8	2243.7	2398.2
重庆	1035.0	1082.0	1189.4	1374.1	1422.9	1538.5	1728.9	1889.7	1961.3	2067.7	2170.1	2255.6	2282.9	2306.5	2356.2	2411.3	2375.2	2505.1
四川	1322.6	1376.2	1589.7	1749.0	1861.0	1994.1	2224.0	2446.7	2544.8	2369.2	2442.4	2426.5	2467.8	1863.8	1894.0	1961.7	1953.8	1991.3
贵州	1542.3	1723.6	1672.6	1872.3	1970.0	2139.1	2349.8	2614.0	2753.8	2560.3	2640.5	2682.8	2721.4	2466.3	2526.6	2618.0	2620.8	2786.2
云南	1180.1	1353.6	1476.9	1580.2	1653.3	1757.2	1885.0	2060.0	2253.1	2170.2	2246.9	2221.1	2278.4	2378.8	2464.4	2579.1	2749.2	2862.8
陕西	1297.4	1469.9	1656.9	1827.1	1994.9	2158.3	2378.0	2607.8	2805.9	2789.2	2932.3	3046.3	3128.5	3214.3	3281.7	3417.4	3416.5	3671.0
甘肃	1537.7	1716.2	1862.3	2005.0	2095.7	2145.7	2313.7	2533.4	2747.8	2872.3	2971.6	2981.8	2910.3	3039.5	3185.7	3337.7	3499.7	3674.1
青海	2530.6	3074.4	3474.5	3798.0	4111.5	4213.2	4557.5	5612.8	6171.6	6598.9	6930.6	7164.6	7063.6	7155.5	7434.8	7178.4	6998.9	7903.1
宁夏	3949.0	4210.0	4687.5	5042.2	5227.5	5419.1	5815.5	6749.6	6922.6	7178.7	7295.0	7902.0	8046.0	9164.3	10000.0	10666.7	11002.8	11100.6
新疆	2501.3	2739.3	2949.8	3138.6	3317.5	3486.5	3794.1	4494.5	5251.7	5965.9	6419.8	6562.3	6714.2	7010.6	7021.4	7225.4	7328.9	7617.3

附表 14　　**2004—2021 年各省城镇化率**　　（%）

地区	2004	2005	2006	2007	2008	2009	2010	2011	2012	2013	2014	2015	2016	2017	2018	2019	2020	2021
全国	41.76	42.99	44.34	44.94	46.99	48.34	49.95	51.83	53.10	54.49	55.75	57.33	58.84	60.24	61.50	62.71	63.89	64.72
北京	79.53	83.62	84.33	84.50	84.90	85.00	85.96	86.20	86.29	86.39	86.50	86.71	86.76	86.93	87.09	87.35	87.55	87.50
天津	74.21	75.11	75.73	76.31	77.23	78.01	79.55	80.43	81.55	82.29	82.55	82.88	83.27	83.57	83.95	84.31	84.70	84.88
河北	35.83	37.69	38.77	40.25	41.90	43.74	44.50	45.59	46.60	48.02	49.36	51.67	53.87	55.74	57.33	58.77	60.07	61.14
山西	39.63	42.11	43.01	44.03	45.11	45.99	48.05	49.79	51.32	52.88	54.30	55.87	57.27	58.59	59.85	61.29	62.53	63.42
内蒙古	45.87	47.20	48.64	50.15	51.71	53.40	55.50	57.04	58.42	59.82	60.97	62.09	63.40	64.60	65.51	66.46	67.48	68.21
辽宁	56.01	58.70	58.99	59.20	60.05	60.35	62.10	64.05	65.65	66.45	67.05	68.05	68.87	69.49	70.26	71.21	72.14	72.81
吉林	45.17	52.52	52.97	53.16	53.21	53.32	53.35	53.40	54.54	55.74	56.81	57.64	58.75	59.71	60.85	61.63	62.64	63.36
黑龙江	52.80	53.10	53.50	53.90	55.40	55.50	55.66	56.49	56.88	58.04	59.22	60.47	61.09	61.90	63.46	64.62	65.61	65.69
上海	81.20	89.09	88.70	88.70	88.60	88.60	89.30	89.30	89.30	89.60	89.30	88.53	89.00	89.10	89.13	89.22	89.30	89.30
江苏	48.18	50.50	51.90	53.20	54.30	55.60	60.58	62.01	63.01	64.39	65.70	67.49	68.93	70.18	71.19	72.47	73.44	73.94
浙江	54.00	56.02	56.50	57.20	57.60	57.90	61.62	62.29	62.91	63.94	64.96	66.32	67.72	68.91	70.02	71.58	72.17	72.66
安徽	33.50	35.50	37.10	38.70	40.50	42.10	43.01	44.80	46.30	47.87	49.31	50.97	52.62	54.29	55.65	57.02	58.33	59.39
福建	46.30	49.40	50.40	48.70	53.00	55.10	57.10	58.11	59.32	60.80	61.99	63.22	64.39	65.78	66.98	67.87	68.75	69.70
江西	35.58	37.00	38.68	39.80	41.36	43.18	44.06	45.75	47.39	49.04	50.55	52.30	53.99	55.70	57.34	59.07	60.44	61.46
山东	44.15	45.00	46.10	46.75	47.60	48.32	49.70	50.86	52.03	53.46	54.77	56.97	59.13	60.79	61.46	61.86	63.05	63.94

续表

地区＼年份	2004	2005	2006	2007	2008	2009	2010	2011	2012	2013	2014	2015	2016	2017	2018	2019	2020	2021
河南	28.91	30.65	32.47	34.34	36.03	37.70	38.50	40.47	41.99	43.60	45.05	47.02	48.78	50.56	52.24	54.01	55.43	56.45
湖北	43.68	43.20	43.80	44.30	45.20	46.00	49.70	51.78	53.23	54.51	55.73	57.18	58.57	59.88	61.00	61.83	62.89	64.09
湖南	35.50	37.00	38.71	40.45	42.15	43.20	43.30	44.97	46.22	47.63	48.98	50.79	52.70	54.62	56.09	57.45	58.76	59.71
广东	59.60	60.68	63.00	63.14	63.37	63.40	66.18	66.57	67.15	68.09	68.62	69.51	70.15	70.74	71.81	72.65	74.15	74.63
广西	31.94	33.62	34.64	36.24	38.16	39.20	40.00	41.90	43.48	45.11	46.54	47.99	49.24	50.59	51.82	52.98	54.20	55.08
海南	44.51	45.20	46.10	47.20	48.00	49.13	49.80	50.34	51.02	52.28	53.30	54.91	56.70	58.04	59.13	59.37	60.27	60.97
重庆	43.84	45.20	46.70	48.34	49.99	51.59	53.02	54.98	56.64	58.29	59.74	61.47	63.33	65.00	66.61	68.24	69.46	70.32
四川	35.25	33.00	34.30	35.60	37.40	38.70	40.18	41.85	43.35	44.96	46.51	48.27	50.00	51.78	53.50	55.36	56.73	57.82
贵州	26.28	26.87	27.46	28.24	29.11	29.89	33.81	35.03	36.30	37.89	40.24	42.96	45.56	47.76	49.54	51.48	53.15	54.33
云南	28.10	29.50	30.50	31.60	33.00	34.00	34.70	36.57	38.47	39.99	41.21	42.93	44.64	46.29	47.44	48.67	50.05	51.05
西藏	20.02	20.85	21.13	28.30	21.90	22.30	22.67	22.81	22.87	23.93	26.23	28.87	31.57	33.38	33.80	34.51	35.73	36.61
陕西	36.41	37.23	39.12	40.62	42.10	43.50	45.76	47.35	49.71	51.57	53.01	54.74	56.39	58.07	59.65	61.28	62.66	63.63
甘肃	28.61	30.02	31.09	31.59	33.56	34.89	36.12	37.25	38.78	40.50	42.28	44.24	46.07	48.12	49.69	50.70	52.23	53.33
青海	38.59	39.25	39.26	40.07	40.86	41.90	44.72	46.53	47.85	49.29	50.84	51.67	53.55	55.45	57.27	58.78	60.08	61.02
宁夏	40.60	42.28	43.00	44.02	44.98	46.10	47.90	50.20	51.15	52.84	54.82	56.98	58.74	60.95	62.15	63.63	64.96	66.04
新疆	35.16	37.15	37.94	39.15	39.64	39.85	43.01	43.73	44.22	44.94	46.79	48.78	50.42	51.90	54.01	55.51	56.53	57.26

附表 15 2004—2021 年各省人口密度 （人/平方千米）

年份 地区	2004	2005	2006	2007	2008	2009	2010	2011	2012	2013	2014	2015	2016	2017	2018	2019	2020	2021
全国	153.4	154.3	155.1	155.9	156.7	157.4	158.2	158.9	160.3	161.3	162.3	163.1	164.2	—	—	—	—	—
北京	925.4	953.3	992.3	1038.9	1097.8	1153.0	1216.4	1251.5	1288.3	1317.5	1346.1	1356.6	1360.9	1360.4	1359.2	1358.0	1357.4	1357.4
天津	863.6	879.3	906.8	940.6	992.1	1036.1	1096.0	1142.8	1162.7	1189.7	1205.8	1214.3	1217.9	1190.1	1167.4	1169.1	1170.9	1159.1
河北	374.6	376.9	379.5	381.9	384.4	386.8	395.6	397.6	399.2	400.6	402.6	403.8	405.4	407.2	408.1	409.2	410.1	409.2
山西	217.9	219.2	220.5	221.6	222.8	223.9	233.5	234.7	231.8	230.9	230.4	229.8	229.5	229.2	228.7	228.4	227.9	227.3
内蒙古	22.4	22.5	22.6	22.7	22.9	23.0	23.1	23.2	23.0	23.0	22.9	22.8	22.8	22.8	22.7	22.6	22.5	22.4
辽宁	285.3	285.6	288.9	290.7	291.9	293.6	295.9	296.4	295.8	295.1	294.7	293.3	292.6	291.5	290.1	289.2	287.7	285.9
吉林	141.9	142.3	142.6	143.0	143.2	143.5	144.0	144.1	141.4	139.8	138.5	136.9	134.5	132.4	130.2	128.3	125.7	124.5
黑龙江	84.6	84.6	84.7	84.7	84.7	84.8	84.9	84.9	82.5	81.2	79.9	78.2	76.7	75.3	73.7	72.1	70.3	69.2
上海	2207.8	2273.9	2362.4	2481.7	2573.9	2657.2	2768.1	2821.9	2883.6	2943.3	2965.6	2951.5	2962.5	2960.9	2971.2	2977.9	2985.8	2986.6
江苏	708.9	715.0	721.4	727.7	731.4	735.9	741.4	744.2	765.0	771.8	780.2	783.4	789.6	793.6	795.7	797.9	798.6	801.3
浙江	469.7	475.9	483.6	491.5	496.9	502.9	519.1	520.6	541.7	551.2	561.2	570.2	578.4	587.7	597.5	607.2	616.0	622.8
安徽	446.8	439.0	438.3	438.9	440.1	439.8	427.3	428.1	428.8	429.5	430.2	431.2	432.7	434.5	435.8	437.0	437.9	438.5
福建	287.2	289.5	291.8	294.0	296.2	298.4	300.6	302.8	312.6	316.2	321.1	324.2	326.8	330.8	333.9	336.6	338.6	340.7
江西	257.4	259.1	260.7	262.5	264.4	266.3	268.2	269.7	268.9	269.0	269.2	269.5	270.2	271.1	271.2	271.4	271.5	271.4
山东	588.2	592.6	596.5	600.2	603.4	606.7	614.3	617.4	621.9	624.3	628.3	632.0	638.8	642.6	645.4	647.2	651.0	651.3

续表

地区＼年份	2004	2005	2006	2007	2008	2009	2010	2011	2012	2013	2014	2015	2016	2017	2018	2019	2020	2021
河南	594.4	573.7	574.4	572.4	576.6	580.2	575.1	574.0	582.8	585.3	589.6	593.1	597.7	600.8	602.9	605.1	607.5	604.0
湖北	308.1	308.8	307.9	308.2	308.9	309.3	309.8	311.4	312.7	313.6	314.6	316.4	318.3	319.3	320.0	320.6	310.7	315.4
湖南	318.9	301.2	301.9	302.5	303.7	304.9	312.7	313.9	313.6	314.1	314.6	314.8	315.3	315.6	315.7	315.9	316.2	315.1
广东	512.9	517.5	531.4	543.5	556.5	569.7	586.9	590.3	620.3	633.1	645.3	655.8	668.6	681.5	693.0	700.7	708.1	711.3
广西	219.6	209.3	212.0	214.2	216.3	218.1	207.1	208.6	210.8	212.5	214.2	216.0	218.1	220.3	222.1	223.7	225.4	226.2
海南	234.8	237.6	239.9	242.6	245.2	248.1	249.4	251.9	261.3	264.2	268.8	271.4	274.8	279.2	282.1	285.8	290.7	293.0
重庆	340.7	341.3	342.5	343.5	346.3	348.7	351.8	356.0	362.9	367.3	371.2	374.5	379.4	383.5	385.8	388.9	391.4	391.8
四川	173.6	176.3	175.3	174.4	174.7	175.7	172.7	172.8	173.5	174.1	174.7	175.9	177.1	177.9	178.6	179.3	179.7	179.7
贵州	228.1	218.0	215.6	212.2	210.1	206.6	203.2	202.7	209.5	212.2	214.8	216.6	219.5	222.1	223.2	224.7	225.3	224.9
云南	118.2	119.2	120.0	120.9	121.6	122.4	123.2	124.0	124.0	124.3	124.6	124.9	125.2	125.7	125.9	126.2	126.5	125.6
西藏	2.5	2.6	2.6	2.7	2.7	2.7	2.8	2.8	2.9	2.9	3.0	3.0	3.1	3.2	3.3	3.3	3.4	3.4
陕西	179.4	179.8	180.2	180.7	181.2	181.6	182.0	182.4	184.5	185.4	186.5	187.4	188.8	190.2	191.6	192.2	192.7	192.7
甘肃	82.6	82.7	82.8	82.8	82.9	83.0	83.1	83.3	82.8	82.3	82.1	81.9	81.8	81.8	81.6	81.4	81.1	80.7
青海	9.3	9.3	9.4	9.5	9.5	9.6	9.7	9.8	9.8	9.8	9.9	9.9	10.0	10.1	10.1	10.1	10.2	10.2
宁夏	119.3	121.0	122.5	123.8	125.3	126.8	128.4	129.7	133.6	135.0	137.4	138.7	140.9	142.9	143.9	145.3	146.1	146.9
新疆	17.3	17.7	18.1	18.5	18.8	19.0	19.3	19.5	19.9	20.2	20.5	21.0	21.4	21.9	22.2	22.6	22.8	22.8

附表 16　　2004—2021 年各省城市建设用地

（平方千米）

地区	2004	2005	2006	2007	2008	2009	2010	2011	2012	2013	2014	2015	2016	2017	2018	2019	2020	2021
全国	30406	31086	31766	36352	39140	38727	39758	41861	45751	47109	49983	51584	52761	55155	56076	60312	60721	62421
北京	1182	330	340	372	641	662	687	711	722	736	787	870	962	1465	1472	1469	1727	2029
天津	500	877	1254	1289	39140	1350	687	1426	1445	1505	1586	1455	1464	995	951	1151	1170	1237
河北	1248	676	735	786	752	833	847	878	944	973	1034	1079	1129	2014	1860	2182	2236	2279
山西	675	1256	1315	1359	1433	1499	1572	1625	1609	1652	1719	1816	1945	1140	1148	1223	1267	1269
内蒙古	699	796	779	790	862	905	1123	1180	1199	1188	1266	1165	1147	1203	1186	1270	1262	1271
辽宁	1737	1661	1847	1890	2041	2082	2171	2249	2261	2408	2445	2405	2718	2748	2765	2720	2726	2698
吉林	885	851	915	971	1065	1144	1172	1204	1210	1264	1282	1330	1379	1407	1465	1555	1566	1586
黑龙江	1418	1471	1495	1541	1623	1683	1738	1722	1748	1764	1774	1789	1822	1813	1831	1771	1827	1837
上海	781	1330	1880	2429	2429	2548	2667	2785	2904	2916	2916	2916	1913	1911	1899	1238	1238	1242
江苏	2253	2414	2484	2704	2992	3168	3425	3553	3702	3874	4068	4208	4367	4432	4417	4648	4787	4858
浙江	1509	1730	1735	1894	2025	2111	2246	2263	2247	2413	2532	2470	2573	2682	2824	3022	3157	3366
安徽	1123	1251	1148	1222	1376	1452	1540	1565	1682	1763	1830	1920	1960	2002	2072	2242	2410	2460
福建	628	663	718	794	822	881	1019	1077	1126	1175	1208	1347	1366	1473	1478	1621	1648	1778
江西	632	671	759	825	848	888	966	986	1034	1086	1123	1231	1279	1403	1477	1608	1704	1733
山东	2396	2638	2848	3023	3192	3347	3526	3681	3854	3828	4279	4408	4540	4660	4885	5413	5646	5670

续表

年份 地区	2004	2005	2006	2007	2008	2009	2010	2011	2012	2013	2014	2015	2016	2017	2018	2019	2020	2021
河南	1422	1429	1518	1650	1760	1828	1947	2019	2083	2144	2233	2363	2425	2531	2645	2944	3040	3235
湖北	1432	1404	1351	1369	1618	1629	1969	2043	2127	2062	2423	2046	2112	2499	2610	2661	2757	2788
湖南	1003	1116	1192	1194	1225	1439	1459	1475	1430	1445	1480	1483	1511	1636	1740	1856	1959	2066
广东	3306	3080	2932	3530	3943	4689	4775	4172	4083	4001	4416	4959	5267	5577	5210	6398	6501	6583
广西	710	764	745	783	1006	846	909	932	1030	1099	1141	1230	1293	1372	1445	1543	1618	1679
海南	164	309	312	351	354	204	261	268	253	288	258	399	302	257	308	383	391	410
重庆	514	574	620	656	694	770	856	945	859	921	1029	1116	1180	1213	1272	1515	1566	1645
四川	1394	1331	1210	1293	1382	1473	1610	1746	1856	2004	2138	2227	2468	2660	2779	3054	3190	3367
贵州	332	446	465	471	474	497	477	524	556	601	636	702	777	945	984	1086	1118	1187
云南	428	450	536	695	726	755	833	887	847	791	911	975	1027	1088	1144	1218	1266	1252
西藏	72	74	78	79	79	79	83	40	111	111	125	143	187	125	153	164	168	170
陕西	541	581	653	662	740	668	705	706	776	885	946	1038	1096	1230	1285	1358	1372	1527
甘肃	495	525	505	515	535	567	594	615	643	658	757	771	806	861	888	876	901	928
青海	103	105	108	109	109	112	113	122	122	149	156	173	176	179	185	215	235	249
宁夏	236	237	265	206	299	332	284	313	333	357	376	384	384	403	436	489	494	495
新疆	585	606	704	698	783	834	852	933	954	1051	1110	1167	1187	1231	1263	1422	1499	1556

附表 17　　**2004—2021 年各省城市绿化覆盖面积**　　（公顷）

年份 / 地区	2004	2005	2006	2007	2008	2009	2010	2011	2012
北京	49298	44384	53163	44840	46993	61695	62672	63540	65540
天津	14238	15741	15657	16228	16798	17369	19221	21728	22319
河北	41681	44848	47293	50829	56896	60923	68958	71103	73517
山西	15359	19317	20287	21775	25266	27973	31061	32513	35653
内蒙古	18990	19647	21187	24068	26021	29585	38143	41059	46727
辽宁	71797	74583	63535	76888	78841	84145	92751	95968	118297
吉林	25475	26864	27316	28980	32142	34755	37895	38740	38781
黑龙江	49073	51415	36775	220137	58810	64234	69581	72166	73820
上海	26543	28704	30609	31789	34256	116929	120148	122283	124204
江苏	172563	189070	152885	180784	195460	214989	227584	237486	247001
浙江	47976	56872	57759	63303	69621	74362	79459	105200	122723
安徽	38079	41896	63016	59147	59163	67269	71463	75977	79592
福建	24492	27153	26345	28841	38487	41330	47904	50802	54544
江西	23384	25167	24488	31127	32448	37596	42288	45063	46874
山东	92732	105305	109297	125615	135328	146993	156243	165577	176342
河南	35856	42965	47120	53158	59969	62947	66790	69596	77038

续表1

年份 地区	2004	2005	2006	2007	2008	2009	2010	2011	2012
湖北	55282	56184	41559	44035	52170	54884	57883	62062	68803
湖南	36107	40723	35314	39742	41815	42940	46028	49593	51822
广东	273742	333015	218463	274680	377041	401604	420370	410600	401669
广西	28568	29689	51276	53319	55469	57812	60225	64461	66964
海南	5827	6685	6661	48289	48754	48947	49029	49784	50668
重庆	14325	15939	17827	24185	28473	32451	37695	43854	47156
四川	66400	68080	54488	55918	58003	66817	72259	77406	83179
贵州	26918	28020	26845	27193	27484	27771	28675	30521	32948
云南	11717	16726	13169	16511	18391	22372	28126	31940	35313
西藏	14	63	1608	1983	1993	2174	2090	2943	3432
陕西	13895	15003	18873	21524	22230	23426	26063	28164	30990
甘肃	10449	11548	9198	12598	14054	14702	15275	16337	18548
青海	2140	2430	2744	3022	3130	3290	3387	3894	4033
宁夏	6607	7727	8386	12067	14546	14525	17387	18399	19833
新疆	22339	22466	18048	32648	34239	36359	37686	44097	49512

续表 2

年份 地区	2013	2014	2015	2016	2017	2018	2019	2020	2021
北京	68438	68438	81305	82113	83501	85286	88704	92683	93127
天津	23196	25307	28406	33398	44309	46498	42921	43704	46072
河北	76045	79393	81346	85426	88273	91424	93701	98786	101483
山西	36347	40448	42033	42986	63987	48235	51446	56625	56597
内蒙古	49333	57372	63090	65552	67171	67203	69069	68541	70793
辽宁	120514	121982	124193	116601	122999	122259	128137	147906	147670
吉林	38390	45263	47251	46595	48070	69260	90003	92571	94452
黑龙江	75064	76346	76501	77048	69711	70669	68732	71526	73045
上海	124295	125741	127332	128847	136327	139427	157785	164611	171215
江苏	256263	265543	274071	281855	285981	293765	298531	305816	314448
浙江	127927	132619	138039	154314	159214	167370	172280	179350	183218
安徽	83910	89512	93786	98555	102402	107515	114267	119533	127602
福建	57613	60396	64466	67248	69755	72103	73903	75283	80850
江西	49239	50809	54147	56768	63747	69708	71933	77149	79564
山东	193647	205208	213517	225794	235690	243368	252338	262968	272462
河南	80753	85661	89952	95410	101171	107112	115269	122110	128190

续表 3

年份 地区	2013	2014	2015	2016	2017	2018	2019	2020	2021
湖北	71622	75546	80309	82242	86713	93148	96910	105752	113284
湖南	53483	57273	59359	61453	67669	72435	74359	80964	97624
广东	411978	421884	438376	452666	455838	485418	502353	525545	532886
广西	69870	72414	82382	84484	88789	92058	72409	74719	76105
海南	14423	14672	14883	15265	15343	17371	17661	17652	18443
重庆	48123	52515	55934	59758	61575	64778	67694	70680	73383
四川	88894	82116	87096	100557	107505	113537	124158	130514	139518
贵州	34026	35721	36739	40808	47360	51561	54433	56825	99356
云南	34906	37309	39416	43101	45173	46426	48586	51338	53238
西藏	3649	4195	5332	6224	5238	6020	6049	6290	6372
陕西	33853	36354	56108	58679	69219	71285	59616	65894	76176
甘肃	21166	22342	23560	26339	26851	27222	29186	30253	31168
青海	4772	5340	5732	6151	6426	6677	7309	8443	8721
宁夏	21919	23195	24132	25088	26418	25115	26216	26934	27111
新疆	53562	57050	60775	64755	68921	72853	76931	81280	85614

附表 18

2004—2021 年各省居民消费价格指数

年份 地区	2004	2005	2006	2007	2008	2009	2010	2011	2012	2013	2014	2015	2016	2017	2018	2019	2020	2021
全国	103.88	101.81	101.47	104.77	105.86	99.31	103.32	105.39	102.65	102.62	101.99	101.44	102.0	101.56	102.10	102.90	102.5	100.9
北京	100.95	101.45	100.89	102.41	105.06	98.46	102.40	105.64	103.26	103.30	101.62	101.85	101.4	101.91	102.49	102.29	101.7	101.1
天津	102.25	101.55	101.51	104.22	105.40	99.03	103.55	104.85	102.73	103.08	101.85	101.66	102.1	102.11	101.95	102.68	102.0	101.3
河北	104.25	101.80	101.69	104.68	106.20	99.32	103.07	105.70	102.60	102.96	101.72	100.87	101.5	101.73	102.45	102.95	102.1	101.0
山西	104.14	102.30	102.03	104.63	107.19	99.58	103.02	105.21	102.50	103.06	101.66	100.60	101.1	101.11	101.79	102.72	102.9	101.0
内蒙古	102.94	102.44	101.48	104.61	105.74	99.73	103.20	105.58	103.10	103.23	101.56	101.13	101.2	101.71	101.82	102.39	101.9	100.9
辽宁	103.46	101.36	101.22	105.12	104.64	100.05	103.04	105.17	102.84	102.43	101.69	101.38	101.6	101.36	102.49	102.36	102.4	101.1
吉林	104.09	101.50	101.36	104.80	105.11	100.07	103.70	105.25	102.49	102.90	101.99	101.65	101.6	101.57	102.11	102.99	102.3	100.6
黑龙江	103.84	101.18	101.93	105.39	105.56	100.19	103.90	105.83	103.18	102.24	101.48	101.12	101.5	101.35	101.97	102.80	102.3	100.6
上海	102.15	100.96	101.21	103.15	105.78	99.59	103.11	105.18	102.83	102.30	102.65	102.42	103.2	101.68	101.59	102.45	101.7	101.2
江苏	104.06	102.11	101.62	104.31	105.36	99.57	103.81	105.33	102.57	102.35	102.21	101.66	102.3	101.74	102.31	103.13	102.5	101.6
浙江	103.86	101.32	101.06	104.17	105.03	98.47	103.84	105.38	102.18	102.30	102.06	101.41	101.9	102.12	102.27	102.88	102.3	101.5
安徽	104.50	101.35	101.22	105.27	106.17	99.09	103.14	105.56	102.26	102.41	101.62	101.29	101.8	101.23	101.98	102.74	102.7	100.9
福建	104.05	102.22	100.80	105.23	104.55	98.19	103.22	105.26	102.43	102.47	102.02	101.73	101.7	101.18	101.53	102.64	102.2	100.7
江西	103.52	101.72	101.17	104.84	106.05	99.34	103.04	105.25	102.75	102.53	102.35	101.51	102.0	101.99	102.11	102.85	102.6	100.9
山东	103.64	101.68	101.01	104.44	105.29	100.00	102.93	105.02	102.10	102.23	101.91	101.23	102.1	101.52	102.45	103.21	102.8	101.2

续表

年份 地区	2004	2005	2006	2007	2008	2009	2010	2011	2012	2013	2014	2015	2016	2017	2018	2019	2020	2021
河南	105. 40	102. 08	101. 29	105. 42	107. 03	99. 42	103. 53	105. 63	102. 54	102. 88	101. 89	101. 30	101. 9	101. 37	102. 25	103. 01	102. 8	100. 9
湖北	104. 92	102. 90	101. 58	104. 84	106. 27	99. 59	102. 91	105. 76	102. 90	102. 82	101. 96	101. 52	102. 2	101. 55	101. 95	103. 09	102. 7	100. 3
湖南	105. 07	102. 32	101. 44	105. 57	106. 02	99. 64	103. 11	105. 53	102. 01	102. 54	101. 88	101. 38	101. 9	101. 43	101. 96	102. 92	102. 3	100. 5
广东	102. 97	102. 25	101. 79	103. 68	105. 60	97. 65	103. 12	105. 32	102. 81	102. 46	102. 31	101. 55	102. 3	101. 51	102. 16	103. 38	102. 6	100. 8
广西	104. 39	102. 44	101. 34	106. 09	107. 78	97. 86	102. 98	105. 90	103. 23	102. 21	102. 10	101. 51	101. 6	101. 61	102. 32	103. 72	102. 8	100. 9
海南	104. 41	101. 46	101. 53	105. 04	106. 93	99. 32	104. 84	106. 07	103. 21	102. 77	102. 35	101. 03	102. 8	102. 85	102. 46	103. 42	102. 3	100. 3
重庆	103. 67	100. 76	102. 37	104. 73	105. 57	98. 36	103. 25	105. 30	102. 58	102. 65	101. 75	101. 25	101. 8	101. 01	102. 05	102. 69	102. 3	100. 3
四川	104. 89	101. 66	102. 31	105. 93	105. 07	100. 80	103. 18	105. 34	102. 53	102. 81	101. 57	101. 46	101. 9	101. 41	101. 74	103. 20	103. 2	100. 3
贵州	103. 98	101. 01	101. 71	106. 41	107. 59	98. 72	102. 92	105. 15	102. 71	102. 54	102. 43	101. 81	101. 4	100. 91	101. 75	102. 39	102. 6	100. 1
云南	106. 02	101. 43	101. 87	105. 86	105. 70	100. 40	103. 73	104. 85	102. 73	103. 12	102. 37	101. 89	101. 5	100. 95	101. 58	102. 53	103. 6	100. 2
西藏	102. 68	101. 47	102. 03	103. 37	105. 72	101. 41	102. 20	104. 99	103. 51	103. 55	102. 90	102. 00	102. 5	101. 64	101. 71	102. 34	102. 2	100. 9
陕西	103. 05	101. 17	101. 48	105. 15	106. 36	100. 52	103. 97	105. 70	102. 79	103. 05	101. 64	100. 96	101. 3	101. 64	102. 10	102. 88	102. 5	101. 5
甘肃	102. 33	101. 75	101. 28	105. 53	108. 21	101. 25	104. 10	105. 87	102. 69	103. 16	102. 13	101. 56	101. 3	101. 39	102. 04	102. 31	102. 0	100. 9
青海	103. 15	100. 76	101. 59	106. 64	110. 09	102. 65	105. 35	106. 14	103. 06	103. 95	102. 76	102. 62	101. 8	101. 50	102. 54	102. 45	102. 6	101. 3
宁夏	103. 69	101. 50	101. 94	105. 41	108. 48	100. 75	104. 07	106. 34	102. 03	103. 41	101. 87	101. 15	101. 5	101. 59	102. 33	102. 06	101. 5	101. 4
新疆	102. 71	100. 73	101. 31	105. 49	108. 06	100. 74	104. 33	105. 95	103. 83	103. 95	102. 11	100. 57	101. 4	102. 19	102. 03	101. 94	101. 5	101. 2

附表 19

2004—2021 年各省私人汽车拥有量

（万辆）

年份 地区	2004	2005	2006	2007	2008	2009	2010	2011	2012	2013	2014	2015	2016	2017	2018	2019	2020	2021
全国	1481.7	1848.1	2333.3	2876.2	3501.4	574.9	5938.7	7326.8	8838.6	10501.7	12339.4	14099.1	16330.2	—	—	—	—	—
北京	125.2	149.3	176.2	207.9	244.3	296.6	371.5	387.3	405.6	425.0	435.8	439.3	452.0	466.6	478.5	497.0	507.9	521.1
天津	37.0	45.0	54.8	66.6	79.9	100.0	125.7	155.5	185.5	224.4	235.2	234.7	234.4	242.5	250.1	259.4	279.7	309.6
河北	112.7	198.9	221.2	260.6	300.0	379.0	470.6	577.1	694.3	781.8	895.4	978.7	1143.8	1279.4	1411.5	1518.9	1621.3	1769.4
山西	41.1	58.8	73.6	93.1	118.4	148.9	186.6	230.2	269.7	318.1	366.2	414.7	472.9	533.7	588.4	640.8	686.2	732.7
内蒙古	39.9	44.3	56.8	70.2	87.8	114.4	147.5	188.1	223.7	263.9	300.5	334.9	380.0	439.4	488.3	530.4	630.1	673.7
辽宁	48.0	57.9	75.0	91.5	111.6	152.2	198.8	250.6	304.8	355.9	417.0	478.9	553.4	621.0	687.4	750.6	821.6	889.2
吉林	29.1	35.9	42.5	55.2	65.1	88.5	114.5	141.4	170.2	206.1	242.2	275.2	315.0	349.8	380.9	408.1	436.7	473.9
黑龙江	36.0	43.9	51.7	63.2	77.9	108.2	139.7	172.0	201.4	231.1	265.0	299.1	344.3	386.0	425.8	463.6	502.2	552.0
上海	31.8	41.0	50.9	61.3	72.0	85.0	103.7	119.8	141.2	163.2	183.3	208.7	242.7	274.4	302.1	321.3	347.6	362.9
江苏	78.2	41.0	50.9	61.3	72.0	85.0	103.7	119.8	141.2	163.2	183.3	1070.1	1245.8	1401.9	1531.4	1639.9	1748.0	1858.8
浙江	102.8	135.1	172.4	216.4	258.6	332.1	431.5	534.7	643.3	763.9	870.0	977.0	1104.2	1227.1	1346.5	1459.2	1560.0	1698.4
安徽	27.8	35.4	44.4	57.2	73.5	100.7	136.9	178.5	223.4	274.6	335.4	411.4	511.5	612.4	707.6	794.3	849.0	915.0
福建	34.1	42.1	57.0	74.6	91.7	118.1	151.9	189.6	230.9	277.5	329.5	378.0	435.3	491.7	544.2	590.5	632.7	675.8
江西	12.6	17.6	23.4	30.9	40.0	60.6	87.4	117.2	149.6	190.7	234.2	286.2	349.1	412.8	478.5	537.8	621.2	717.7
山东	117.1	136.1	199.2	254.1	315.7	433.9	577.1	708.5	877.6	1039.6	1191.6	1351.8	1550.7	1736.4	1910.3	2092.4	2267.9	2442.6

续表

地区＼年份	2004	2005	2006	2007	2008	2009	2010	2011	2012	2013	2014	2015	2016	2017	2018	2019	2020	2021
河南	64.1	83.9	105.6	132.7	162.6	220.2	294.8	383.6	467.8	580.6	775.8	836.7	992.4	1155.8	1318.3	1472.0	1609.7	1737.0
湖北	35.2	43.5	52.4	66.4	83.3	113.3	148.7	185.4	227.5	282.9	349.6	428.3	519.7	605.7	690.8	772.4	842.8	909.5
湖南	41.6	48.2	58.8	74.2	93.6	128.2	169.2	212.9	261.6	318.5	384.7	457.8	544.2	630.4	722.3	808.0	9566.0	1035.0
广东	200.1	251.6	303.3	371.6	435.1	516.1	628.1	745.4	863.5	995.9	1149.8	1292.7	1485.2	1679.0	1861.1	2037.2	2232.0	2410.4
广西	23.4	29.6	36.0	46.3	58.5	80.3	108.3	140.4	177.4	223.0	266.9	314.1	375.8	450.6	531.7	613.4	653.6	726.1
海南	6.1	7.7	9.8	12.7	16.2	20.7	28.1	35.5	42.7	51.4	61.7	70.7	82.9	97.9	109.7	117.9	129.7	147.1
重庆	14.4	23.2	27.9	33.1	40.3	54.7	74.2	89.9	117.1	148.4	190.6	231.6	278.6	320.1	362.6	403.3	504.4	545.4
四川	75.9	89.3	127.9	127.5	157.4	216.9	281.0	342.3	408.9	485.5	576.1	676.1	786.0	884.9	975.4	1058.7	1169.3	1291.5
贵州	16.8	30.3	32.0	40.2	49.6	66.4	87.8	106.3	132.2	166.3	207.5	254.4	310.6	374.3	436.2	487.5	533.5	575.5
云南	54.5	66.8	77.8	93.7	111.0	144.0	185.6	228.1	273.8	318.5	373.8	429.9	498.1	568.1	620.7	681.6	687.7	803.4
西藏	3.4	4.1	5.4	7.5	8.5	9.4	11.0	13.1	15.2	19.5	23.0	26.7	31.2	35.9	42.3	47.8	55.2	63.6
陕西	31.7	33.8	46.3	58.3	74.3	105.1	144.1	185.4	230.8	280.8	331.7	386.0	440.3	495.0	554.9	609.2	614.0	664.8
甘肃	9.1	13.0	14.9	18.8	24.4	36.6	52.7	69.7	90.2	114.5	142.0	171.1	207.4	240.9	265.6	290.9	325.7	364.8
青海	4.9	5.3	6.4	7.9	10.8	14.3	20.0	27.5	35.8	44.7	54.1	63.1	73.0	82.4	91.1	99.6	106.9	114.3
宁夏	5.9	8.0	9.5	11.9	15.3	21.9	30.9	41.4	53.5	65.3	77.6	88.9	103.6	118.8	131.7	143.2	159.5	177.7
新疆	21.3	25.0	29.1	35.8	44.2	58.1	79.3	107.4	142.5	171.2	205.6	232.3	266.4	300.3	329.2	362.4	391.4	431.0

附表 20　2004—2021 年各省单位 GDP 能耗

（吨标准煤）

地区＼年份	2004	2005	2006	2007	2008	2009	2010	2011	2012	2013	2014	2015	2016	2017	2018	2019	2020	2021
全国	1.60	1.28	1.24	1.18	1.12	1.08	0.81	0.79	0.82	0.79	0.75	0.71	0.67	—	—	—	—	—
北京	0.80	0.79	0.76	0.71	0.66	0.61	0.58	0.46	0.33	0.38	0.36	0.34	0.32	0.31	0.30	0.28	0.26	0.24
天津	1.13	1.05	1.07	1.02	0.95	0.84	0.83	0.71	0.59	0.57	0.54	0.50	0.46	0.43	0.42	0.42	0.40	0.39
河北	1.64	1.98	1.90	1.84	1.73	1.64	1.58	1.30	1.08	1.05	1.02	0.99	0.94	0.90	0.84	0.80	0.77	0.74
山西	3.09	2.89	2.89	2.76	2.55	2.36	2.24	1.76	1.58	1.57	1.56	1.24	1.18	1.14	1.11	1.08	1.05	1.01
内蒙古	2.51	2.48	2.41	2.30	2.16	2.01	1.92	1.41	1.60	1.27	1.03	1.01	0.97	0.96	1.06	1.11	1.19	1.25
辽宁	1.79	1.73	1.78	1.70	1.62	1.44	1.38	1.10	0.80	0.80	0.76	0.71	0.71	0.70	0.69	0.70	0.73	0.73
吉林	1.61	1.47	1.59	1.52	1.44	1.21	1.15	0.92	0.86	0.67	0.62	0.56	0.52	0.49	0.48	0.47	0.47	0.46
黑龙江	1.50	1.46	1.41	1.35	1.29	1.21	1.16	1.04	1.00	0.82	0.80	0.80	0.77	0.74	0.72	0.70	0.69	0.67
上海	0.84	0.89	0.87	0.83	0.80	0.73	0.71	0.62	0.50	0.54	0.48	0.46	0.44	0.42	0.39	0.38	0.35	0.33
江苏	0.81	0.92	0.89	0.85	0.80	0.76	0.73	0.60	0.47	0.49	0.46	0.43	0.41	0.39	0.36	0.35	0.34	0.33
浙江	0.82	0.90	0.86	0.83	0.78	0.74	0.72	0.59	0.36	0.50	0.47	0.46	0.44	0.42	0.41	0.39	0.42	0.41
安徽	1.25	1.22	1.17	1.13	1.08	1.02	0.97	0.75	0.72	0.61	0.58	0.56	0.53	0.50	0.48	0.46	0.47	0.46
福建	0.76	0.94	0.91	0.88	0.84	0.81	0.78	0.64	0.52	0.51	0.50	0.47	0.44	0.42	0.41	0.40	0.39	0.38
江西	1.03	1.06	1.02	0.98	0.93	0.88	0.85	0.65	0.52	0.53	0.51	0.50	0.48	0.45	0.43	0.42	0.41	0.39
山东	0.98	1.32	1.23	1.18	1.10	1.07	1.03	0.86	0.72	0.63	0.61	0.58	0.55	0.52	0.49	0.47	0.46	0.44

续表

地区＼年份	2004	2005	2006	2007	2008	2009	2010	2011	2012	2013	2014	2015	2016	2017	2018	2019	2020	2021
河南	1.32	1.40	1.34	1.29	1.22	1.16	1.12	0.90	0.83	0.80	0.66	0.63	0.58	0.53	0.51	0.47	0.47	0.45
湖北	1.46	1.51	1.46	1.40	1.31	1.23	1.18	0.91	0.87	0.64	0.60	0.56	0.53	0.50	0.48	0.46	0.46	0.44
湖南	1.15	1.47	1.35	1.31	1.23	1.20	1.17	0.89	0.83	0.61	0.57	0.53	0.50	0.48	0.45	0.43	0.43	0.41
广东	0.76	0.79	0.77	0.75	0.72	0.68	0.66	0.56	0.53	0.51	0.44	0.35	0.34	0.33	0.32	0.30	0.30	0.29
广西	1.20	1.22	1.19	1.15	1.11	1.06	1.04	0.80	0.67	0.63	0.61	0.58	0.56	0.54	0.52	0.52	0.52	0.51
海南	1.18	0.92	0.91	0.90	0.88	0.85	0.81	0.69	0.65	0.62	0.52	0.52	0.50	0.49	0.49	0.48	0.47	0.46
重庆	1.50	1.43	1.37	1.33	1.27	1.18	1.13	0.95	0.68	0.68	0.66	0.51	0.48	0.45	0.44	0.43	0.42	0.40
四川	1.40	1.60	1.50	1.43	1.38	1.34	1.28	1.00	1.13	1.08	0.70	0.55	0.53	0.50	0.48	0.47	0.46	0.44
贵州	3.44	2.81	3.19	3.06	2.88	2.35	2.25	1.71	1.41	1.16	1.05	0.95	0.88	0.82	0.77	0.73	0.72	0.68
云南	0.99	1.74	1.71	1.64	1.56	1.50	1.44	1.16	0.94	0.86	0.82	0.75	0.71	0.68	0.65	0.63	0.65	0.63
西藏	—	1.45	—	—	—	—	1.28	—	—	—	—	—	—	—	—	—	—	—
陕西	1.54	1.42	1.43	1.36	1.28	1.17	1.13	0.85	0.79	0.73	0.71	0.55	0.52	0.50	0.48	0.47	0.46	0.45
甘肃	2.14	2.26	2.20	2.11	2.01	1.86	1.80	1.40	1.16	1.16	1.10	1.11	1.00	1.00	0.98	0.92	0.92	0.90
青海	2.81	3.07	3.12	3.06	2.94	2.69	2.55	2.08	1.35	1.79	1.73	1.71	1.57	1.50	1.46	1.33	1.28	1.22
宁夏	4.21	4.14	4.10	3.95	3.69	3.45	3.31	2.28	2.39	1.86	1.80	1.95	1.87	2.01	2.07	2.09	2.09	2.15
新疆	1.84	1.90	2.09	2.03	1.96	1.93	1.79	1.63	1.58	1.63	1.61	1.68	1.62	1.61	1.55	1.52	1.51	1.48

附表 21　2004—2021 年各省单位 GDP 水耗　（立方米/万元）

地区＼年份	2004	2005	2006	2007	2008	2009	2010	2011	2012	2013	2014	2015	2016	2017	2018	2019	2020	2021
全国	342.8	300.7	264.1	215.3	185.0	170.9	145.8	124.8	113.7	103.9	94.6	88.6	81.2	73.6	65.4	61.0	57.4	51.8
北京	57.0	50.1	42.2	35.3	31.6	29.2	24.9	21.7	20.1	18.4	17.6	16.6	15.1	14.1	13.0	11.8	11.2	10.1
天津	70.9	62.4	51.4	44.5	33.2	31.1	24.4	19.9	17.9	16.4	15.3	15.5	15.2	14.8	15.1	20.1	19.7	20.6
河北	231.1	199.9	177.9	148.8	121.8	112.4	95.0	79.0	73.5	67.3	65.5	62.8	56.9	53.4	50.7	51.9	50.5	45.0
山西	156.5	133.3	121.5	97.5	77.8	76.5	69.3	56.8	60.6	58.2	55.9	57.7	57.9	48.2	44.2	44.6	41.2	32.1
内蒙古	563.9	448.6	361.4	280.3	206.9	186.1	155.8	126.7	116.1	108.3	102.4	104.2	105.0	116.8	111.1	110.9	112.0	93.4
辽宁	195.2	166.4	151.8	128.0	104.5	93.9	77.8	64.6	57.2	52.2	49.5	49.1	60.9	56.0	51.5	52.3	51.5	46.8
吉林	317.7	271.8	240.7	190.7	162.0	152.6	138.5	113.6	108.7	100.8	96.3	95.0	89.7	84.8	79.3	98.4	95.6	83.3
黑龙江	546.1	492.6	460.8	410.1	357.2	368.3	313.4	258.3	262.1	250.6	242.1	235.6	229.2	222.0	210.2	228.0	229.3	218.1
上海	146.3	132.5	112.2	96.2	85.1	83.2	73.6	65.8	57.5	56.5	44.9	41.3	37.2	34.2	31.6	26.4	25.2	24.5
江苏	350.3	283.9	251.3	214.6	180.2	159.4	133.3	112.4	102.2	96.5	90.8	81.9	74.6	68.9	63.9	62.1	55.7	48.8
浙江	178.4	156.2	132.5	112.5	100.9	86.0	73.2	62.8	57.2	52.5	48.0	43.4	38.3	34.7	30.9	26.6	25.4	22.6
安徽	440.6	387.0	395.7	315.2	300.9	290.0	237.2	191.6	170.0	153.9	130.5	131.2	119.1	107.4	95.2	74.8	69.4	63.2
福建	320.8	284.5	246.9	212.2	183.0	164.6	137.4	115.3	101.6	93.7	85.5	77.5	65.6	59.7	52.2	41.9	41.7	37.4
江西	588.8	512.8	426.7	404.9	336.0	315.1	253.7	204.9	187.3	183.8	165.0	147.0	132.7	124.0	114.1	102.3	95.0	84.2
山东	143.0	114.0	103.1	85.2	71.1	64.9	56.8	49.0	44.3	39.5	36.1	33.8	31.5	28.8	27.8	31.7	30.4	25.3

续表

年份 地区	2004	2005	2006	2007	2008	2009	2010	2011	2012	2013	2014	2015	2016	2017	2018	2019	2020	2021
河南	234.6	186.8	183.6	139.4	126.3	120.0	97.3	83.4	80.6	74.7	59.9	60.2	56.2	52.5	48.8	43.8	43.1	37.9
湖北	430.8	388.6	339.7	277.2	239.0	217.1	180.4	146.7	134.5	117.7	105.3	102.0	86.3	81.8	75.4	66.2	64.2	67.2
湖南	573.6	504.4	426.2	343.5	280.1	246.8	202.8	165.3	148.4	135.0	122.9	114.3	104.7	96.4	92.5	83.8	73.0	70.0
广东	246.4	205.2	172.8	145.5	125.4	117.4	101.9	88.1	79.0	70.9	65.3	60.9	53.8	48.3	43.3	38.3	36.6	32.7
广西	847.0	767.6	662.5	533.0	441.7	391.0	315.1	257.3	232.5	213.3	196.3	178.1	158.6	153.8	141.4	133.4	117.8	108.5
海南	579.5	492.4	444.6	372.3	312.0	268.8	214.8	175.8	158.7	135.8	128.6	123.7	111.0	102.2	93.3	87.4	79.5	69.5
重庆	250.5	231.8	187.3	165.6	142.9	130.6	109.0	86.3	72.7	65.6	56.4	50.3	43.7	39.8	37.9	32.4	28.0	25.8
四川	329.7	287.5	247.6	202.6	164.8	157.9	134.0	109.5	103.0	91.9	83.0	88.3	81.2	72.6	63.7	54.1	48.7	45.4
贵州	562.1	491.2	427.4	339.9	286.1	256.5	220.4	177.9	147.1	113.8	102.9	92.8	85.2	76.4	72.1	64.5	50.5	53.1
云南	476.7	422.8	363.0	314.4	269.0	247.4	204.1	165.8	147.3	126.5	116.6	110.2	101.6	95.6	87.1	66.7	63.6	59.0
西藏	1270.3	1321.2	1204.6	1074.9	950.5	699.0	693.6	581.0	425.2	371.6	330.9	300.1	270.1	239.5	214.5	188.5	169.2	155.8
陕西	237.8	214.3	177.2	141.6	116.8	103.2	82.4	66.7	60.9	55.0	50.8	50.6	46.8	42.5	38.3	35.9	34.6	30.8
甘肃	721.1	635.8	537.3	453.3	385.8	356.1	295.6	242.7	217.8	192.7	176.4	175.5	164.4	155.6	136.2	126.2	121.9	107.5
青海	647.1	564.1	496.6	390.2	337.3	266.0	227.9	184.2	144.7	132.9	114.4	110.9	102.6	98.3	91.1	88.3	80.8	73.2
宁夏	1378.4	1288.4	1069.4	772.5	616.2	533.8	428.3	344.3	296.2	279.8	255.5	241.8	204.8	192.0	178.7	186.5	179.1	150.6
新疆	2250.1	1952.5	1686.0	1469.5	1262.7	1241.3	984.1	809.5	786.3	696.4	627.4	619.0	585.9	507.5	449.9	432.2	413.4	359.1

附表22　　2004—2021年各省单位土地面积GDP　　（万元/公顷）

地区＼年份	2004	2005	2006	2007	2008	2009	2010	2011	2012	2013	2014	2015	2016	2017	2018	2019	2020	2021
全国	1.91	2.21	2.59	3.19	3.77	4.12	4.87	5.77	6.37	7.02	7.60	8.13	8.78	—	—	—	—	—
北京	37.56	42.68	50.32	61.04	68.90	75.33	87.50	100.76	110.85	122.76	132.25	142.69	159.15	173.70	188.00	219.33	223.87	249.71
天津	26.24	31.19	37.64	44.31	56.68	63.46	77.81	95.39	108.79	121.86	132.71	139.56	150.95	156.56	158.77	119.06	118.89	132.50
河北	4.66	5.55	6.31	7.48	8.81	9.48	11.22	13.48	14.61	15.64	16.17	16.38	17.63	18.70	19.79	19.29	19.89	22.19
山西	2.33	2.73	3.19	3.94	4.78	4.81	6.01	7.34	7.91	8.27	8.34	8.34	8.52	10.14	10.98	11.12	11.53	14.75
内蒙古	0.28	0.36	0.46	0.60	0.79	0.91	1.09	1.34	1.49	1.58	1.66	1.67	1.70	1.51	1.62	1.61	1.62	1.92
辽宁	4.51	5.42	6.29	7.55	9.25	10.29	12.48	15.03	16.80	18.40	19.36	19.38	15.04	15.83	17.12	16.84	16.98	18.65
吉林	1.64	1.90	2.24	2.77	3.37	3.81	4.54	5.54	6.26	6.84	7.23	7.37	7.74	7.83	7.90	6.15	6.45	6.94
黑龙江	1.05	1.22	1.38	1.57	1.84	1.90	2.30	2.79	3.03	3.20	3.33	3.34	3.41	3.52	3.62	3.02	3.03	3.30
上海	97.13	110.12	127.16	150.25	169.18	180.89	206.35	230.75	242.59	262.32	283.31	301.67	338.39	367.80	392.32	457.97	464.44	518.54
江苏	14.14	17.25	20.49	24.52	29.19	32.47	39.03	46.27	50.93	56.29	61.32	66.06	72.91	80.90	87.24	93.86	96.77	109.63
浙江	11.11	12.81	14.99	17.88	20.46	21.91	26.42	30.80	33.03	35.98	38.28	40.86	45.01	49.31	53.53	59.38	61.53	70.00
安徽	3.41	3.86	4.38	5.28	6.35	7.22	8.87	10.98	12.35	13.79	14.95	15.78	17.51	19.38	21.52	26.62	27.74	30.81
福建	4.69	5.35	6.17	7.53	8.81	9.96	12.00	14.29	16.04	17.80	19.58	21.14	23.44	26.19	29.13	34.50	35.72	39.71
江西	2.08	2.44	2.90	3.49	4.19	4.60	5.68	7.03	7.78	8.66	9.44	10.05	11.12	12.02	13.21	14.88	15.44	17.80
山东	9.63	11.86	14.03	16.52	19.82	21.72	25.10	29.06	32.04	35.38	38.07	40.36	43.57	46.52	48.98	45.52	46.83	53.22

续表

年份 地区	2004	2005	2006	2007	2008	2009	2010	2011	2012	2013	2014	2015	2016	2017	2018	2019	2020	2021
河南	5.23	6.48	7.56	9.18	11.02	11.91	14.12	16.47	18.10	19.68	21.36	22.62	24.74	27.23	29.37	33.16	33.61	35.99
湖北	3.05	3.53	4.12	5.05	6.13	7.01	8.64	10.62	12.03	13.41	14.81	15.98	17.67	19.19	21.29	24.79	23.50	27.05
湖南	2.69	3.10	3.66	4.49	5.50	6.22	7.63	9.36	10.54	11.72	12.87	13.75	15.01	16.13	17.33	18.92	19.88	21.92
广东	10.62	12.59	14.96	17.88	20.70	22.20	25.87	29.90	32.06	35.09	38.08	40.89	45.40	50.35	54.59	60.41	62.13	69.75
广西	1.54	1.83	2.13	2.62	3.15	3.48	4.30	5.26	5.85	6.49	7.04	7.55	8.23	8.32	9.14	9.54	9.95	11.11
海南	2.29	2.57	3.00	3.60	4.31	4.75	5.93	7.24	8.20	9.13	10.05	10.63	11.64	12.82	13.88	15.25	15.89	18.60
重庆	3.28	3.75	4.77	5.70	7.07	7.96	9.67	12.21	13.92	15.59	17.40	19.17	21.64	23.69	24.84	28.79	30.50	34.03
四川	1.37	1.59	1.87	2.27	2.70	3.04	3.69	4.51	5.12	5.67	6.13	6.45	7.07	7.94	8.73	10.01	10.43	11.56
贵州	0.98	1.16	1.37	1.69	2.08	2.29	2.69	3.33	4.00	4.72	5.41	6.13	6.88	7.91	8.65	9.79	10.41	11.44
云南	0.83	0.93	1.07	1.28	1.52	1.65	1.93	2.38	2.76	3.17	3.43	3.65	3.96	4.39	4.79	6.22	6.57	7.27
西藏	0.02	0.02	0.03	0.03	0.04	0.04	0.05	0.06	0.06	0.08	0.08	0.09	0.11	0.12	0.14	0.16	0.18	0.19
陕西	1.55	1.79	2.31	2.81	3.56	3.98	4.93	6.10	7.04	7.90	8.62	8.78	9.45	10.67	11.91	12.57	12.76	14.52
甘肃	0.55	0.63	0.74	0.88	1.03	1.10	1.34	1.63	1.83	2.05	2.22	2.20	2.34	2.42	2.67	2.83	2.92	3.32
青海	0.08	0.09	0.11	0.14	0.17	0.19	0.23	0.29	0.32	0.36	0.40	0.41	0.44	0.45	0.49	0.51	0.52	0.57
宁夏	1.09	1.23	1.47	1.86	2.44	2.74	3.43	4.26	4.75	5.23	5.58	5.90	6.42	6.98	7.51	7.60	7.95	9.16
新疆	0.20	0.23	0.27	0.31	0.37	0.38	0.48	0.58	0.66	0.74	0.82	0.82	0.85	0.96	1.08	1.20	1.22	1.41

附表 23　　**2004—2021 年各省环境污染治理投资**　　（万元）

年份 地区	2004	2005	2006	2007	2008	2009	2010	2011	2012	2013	2014	2015	2016	2017	2018	2019	2020	2021
全国	1909.8	2388.0	2566.0	3387.3	4490.3	4525.3	6654.2	7114.0	8253.5	9516.5	9575.5	8806.4	9219.8	9539.0	8911.4	9151.9	10638.9	9491.8
北京	65.4	84.9	165.5	185.3	152.9	208.7	231.4	213.1	342.6	433.5	624.4	412.5	674.2	665.4	634.5	579.6	512.1	275.5
天津	42.7	71.4	40.8	59.8	68.1	103.7	109.7	174.9	157.5	191.3	278.9	126.4	53.5	71.2	40.8	104.3	162.3	47.1
河北	91.2	121.4	132.2	170.2	208.3	248.6	370.9	623.9	486.1	490.0	455.5	397.5	399.6	605.8	472.4	481.5	601.3	631.1
山西	45.0	48.5	63.2	97.0	140.9	157.8	206.9	248.5	328.2	337.2	293.2	257.6	525.7	278.2	231.4	378.4	192.1	138.9
内蒙古	44.3	68.0	104.8	90.5	135.0	155.2	238.9	395.9	445.1	506.8	562.3	536.4	456.0	419.6	231.6	281.7	901.5	289.6
辽宁	118.9	129.0	145.8	125.1	163.7	204.9	206.5	376.5	683.4	347.6	271.5	291.1	176.2	219.2	164.6	135.6	183.2	164.8
吉林	35.4	34.0	42.3	50.9	59.6	66.1	124.2	101.2	103.4	105.4	98.1	110.8	84.1	91.6	81.5	79.6	186.3	101.3
黑龙江	61.3	46.7	54.2	58.7	98.8	107.8	131.3	152.7	218.1	298.5	182.1	156.9	173.6	131.4	108.3	102.0	248.5	167.2
上海	70.3	88.1	94.3	123.0	153.5	160.1	134.0	144.8	134.1	187.6	250	220.3	205.3	160.4	103.7	176.4	194.5	143.6
江苏	205.0	294.3	282.7	318.2	395.9	369.9	466.4	575.8	657.1	881.0	880.6	952.5	765.6	715.4	702.1	679.2	687.1	581.6
浙江	158.3	160.3	140.3	177.4	519.7	198.0	333.7	238.7	375.4	390.4	474.2	439.7	650.6	452.9	438.4	410.2	598.7	499.2
安徽	41.3	49.3	52.0	82.4	139.0	139.2	179.9	267.5	330.2	506.0	428.7	439.7	498.2	505.0	392.6	498.5	511.7	456.8
福建	52.6	80.9	59.8	78.0	83.1	87.2	129.7	198.4	222.5	282.9	193.4	229.7	189.6	224.4	300.5	325.8	553.1	374.4
江西	29.6	37.1	37.5	45.5	39.2	70.4	156.5	241.2	316.1	239.6	231.2	235.5	313.3	315.5	359.4	435.6	307.1	405.0
山东	191.9	238.8	258.1	320.8	432.2	459.5	483.9	614.1	739.1	848.0	823.8	693.2	780.8	948.8	915.7	701.2	732.1	767.6

续表

年份/地区	2004	2005	2006	2007	2008	2009	2010	2011	2012	2013	2014	2015	2016	2017	2018	2019	2020	2021
河南	61.1	82.4	95.1	114.4	109.9	121.3	132.2	163.3	209.5	288.1	295.1	295.8	359.8	641.3	572.4	569.4	551.4	645.2
湖北	44.8	62.0	67.7	64.3	90.1	150.6	146.8	259.8	285.5	252.7	316.5	246.8	464.7	434.5	381.4	400.2	442.1	367.3
湖南	29.0	37.7	54.0	64.6	91.4	146.4	106.6	127.3	190.3	233.9	213.7	537.6	200.4	219.3	175.2	169.4	198.5	287.3
广东	112.2	171.5	160.4	153.6	164.6	240.1	1416.2	332.6	260.2	351.9	303.1	292.6	367.5	366.2	300.1	503.6	856.7	744.1
广西	32.0	41.4	41.2	65.5	93.0	132.3	164.1	161.5	190.5	217.8	200.4	261.2	204.2	184.1	172.2	214.3	398.5	193.1
海南	7.2	6.3	8.3	14.9	12.7	19.7	23.6	28.0	44.7	26.6	21.1	22.2	30.3	54.1	33.9	234.1	97.5	30.6
重庆	48.2	50.2	60.1	63.7	67.3	109.7	176.3	259.2	186.9	173.3	168.4	139	144.2	222.1	172.5	200.0	218.4	244.9
四川	74.7	78.3	71.1	102.2	100.7	103.5	89.0	140.1	178.3	234.0	288.2	216	290.4	308.2	364.2	368.5	408.5	548.6
贵州	15.4	14.1	19.8	22.4	23.2	21.2	30.0	64.9	68.9	109.7	170.4	137.5	118.4	216.7	175.2	261.3	179.3	252.0
云南	22.6	28.4	29.0	29.9	44.1	79.6	106.2	119.2	132.4	197.1	152	140.8	145.8	142.6	175.4	167.6	189.4	310.8
西藏	0.5	0.5	1.7	0.6	0.2	2.7	0.3	28.2	4.0	28.3	14.4	8.4	14.1	27.2	—	—	—	18.8
陕西	35.7	36.5	41.0	63.8	75.5	119.1	179.2	153.3	180.6	221.7	285.4	240.4	317.4	314.5	189.4	252.4	237.5	324.9
甘肃	16.5	20.4	27.8	38.1	31.2	44.4	63.9	59.6	121.4	176.2	143.5	122.6	117.6	89.3	739.4	142.3	169.8	174.2
青海	6.3	5.3	6.1	10.6	18.1	12.3	17.0	26.2	24.1	36.7	30	34.9	56.3	41.1	17.2	26.7	23.1	40.0
宁夏	18.1	12.1	21.3	33.4	30.9	28.7	34.5	57.4	55.7	72.4	78.6	86.9	101.2	84.4	39.9	79.6	98.4	110.8
新疆	37.8	33.5	23.3	35.2	47.7	78.2	78.4	132.7	255.1	318.7	392.4	288.7	312.8	385.5	172.2	189.7	174.5	134.7

附表 24　**2004—2021 年各省工业污染治理投资**　（万元）

年份 地区	2004	2005	2006	2007	2008	2009	2010	2011	2012
全国	3081060	4581909	4839485	5523909	5426404	4426207	3969768	4443610	5004573
北京	47895	108880	101397	81207	78475	34421	19340	10946	32840
天津	72546	186316	149534	150527	168270	180054	164684	152848	125559
河北	130876	251519	190689	215485	205675	132272	108588	243399	236290
山西	176997	197885	367603	457241	529370	386711	279574	279450	323269
内蒙古	42855	25678	177235	167487	219189	178258	132400	310164	189715
辽宁	226576	369499	520470	237002	201645	196562	147708	116032	119447
吉林	42205	51531	39810	80308	93865	79255	63366	65624	57269
黑龙江	54297	45615	58189	102110	95079	99318	49494	100891	39287
上海	45208	87517	59269	164318	103901	68357	94107	63602	115915
江苏	219819	389481	280053	537032	397126	270554	185995	310062	390144
浙江	112509	199470	250363	213773	148007	193574	119568	178373	283023
安徽	61054	45443	54555	113853	115341	108282	58895	92793	127350
福建	224537	345431	196035	138007	155763	128692	153296	142599	237635
江西	59510	72310	68579	82688	50665	39540	63775	66235	39478
山东	402530	605063	596643	673420	844159	515832	456759	624466	670633

续表 1

年份 地区	2004	2005	2006	2007	2008	2009	2010	2011	2012
河南	141719	206815	247335	338132	246110	154242	125120	213728	148347
湖北	98257	148097	148873	188634	161453	281332	277416	92873	148964
湖南	78981	141239	173309	133641	143905	133806	137949	97039	179561
广东	260626	370384	313708	462758	403276	227464	310584	166420	280996
广西	35668	103730	86604	181940	149751	117118	92845	86230	85644
海南	1921	3789	21389	3889	3774	3563	4354	27534	48279
重庆	28626	39121	36742	100070	97396	70747	77502	49384	38226
四川	221560	200386	203008	201033	193808	96191	71627	166537	110608
贵州	40521	59258	100771	45646	102029	89475	68080	131970	124663
云南	46016	67508	94089	86423	102677	94880	106272	137331	197259
西藏	0	259	129	223	—	629	1128	1628	1775
陕西	54014	126946	73747	97045	106582	205999	336535	237248	271266
甘肃	59881	66610	136468	149087	118436	123302	146483	105338	210984
青海	2612	4670	7773	7913	11165	29439	9747	27858	21880
宁夏	53181	17710	39886	46272	90631	43472	40896	38735	69160
新疆	38062	44008	45229	66748	88878	143497	66813	106276	79106

续表 2

年份 地区	2013	2014	2015	2016	2017	2018	2019	2020	2021
全国	8496647	9976511	7736822	8190041	6815345	6212736	6151513	4542586	3352364
北京	42768	75695	99958	98770	156666	19384	7308	5122	6350
天津	148366	220923	240072	103597	78305	72449	125944	74511	10076
河北	511769	889518	541596	248465	342738	987539	373871	129336	95548
山西	555609	311477	278738	300742	515241	387185	426034	284910	76071
内蒙古	626746	775439	438935	406191	421211	341327	254401	154407	330854
辽宁	276908	382184	189950	193853	130471	69238	121547	98020	120759
吉林	93731	163707	121203	98402	90702	28298	67771	8063	39423
黑龙江	206988	177572	193396	173809	91220	73141	31850	40805	131055
上海	52077	177859	211726	519488	448240	80827	299377	90711	110942
江苏	593776	485096	621741	747786	447999	811733	599923	531335	98229
浙江	576645	675944	586017	601869	369011	353080	340650	505097	175538
安徽	413195	176220	179450	415486	258955	199045	270492	243546	165279
福建	383964	423817	446910	226267	147394	164162	127645	175766	120401
江西	155192	123466	147833	104485	106395	205246	201243	93009	87284
山东	843493	1416464	945934	1264063	1130995	675118	954348	519487	376918

续表 3

年份 地区	2013	2014	2015	2016	2017	2018	2019	2020	2021
河南	439720	554592	330143	651538	504559	338292	424762	144548	75012
湖北	251745	262884	157976	369051	174632	137434	133861	198108	138490
湖南	233655	173424	261425	127037	86090	70505	54788	33508	105596
广东	324634	378641	347103	264812	420272	273490	317016	235470	380607
广西	183218	178909	247152	130433	75847	58273	48620	35534	119600
海南	35094	56152	13161	16138	34253	3576	6258	476	11091
重庆	78880	50284	59885	37141	60702	49057	37461	40176	20657
四川	188392	232452	118259	116049	126934	163097	123260	244414	81009
贵州	195562	184765	107033	56904	53360	66125	89572	154911	97800
云南	238930	244003	215878	127174	59617	98665	119331	142339	71485
西藏	9889	10283	2950	1116	694	718	—	2094	10
陕西	417562	334478	279915	194913	172274	167776	294610	194957	64414
甘肃	182144	176244	40526	109742	74957	67193	48765	33844	53787
青海	30456	74508	49343	96249	15285	23118	38903	2897	11826
宁夏	165486	272967	104318	242101	85551	79088	62335	60458	65360
新疆	220054	316542	158263	146370	134775	148555	149567	64729	110892

附表 25　　2004—2021 年各省垃圾无害化处理率

（%）

地区＼年份	2004	2005	2006	2007	2008	2009	2010	2011	2012	2013	2014	2015	2016	2017	2018	2019	2020	2021
全国	52.1	51.7	52.2	62.0	66.8	71.4	77.9	79.7	84.8	89.3	91.8	94.1	96.6	97.7	99.0	99.2	99.7	99.9
北京	80.0	96.0	92.5	95.7	97.7	98.2	97.0	98.2	99.1	99.3	99.6	99.8	99.8	99.9	100.0	100.0	100.0	100.0
天津	61.0	80.5	85.0	93.3	93.5	94.3	100.0	100.0	99.8	96.8	96.7	92.7	94.2	94.4	94.5	100.0	100.0	100.0
河北	41.9	45.8	46.5	53.4	57.2	59.0	69.8	72.6	81.4	83.3	86.6	96.0	97.8	99.8	99.8	99.4	100.0	100.0
山西	14.7	13.1	23.1	38.2	47.5	62.9	73.6	77.5	80.3	87.9	92.1	97.2	94.6	94.9	99.8	100.0	100.0	100.0
内蒙古	41.3	42.7	48.3	54.0	55.0	72.0	82.8	83.5	91.2	93.6	96.1	97.7	98.9	99.4	99.8	99.8	99.9	99.9
辽宁	49.4	50.0	54.1	56.5	59.8	59.9	70.9	80.5	87.2	87.6	91.6	95.2	93.3	99.1	99.6	99.4	99.5	99.8
吉林	52.5	40.2	17.8	38.2	32.6	38.4	44.5	49.2	45.8	60.9	61.9	84.7	86.3	71.8	87.2	90.2	100.0	100.0
黑龙江	26.0	32.3	23.3	23.0	26.4	29.9	40.4	43.7	47.6	54.4	58.9	78.2	80.6	82.7	86.9	95.5	99.9	100.0
上海	20.2	35.7	57.9	79.2	74.4	78.8	81.9	61.0	83.6	90.6	100.0	100.0	100.0	100.0	100.0	100.0	100.0	100.0
江苏	91.0	82.9	83.8	86.9	90.8	91.0	93.6	93.8	95.9	97.4	98.1	100.0	99.9	100.0	100.0	100.0	100.0	100.0
浙江	85.9	82.4	86.3	87.4	89.6	97.6	98.3	96.4	99.0	99.4	100.0	99.2	100.0	100.0	100.0	100.0	100.0	100.0
安徽	25.5	17.6	31.4	49.1	54.0	60.9	64.6	87.0	91.1	98.8	99.5	99.6	99.9	99.9	100.0	100.0	100.0	100.0
福建	81.2	85.9	58.1	81.6	88.0	92.5	92.0	94.6	96.4	98.2	97.9	99.2	98.4	99.4	99.9	99.9	100.0	100.0
江西	48.7	48.9	50.7	70.5	79.7	84.4	85.9	88.3	89.1	93.3	93.1	94.5	95.0	97.6	100.0	100.0	100.0	100.0
山东	86.0	58.2	70.1	80.7	79.4	90.5	91.9	92.5	98.1	99.5	100.0	100.0	100.0	100.0	100.0	99.9	100.0	100.0

续表

地区＼年份	2004	2005	2006	2007	2008	2009	2010	2011	2012	2013	2014	2015	2016	2017	2018	2019	2020	2021
河南	55.3	57.9	46.3	54.9	67.3	75.3	82.6	84.4	86.4	90.0	92.8	96.0	98.8	99.7	99.7	99.7	99.9	100.0
湖北	57.5	61.0	34.8	41.9	53.0	55.7	61.4	61.0	71.5	85.4	90.2	91.5	95.8	99.9	100.0	100.0	100.0	100.0
湖南	32.5	39.7	46.3	52.8	59.5	66.6	79.0	86.4	95.0	96.0	99.7	99.8	99.9	99.8	100.0	100.0	100.0	100.0
广东	48.2	50.6	55.8	63.0	63.9	65.5	72.1	72.1	79.1	84.6	86.4	91.6	96.2	98.0	99.9	100.0	99.9	100.0
广西	60.9	61.4	57.5	68.4	82.3	86.3	91.1	95.5	98.0	96.4	95.4	98.7	99.0	99.9	100.0	100.0	100.0	100.0
海南	67.8	69.0	62.5	62.1	64.7	65.0	68.0	91.4	99.9	99.9	99.8	99.8	99.9	100.0	100.0	100.0	100.0	100.0
重庆	49.1	54.8	58.9	82.3	88.4	95.9	98.8	99.6	99.3	99.4	99.2	98.6	100.0	99.4	100.0	88.8	93.8	96.6
四川	44.8	51.2	57.0	69.9	80.6	83.5	86.9	88.4	88.3	95.0	95.4	96.8	98.6	98.5	99.3	99.8	100.0	100.0
贵州	39.8	57.8	68.0	71.2	76.8	81.7	90.6	88.6	91.9	92.2	93.3	93.8	94.7	95.2	96.1	96.6	97.8	99.0
云南	75.4	82.2	34.3	80.4	80.0	80.9	88.3	74.1	82.7	87.6	92.5	90.0	93.0	92.7	98.2	99.8	100.0	100.0
西藏	34.2	37.1	40.2	43.7	47.4	51.4	55.8	60.6	65.7	71.3	77.4	84.0	91.2	95.4	96.0	98.3	99.6	99.7
陕西	36.5	39.8	60.2	52.4	68.5	69.2	79.8	90.3	88.5	96.4	95.8	98.0	98.5	99.0	99.1	99.7	99.9	100.0
甘肃	38.7	17.2	18.3	26.3	32.3	32.4	38.0	41.7	41.7	42.3	62.6	64.2	72.8	98.4	99.8	100.0	100.0	100.0
青海	95.4	100.0	94.6	94.9	75.2	65.1	67.3	89.5	89.2	77.8	86.3	87.2	96.3	94.8	96.0	96.3	99.3	99.4
宁夏	29.3	50.4	55.4	52.4	56.5	42.0	92.5	67.0	70.6	92.5	93.3	89.9	98.3	99.1	99.3	99.9	100.0	100.0
新疆	35.9	35.9	27.0	28.2	52.0	60.6	70.6	79.5	78.7	78.1	81.9	80.9	83.3	88.6	91.4	96.3	99.1	100.0

附表 26　　2004—2021 年各省生态投入　　（亿元）

地区＼年份	2004	2005	2006	2007	2008	2009	2010	2011	2012	2013	2014	2015	2016	2017	2018	2019	2020	2021
全国	8127	10181	12473	15615	20734	27939	35631	36328	43751	54498	64488	74414	88694	103526	106978	111992	112783	110920
北京	245	311	482	515	490	677	732	781	991	1148	1413	1356	1840	1972	1866	1756	1606	1213
天津	239	277	282	301	598	842	1000	1041	1175	1476	1590	2002	2060	2033	1049	1350	1342	1314
河北	308	390	445	622	835	1578	1954	1895	1948	2360	2811	3139	3745	4975	4989	6003	6599	6658
山西	146	172	261	392	570	746	834	873	1226	1777	1882	2069	2650	1229	1330	1558	1316	1169
内蒙古	228	338	402	535	690	908	1068	1418	1645	1980	2886	2626	3389	3528	2054	1876	2129	1649
辽宁	354	480	583	773	980	1275	1799	2059	2627	2912	3136	2755	832	818	705	681	714	711
吉林	128	199	353	404	562	721	780	676	1043	1148	1198	1298	1528	1623	1570	1476	1855	1891
黑龙江	164	180	226	313	417	557	853	783	1198	1507	1330	1379	1363	1421	1317	1809	2301	2677
上海	311	424	431	518	802	892	673	616	579	712	871	866	906	1274	1077	1195	1438	1292
江苏	806	956	1123	1253	1507	2040	2519	2739	3112	4110	5315	5784	5730	6514	6728	6742	6870	7129
浙江	709	721	828	909	1449	1284	1514	1572	1924	2392	2983	3858	5375	5514	5778	6208	6309	6290
安徽	208	318	412	623	853	1116	1291	1239	1853	2345	2679	2865	3616	4309	4577	5209	5499	5866
福建	167	264	329	489	559	763	911	1095	1390	1773	2138	3122	4047	4962	5230	4944	4868	5017
江西	195	289	358	405	488	736	1095	1059	1253	1409	1844	2125	2599	3150	3801	4148	4117	4287
山东	659	712	820	938	1514	1969	2086	2380	2828	3646	3962	4370	5162	6006	6451	5893	6374	6045

续表

地区＼年份	2004	2005	2006	2007	2008	2009	2010	2011	2012	2013	2014	2015	2016	2017	2018	2019	2020	2021
河南	299	410	533	683	830	1205	1598	1605	1907	2243	2783	3474	4571	6211	7391	8667	8141	8244
湖北	216	310	382	540	695	1083	1403	1532	1709	2066	2435	3256	4534	5206	5782	6831	4936	5237
湖南	218	271	338	474	660	1067	1285	1417	1848	2500	3139	4395	5268	6257	5897	5940	6411	6592
广东	537	731	871	977	1138	1753	3695	2314	2168	2536	2791	3311	3758	4657	5487	7176	7907	6783
广西	167	256	267	376	480	777	1135	1194	1289	1589	1829	2322	2537	2939	3023	2820	2963	2530
海南	34	32	40	69	92	111	155	166	230	248	257	307	507	598	555	832	667	564
重庆	279	302	410	516	619	748	1040	1150	1194	1347	1634	2246	3155	3724	4193	3934	3982	4576
四川	505	634	808	900	1165	1646	1784	1689	2187	2813	3286	3804	4542	5395	6255	6563	6613	6489
贵州	106	104	130	171	209	318	449	777	1226	1742	2292	2642	3244	4045	4314	3787	3110	2689
云南	153	188	253	289	458	714	843	734	1071	1210	1456	1804	2349	3391	3632	3282	3733	4448
西藏	16	12	15	15	23	33	39	89	78	138	131	220	248	355	335	297	360	367
陕西	239	326	370	476	649	1044	1360	1360	1380	2176	2800	3418	4706	6403	6671	6559	6373	5880
甘肃	79	92	127	174	180	235	312	439	615	784	909	1043	1376	1015	1595	837	846	899
青海	29	32	42	59	71	110	112	136	149	222	331	375	506	591	856	1075	895	909
宁夏	62	66	89	94	115	123	156	195	207	307	408	423	528	646	523	584	511	486
新疆	177	172	161	189	242	331	349	410	675	941	1402	1474	1991	2745	1493	1579	1938	2238

附表 27　2004—2021 年各省生态投入资金利用率　（%）

地区＼年份	2004	2005	2006	2007	2008	2009	2010	2011	2012	2013	2014	2015	2016	2017	2018	2019	2020	2021
全国	11.53	11.47	11.34	11.37	12.00	12.44	14.16	11.66	11.68	12.21	12.59	13.24	14.62	16.14	15.75	15.64	15.31	14.35
北京	9.69	10.99	14.63	13.18	12.85	14.66	13.55	14.01	16.21	16.76	20.40	18.09	23.17	23.56	23.59	22.77	20.37	14.66
天津	19.21	18.53	15.47	12.80	17.64	17.77	15.93	14.73	14.81	16.16	15.11	16.92	16.12	18.01	9.84	11.20	10.80	10.10
河北	9.56	9.43	8.13	9.03	9.42	12.86	12.96	11.56	9.91	10.18	10.54	10.66	11.80	14.89	14.09	15.93	16.97	16.62
山西	10.14	9.43	11.57	13.72	16.14	15.09	13.75	12.34	13.83	16.11	15.24	14.70	18.66	20.34	20.83	22.31	17.04	13.93
内蒙古	12.75	12.77	11.95	12.25	12.61	12.38	11.97	13.68	13.85	13.93	16.41	19.17	22.47	25.18	20.44	17.50	20.16	14.22
辽宁	11.89	11.44	10.24	10.39	9.78	10.37	11.21	11.62	12.03	11.60	12.68	15.38	12.43	12.26	10.18	9.80	10.02	9.73
吉林	10.97	11.43	13.61	11.05	11.16	11.24	9.91	9.09	10.97	11.50	10.57	10.22	10.98	12.22	11.63	13.05	15.14	13.91
黑龙江	11.46	10.37	10.10	11.03	11.42	11.09	12.52	10.48	12.36	13.16	13.53	13.55	12.80	12.58	12.25	15.82	19.41	21.23
上海	10.20	12.08	11.05	11.71	16.64	17.69	13.18	12.42	11.31	12.61	14.48	13.64	13.42	17.58	14.12	14.92	16.28	13.54
江苏	12.30	11.71	11.16	10.22	9.85	10.76	10.86	10.26	10.09	11.30	12.67	12.51	11.54	12.23	11.97	11.42	11.60	11.38
浙江	12.26	11.05	10.91	10.80	15.54	11.95	12.23	11.08	10.90	11.51	12.30	14.12	17.75	17.40	17.02	16.62	16.02	14.42
安徽	10.77	12.61	11.66	12.24	12.65	12.41	11.18	9.94	12.01	12.59	12.25	11.75	13.38	14.72	13.98	14.57	14.63	14.27
福建	8.82	11.39	11.04	11.40	10.73	12.25	11.11	11.05	11.17	11.57	11.76	14.66	17.42	18.78	17.76	15.85	15.67	15.24
江西	11.38	13.26	13.33	12.27	10.29	11.07	12.49	11.66	11.63	10.97	12.23	12.22	13.20	14.26	15.49	15.47	14.19	13.34
山东	9.46	7.65	7.38	7.48	9.81	10.34	8.96	8.90	9.05	9.91	9.32	9.05	9.68	10.88	11.23	11.18	11.67	10.44

续表

地区＼年份	2004	2005	2006	2007	2008	2009	2010	2011	2012	2013	2014	2015	2016	2017	2018	2019	2020	2021
河南	9.64	9.51	9.02	8.53	7.91	8.79	9.63	9.03	8.89	8.60	9.04	9.74	11.31	13.96	15.36	16.67	15.01	14.55
湖北	9.54	11.59	11.42	12.48	12.30	13.77	13.67	12.20	10.97	10.70	10.63	12.26	15.11	16.13	16.13	17.22	15.32	13.50
湖南	10.54	10.31	10.63	11.40	11.92	13.85	13.30	11.93	12.72	14.01	14.78	17.55	18.58	19.58	16.78	15.34	15.39	14.65
广东	9.15	10.48	10.92	10.51	10.47	13.55	23.65	13.56	11.56	11.37	10.61	10.91	11.28	12.33	13.13	15.45	15.88	12.82
广西	13.50	15.41	12.13	12.78	12.77	14.84	16.08	14.94	13.14	13.34	13.21	14.31	13.91	14.34	13.31	11.33	11.43	9.07
海南	10.62	8.84	9.36	13.78	13.02	11.19	11.74	10.04	10.74	9.18	8.25	8.91	13.03	14.09	14.95	24.68	18.32	14.06
重庆	18.15	15.62	17.03	16.50	15.56	14.35	15.55	15.39	13.67	12.90	13.30	15.65	19.66	21.24	22.34	19.84	19.33	20.94
四川	17.91	17.69	18.31	15.96	16.34	14.47	13.60	11.88	12.84	13.84	14.09	14.90	15.76	16.91	17.79	17.19	16.85	15.62
贵州	12.29	10.44	10.86	11.46	11.21	13.20	14.48	18.35	21.44	23.63	25.39	24.14	24.57	26.09	24.04	20.90	16.63	14.84
云南	11.86	10.56	11.45	10.49	13.32	15.77	15.25	11.85	13.68	12.14	12.66	13.36	14.57	17.91	17.18	14.31	15.11	17.31
西藏	10.07	6.64	6.43	5.47	7.46	8.67	8.50	17.19	11.63	15.74	12.26	16.98	15.54	17.99	15.44	13.98	16.10	19.14
陕西	15.83	17.31	14.90	13.95	14.07	16.71	17.08	14.42	11.46	14.62	16.29	18.39	22.60	26.88	25.38	24.34	22.72	21.61
甘肃	10.72	10.61	12.40	13.35	10.48	9.94	9.89	11.07	11.94	12.02	11.52	11.91	14.24	17.42	28.48	14.03	13.16	12.58
青海	10.04	9.78	10.31	12.24	12.09	13.77	11.03	9.49	7.93	9.40	11.57	11.68	14.35	15.21	20.56	24.58	23.31	24.37
宁夏	16.58	14.88	17.87	15.70	13.84	11.47	10.80	11.83	9.88	11.58	12.84	12.07	13.91	17.33	17.13	21.35	17.95	16.70
新疆	15.43	12.85	10.29	10.22	10.70	12.13	10.20	8.85	10.95	12.18	14.84	13.64	19.35	22.70	16.51	17.03	17.98	18.06

附表 28　　2004—2021 年各省突发环境事件次数　　（次）

地区＼年份	2004	2005	2006	2007	2008	2009	2010	2011	2012	2013	2014	2015	2016	2017	2018	2019	2020	2021
全国	1441	1406	842	462	474	418	420	542	542	712	471	334	304	302	286	261	208	199
北京	0	0	1	5	37	31	30	36	21	16	11	15	13	11	29	17	8	2
天津	1	3	0	1	0	0	0	1	5	0	1	1	0	0	2	2	1	0
河北	5	9	9	4	10	4	7	16	10	3	2	6	1	2	6	4	2	0
山西	16	4	2	5	5	4	9	11		13	6	3	13	19	12	15	17	24
内蒙古	11	7	1	4	5	5	5	14	10	4	2	0	0	1	1	2	2	6
辽宁	19	26	26	16	2	6	10	2	15	12	4	13	10	15	10	10	5	4
吉林	1	2	3	2	10	0	3	2	1	1	1	0	3	0	4	0	0	2
黑龙江	57	4	2	4	6	0	0	5	0	0	0	0	3	0	0	0	1	3
上海	7	9	36	27	86	118	161	197	192	251	108	10	3	0	1	0	0	1
江苏	50	27	18	21	11	10	7	27	77	125	70	27	13	8	5	9	12	12
浙江	80	65	59	36	64	50	35	31	23	26	27	22	16	13	11	10	10	6
安徽	55	28	21	15	16	22	30	12	20	6	9	8	3	4	4	6	10	2
福建	7	15	12	6	1	6	4	8	4	13	20	19	11	15	11	9	6	4
江西	55	40	35	21	19	6	9	8	1	5	6	7	7	6	4	8	5	3
山东	88	44	14	17	10	19	0	8	3	5	6	10	7	8	1	8	3	3

续表

地区\年份	2004	2005	2006	2007	2008	2009	2010	2011	2012	2013	2014	2015	2016	2017	2018	2019	2020	2021
河南	19	14	7	8	12	10	18	25	14	17	6	10	4	5	12	10	5	13
湖北	63	38	81	13	33	11	27	7	4	7	5	10	37	18	17	19	9	21
湖南	235	202	145	41	6	0	1	9	3	3	2	16	8	15	16	25	7	3
广东	42	31	20	21	4	10	2	26	23	5	23	29	24	48	37	26	24	24
广西	218	215	89	64	39	11	4	31	20	16	8	7	8	8	10	4	3	8
海南	10	14	3	2	0	7	0	1	2	4	3	2	4	4	1	0	1	2
重庆	4	8	10	8	21	33	23	18	25	11	16	9	11	12	7	3	8	5
四川	81	238	7	33	2	0	1	25	16	14	7	14	20	16	20	25	17	8
贵州	43	28	23	13	10	4	5	7	4	9	3	9	12	11	8	8	11	4
云南	124	159	101	23	4	3	0	1	1	2	3	4	1	4	0	0	3	5
西藏	1	0	0	1	0	0	0	0	0	0	0	4	0	0	0	0	0	0
陕西	41	27	42	21	15	10	9	2	23	118	82	58	45	32	27	26	10	9
甘肃	89	135	72	23	37	36	10	4	8	11	22	12	9	5	5	4	5	5
青海	3	2	1	2	2	2	1	1	4	2	6	3	3	3	1	2	0	5
宁夏	3	7	0	1	1	0	3	1	0	3	7	2	4	11	23	5	12	9
新疆	13	5	2	4	6	0	6	6	13	10	5	4	11	8	1	4	11	7

参考文献

［1］何立峰．高质量发展是全面建设社会主义现代化国家的首要任务（认真学习宣传贯彻党的二十大精神）［N］．人民日报，2022－11－14.

［2］孙金龙．促进人与自然和谐共生（认真学习宣传贯彻党的二十大精神）［EB/OL］．2023－01－10．http：//gd.people.com.cn/n2/2023/0110/c123932－40260601.html.

［3］孙金龙．深入学习贯彻习近平生态文明思想 努力建设人与自然和谐共生的现代化．［EB/OL］．2022－12－28．https：//shj.xining.gov.cn/xw[illegible]/hjxw/202212/t20221228_120279.html.

［4］刘煜，朱成全．回到马克思：生态经济学的偏废与重塑［J］．经济学家，2022（3）：13－24.

［5］陈云．生态经济学对新古典环境经济学的批判性思考及启示——兼论构建新时代生态经济学话语体系［J］．国外社会科学，2022（2）：166－17[illegible]，200－201.

［6］郭莉，郭亚军．区域生态经济评价模型及实证研究［J］．技术经济，2006（8）：124－128.

［7］陈自芳．区域经济学新论［M］．北京：中国财政经济出版社，20[illegible].

［8］于法稳．新发展阶段中国生态经济学的历史责任［J］．城市与环境研究，2021（4）：7－11.

［9］高红贵，李攀．新时代生态经济学的一个重大理论问题——生态经济融合发展论［J］．贵州社会科学，2019（6）：108－114.

[10] Spash C L. A Tale of Three Paradigms: Realising the Revolutionary Potential of Ecological Economics [J]. Ecological Economics, 2020, 169: 106518.

[11] Rees W E. Ecological Economics for Humanity's Plague Phase [J]. Ecological Economics, 2020, 169: 106519.

[12] Bruel A, Kronenberg J, Troussier N, et al. Linking Industrial Ecology and Ecological Economics: A Theoretical and Empirical Foundation for the Circular Economy [J]. Journal of Industrial Ecology, 2019, 23 (1): 12 -21.

[13] LIU Yan - bing, KONG Ling - qiao, LU Fei, OUYANG Zhi - yun. Evaluation of ecological - economic - social synergy in urban area of China [J]. Chinese Journal of Applied Ecology, 2022, 33 (10) : 2822 -2828.

[14] Cui W, Yingyan Z, Conghu L, et al. Emergy - based Assessment and Suggestions for Sustainable Development of Regional Ecological Economy: A Case Study of Anhui Province, China [J]. Sustainability, 2021, 13 (5): 2988. https: //doi. org/10. 3390/su13052988.

[15] 陈燕丽. 基于熵值法研究区域生态经济发展状况评价 [J]. 重庆理工大学学报（自然科学）, 2020, 34 (8): 232 -237.

[16] 任腾, 李姝萱, 许洪波, 等. 生态优先视角下区域生态经济系统效率评价 [J]. 中南林业科技大学学报（社会科学版）, 2020, 14 (3): 29 -37.

[17] 郝寿义. 区域经济学原理 [M]. 上海: 格致出版社, 2016.

[18] 金碚, 陈耀, 陆根尧. 中国区域经济学前沿 (2014—2015): 全面深化改革背景下的中国区域发 [M]. 北京: 经济管理出版社, 2015.

[19] Takenaka T, Kushida T, Nishino N, et al. Equilibrium Analysis of Service Ecosystems for Labor - intensive Services Using Multi - agent Simulation [J]. International Journal of Automation Technology, 2018, 12 (4): 459 -468.

[20] 胡振华, 刘景月, 钟美瑞, 等. 基于演化博弈的跨界流域生态补偿利益均衡分析——以漓江流域为例 [J]. 经济地理, 2016, 36 (6): 42 -49.

[21] 柯文岚，沙景华，闫晶晶．基于系统动力学的鄂尔多斯市生态经济系统均衡发展研究［J］．资源与产业，2013（5）：19－26.

[22] 于沛永．基于因子分析的全国地区生态经济发展质量研究［J］．中国商论，2021（12）：176－178.

[23] Song M，Xie Q. Evaluation of Urban Competitiveness of the Huaihe River Eco－economic Belt Based on Dynamic Factor Analysis［J］. Computational Economics，2021，58（3）：19－26.

[24] 清福华．产业系统经济与生态经济动态变化分析——基于动态因子分析模型［J］．郑州航空工业管理学院学报，2017，35（2）：32－41.

[25] 杨青，张彩彩．基于因子分析的陕西省生态经济效益评价［J］．科技管理研究，2015（2）：36－39.

[26] 陈傲．中国区域生态效率评价及影响因素实证分析——以2000—2006年省际数据为例［J］．中国管理科学，2008，16（S1）：566－570.

[27] Ren T，Zhou Z，Li S，et al. Evaluation of the Efficiency of Regional Ecological Economic System Based on the Matrix Network Dea Model of the Global Framework［J］. International Journal of Applied Decision Sciences，2022，15（3）：336－364.

[28] 张馨文，段思雨．基于DEA模型的吉林省生态经济效率研究［J］．现代营销（下旬刊），2020（10）：170－171.

[29] 赵银兵，王娜，张婷婷，等．基于DEA－Malmquist的四川省生态经济效率评价［J］．国土资源科技管理，2018，35（5）：15－24.

[30] 钟方雷，杨肖，郭爱君．基于LCA和DEA法相结合的干旱区绿洲农业生态经济效率研究——以张掖市制种玉米为例［J］．生态经济，2017，33（11）：122－127.

[31] 廖冰，张智光．生态脆弱的经济贫困地区经济林生态经济效率的DEA－Tobit模型研究——以赣南原中央苏区为例［J］．农林经济管理学报，2016，15（2）：179－189.

[32] 周洋，宗科，侯淑婧．区域生态效率评价及空间相关性分

析——以山东省为例［J］. 学术论坛，2016，39（10）：78－81.

［33］刘丙泉，李雷鸣. 基于数据包络分析的区域生态效率评价研究——山东省的实证分析［J］. 节能技术，2010（6）：551－556.

［34］Yifang S，Ninglian W. Sustainable Evaluation of the Eco－economic Systems in the π－shaped Curve Area of the Yellow River Basin of China：A Study Based on the 3d Ecological Footprint Model.［J］. Environmental Science and Pollution Research International，2022，29（50）：75921－75935.

［35］唐廉，权冠中，胡晓辉，等. 基于能值生态足迹的贵州省生态经济系统的可持续性发展［J］. 贵州农业科学，2017（4）：150－156.

［36］葛鹏飞. 中国生态经济系统生态足迹计算［J］. 环境研究与监测，2015（3）：7－14.

［37］周韫力. 鄱阳湖生态经济生态效率研究［D］. 东华理工大学，2014.

［38］赵先贵，韦良焕，马彩虹，等. 西安市生态足迹与生态安全的动态研究［J］. 干旱区资源与环境，2007（1）：1－5.

［39］朱晴艳，田启波. 人工智能、绿色技术创新与生态经济体系建设［J］. 经济视角，2020（1）：1－7.

［40］A. SA，N. LT，Anastasia K，et al. Fight Against Climate Change and Sustainable Development Based on Ecological Economy and Management in the Ai Era［J］. Frontiers in Environmental Science，2022，10：1091149. https：//doi. org/10. 3389/fenvs. 2022. 1091149.

［41］李恩平，郭晋宇. 中国省际全要素能源效率差异的空间统计分析［J］. 统计与决策，2017（6）：123－126.

［42］鲁凤，徐建华. 中国区域经济差异的空间统计分析［J］. 华东师范大学学报（自然科学版），2007（2）：44－51，80.

［43］Páez A，Scott D M. Spatial Statistics for Urban Analysis：A Review of Techniques with Examples［J］. Geojournal，2005（1）：53－67.

［44］陈艺华，陈振杰，李飞雪，等. 融合空间统计特征的长三角生态空间供需平衡研究［J］. 地域研究与开发，2022，41（1）：13－19.

[45] 罗雨森，路正南，赵喜仓．中国省域知识产权资源水平评价及空间统计分析［J］．统计与决策，2020，36（1）：62－66.

[46] 何莉．中国对外贸易发展省际差异的空间统计分析［J］．统计与决策，2019，35（18）：125－129.

[47] 孙智君，张雅晴．中国高技术制造业集聚水平的时空演变特征——基于空间统计标准差椭圆方法的实证研究［J］．科技进步与对策，2018，35（9）：54－58.

[48] 付建辉．基于GIS空间统计的浙江省GDP分析［J］．现代商业，201[illegible]（21）：72－73.

[49] 孙盼盼，戴学锋．中国区域旅游经济差异的空间统计分析［J］．旅游科学，2014（2）：35－48.

[50] 王海军，孔祥冬，张勃．空间统计模型在土地利用与覆被变化模拟与预测中的应用——以Logistic－CA－Markov模型为例［J］．科学技术与工程，2016（15）：139－143.

[51] 马子量．西北地区产业集聚与城市人口集聚：交互协同及地理耦合——基于演化视角的空间统计分析［J］．西南民族大学学报（人文社科版），2016（5）：121－126.

[52] 刘峰，马金辉，宋艳华，等．基于空间统计分析与GIS的人口空间分布模式研究——以甘肃省天水市为例［J］．地理与地理信息科学，20[illegible]（6）：18－21.

[53] 白永亮，郭珊，孙涵．大气污染的空间关联与区域间防控协作——基于全国288个地市工业SO_2污染数据的空间统计分析［J］．中国地质大学学报（社会科学版），2016（3）：63－72.

[54] 罗畏，邹峥嵘．空间统计分析的环境质量评价应用［J］．测绘科学，2012，37（4）：32－34，60.

[55] 翁钢民，李凌雁．基于空间统计分析的我国旅游业与生态环境协调发展研究［J］．生态经济，2015（10）：90－94.

[56] 卢小兰．中国省域资源环境承载力评价及空间统计分析［J］．统计与决策，2014（7）：116－120.

[57] 肖巧俐，王跃．中国区域经济空间俱乐部收敛与增长影响因素[J]．中南民族大学学报（人文社会科学版），2023，43（2）：117－126，186.

[58] 胡可欣，孙向伟，李沣航．中国区域经济趋同的空间异质性研究——来自空间杜宾分位数面板回归的证据[J]．经济理论与经济管理，2023，43（1）：14－29.

[59] 王逸初，周新苗，吴晓峰．交通基础设施对区域经济增长空间溢出效应研究[J]．价格理论与实践，2022（6）：12－17.

[60] 仲深，杜磊．金融集聚对区域经济增长的影响研究——基于空间面板数据的计量经济分析[J]．工业技术经济，2018，37（4）：62－69.

[61] 吕海萍，池仁勇，化祥雨．创新资源协同空间联系与区域经济增长——基于中国省域数据的实证分析[J]．地理科学，2017（11）：1649－1658.

[62] 郭先登．大国区域经济发展空间新格局下城市群基本发展样态与趋势研究[J]．经济与管理评论，2017（5）：136－145.

[63] 邓淑芬，江涛涛．服务业集聚与区域经济空间协调适配效率测度方法[J]．统计与决策，2018（13）：25－29.

[64] 潘文卿．中国区域经济发展：基于空间溢出效应的分析[J]．世界经济，2015，38（7）：120－142.

[65] 龚双辉．空间统计分析及在区域经济中的应用[D]．华中科技大学，2007.

[66] 赵晓光，田博林．黑龙江省国有林区经济差异的空间统计分析[J]．林业经济问题，2016（3）：203－208.

[67] 陈鹏，马仁锋，杨晓平，等．浙江沿海县域经济增长分异的空间统计[J]．世界科技研究与发展，2016（3）：712－717.

[68] 王雪青，陈媛，刘炳胜．中国区域房地产经济发展水平空间统计分析——全局 Moran's I、Moran 散点图与 LISA 集聚图的组合研究[J]．数理统计与管理，2014（1）：59－71.

[69] 黄飞飞，张小林，余华，等．基于空间自相关的江苏省县域经

济实力空间差异研究 [J]. 人文地理, 2009 (2): 84 -89.

[70] 杨振山, 蔡建明. 空间统计学进展及其在经济地理研究中的应用 [J]. 地理科学进展, 2010 (6): 757 -768.

[71] Griffith, D. A., Paelinck, J. H. P. (2018). The Spatial Weights Matrix and ESF. In: Morphisms for Quantitative Spatial Analysis. Advanced Studies in Theoretical and Applied Econometrics, vol 51. Springer, Cham. https://doi.org/10.1007/978 -3 -319 -72553 -6_5.

[72] 张燕文. 基于空间聚类的区域经济差异分析方法 [J]. 经济地理, 2006 (4).

[73] 王远飞, 何洪林. 空间数据分析方法 [J]. 空间数据分析方法, 2007 (2): 45 -50, 55.

[74] 夏伦. 基于非参数空间权重矩阵的空间杜宾模型及应用 [J]. 统计与决策, 2021, 37 (23): 10 -15.

[75] 庞宁, 张继福, 秦啸. 一种基于多属性权重的分类数据子空间聚类算法 [J]. 自动化学报, 2018, 44 (3): 517 -532.

[76] 张可云, 王裕瑾, 王婧. 空间权重矩阵的设定方法研究 [J]. 区域经济评论, 2017 (1): 19 -25.

[77] 王守坤. 空间计量模型中权重矩阵的类型与选择 [J]. 经济数学, 2013 (3): 57 -63.

[78] 李婧, 谭清美, 白俊红. 中国区域创新生产的空间计量分析——基于静态与动态空间面板模型的实证研究 [J]. 管理世界, 2010 (7): 43 -55, 65.

[79] 王美今, 林建浩, 余壮雄. 中国地方政府财政竞争行为特性识别: "兄弟竞争"与"父子争议"是否并存? [J]. 管理世界, 2010 (3): 22 -31, 187 -188.

[80] 潘文卿. 中国的区域关联与经济增长的空间溢出效应 [J]. 经济研究, 2012 (1): 54 -65.

[81] 朱平芳, 张征宇, 姜国麟. FDI与环境规制: 基于地方分权视角的实证研究 [J]. 经济研究, 2011 (6): 133 -145.

［82］莫国莉，张卫国，刘勇军．变权空间权重构造及空间效应分析［J］．系统管理学报，2018（2）：219－229．

［83］黄精，张辉国，胡锡健．一种新的空间权重矩阵构造及其应用［J］．统计与决策，2017（21）：75－78．

［84］黄飞，曹文明．空间权重矩阵选择对长三角区域创新空间集聚测度结果的影响研究［J］．南华大学学报（社会科学版），2017（4）：51－57．

［85］周四军，李丹玉，廖芳芳．基于不同权重矩阵的我国能源效率空间效应研究［J］．工业技术经济，2017（5）：131－139．

［86］任英华，沈凯娇，游万海．不同空间权重矩阵下文化产业集聚机制和溢出效应——基于2004—2011年省际面板数据的实证［J］．统计与信息论坛，2015（2）：82－87．

［87］王书华．区域生态经济：理论、方法与实践［M］．北京：中国发展出版社，2008．

［88］沈满洪．生态经济学的定义、范畴与规律［J］．生态经济，2009（1）：42－47，182．

［89］李周．中国生态经济理论与实践的进展［J］．江西社会科学，2008（6）：7－12．

［90］刘秀丽，郭妍杉．“双碳”背景下矿区生态效率评价——以山西为例［J］．经济问题，2022（6）：123－129．

［91］盖美，聂晨．环渤海地区生态效率评价及空间演化规律［J］．自然资源学报，2019，34（1）：104－115．

［92］林文凯，林壁属．区域旅游产业生态效率评价及其空间差异研究——以江西省为例［J］．华东经济管理，2018，32（6）：19－25．

［93］曾鹏，朱玉鑫．中国十大城市群生态发展状况比较研究［J］．地域研究与开发，2013（1）：45－51．

［94］Caneghem J V，Block C，Hooste H V，et al. Eco－efficiency Trends of the Flemish Industry：Decoupling of Environmental Impact From Economic Growth［J］. Journal of Cleaner Production，2010（14）：1349－1357.

[95] 杨亦民，王梓龙．湖南工业生态效率评价及影响因素实证分析——基于 DEA 方法 [J]．经济地理，2017，37 (10)：151－156，196.

[96] Kortelainen M. Dynamic Environmental Performance Analysis：A Malmquist Index Approach [J]. Ecological Economics，2008 (4)：701－715.

[97] 杨斌．2000—2006 年中国区域生态效率研究——基于 DEA 方法的实证分析 [J]．经济地理，2009 (7)：1197－1202.

[98] 付丽娜，陈晓红，冷智花．基于超效率 DEA 模型的城市群生态效率研究——以长株潭“3＋5”城市群为例 [J]．中国人口·资源与环境，2013 (4)：169－175.

[99] 吴小庆，王远，刘宁，等．基于物质流分析的江苏省区域生态效率评价 [J]．长江流域资源与环境，2009 (10)：890.

[100] 马妍，朱晓东，李杨帆．Rees－Wackernagel 生态足迹模型的改进及其应用 [J]．环境保护科学，2007 (5)：36－39，49.

[101] 张茹倩，李鹏辉，沈镭，等．生态足迹视角下的陕西省土地资源资产核算研究 [J]．干旱区资源与环境，2022，36 (4)：47－55.

[102] 刘家旗，茹少峰．基于生态足迹理论的黄河流域可持续发展研究 [J]．改革，2020 (9)：139－148.

[103] 王丽萍，夏文静．基于生态足迹理论的中部六省可持续发展评价研究 [J]．环境保护，2018，46 (10)：38－43.

[104] 史丹，王俊杰．基于生态足迹的中国生态压力与生态效率测度与评价 [J]．中国工业经济，2016 (5)：5－21.

[105] 焦雯珺，闵庆文，李文华，等．基于生态系统服务的生态足迹模型构建与应用 [J]．资源科学，2014 (11)：2392－2400.

[106] 周静，管卫华．基于生态足迹方法的南京可持续发展研究 [J]．生态学报，2012 (20)：6471－6480.

[107] 吴文彬．生态足迹研究文献综述 [J]．合作经济与科技，2014 (1)：11－15.

[108] 刘薇．区域生态经济理论研究进展综述 [J]．北京林业大学学报（社会科学版），2009，8 (3)：142－147.

[109] 倪瑛，王伟．基于能值分析的生态足迹模型改进及应用——以我国西南地区为例 [J]．云南财经大学学报，2013，29 (2)：129－135.

[110] 赵淑娟，谢立红，宗鸣春，等．黑龙江省生态足迹分析 [J]．国土与自然资源研究，2008 (1)：30－31.

[111] 陈春锋，王宏燕，肖笃宁，等．基于传统生态足迹方法和能值生态足迹方法的黑龙江省可持续发展状态比较 [J]．应用生态学报，2008 (11)：2544－2549.

[112] 王景伟，韩毅强，王海泽．基于能值分析理论的黑龙江省2000～2007年生态足迹模型研究 [J]．安徽农业科学，2010 (15)：8122－8124.

[113] 曹威威，孙才志．能值生态足迹模型的改进——以海南为例 [J]．生态学报，2018 (1)：216－227.

[114] 杨德伟，陈治谏，倪华勇，等．基于能值分析的四川省生态经济系统可持续性评估 [J]．长江流域资源与环境，2006 (3)：303－309.

[115] 韩增林，胡伟，钟敬秋，等．基于能值分析的中国海洋生态经济可持续发展评价 [J]．生态学报，2017 (8)：2563－2574.

[116] 巩芳，庞雪倩．基于能值理论的内蒙古农业生态系统可持续发展评价研究 [J]．内蒙古统计，2018 (6)：25－28.

[117] 秦伟山，张义丰，袁境．生态文明城市评价指标体系与水平测度 [J]．资源科学，2013 (8)：1677－1684.

[118] 李崇勇，陈森林，范源．区域生态经济系统可持续发展评价指标体系研究 [J]．中国农村水利水电，2007 (4)：1－4，8.

[119] 周慧杰，周兴，吴良林，等．区域生态经济建设指标体系设计与实证 [J]．安徽农业科学，2007 (26)：8386－8389.

[120] 贾毅竹，胡艳，孙世军．基于综合生态评价指标体系的城市生态效益研究 [J]．科学技术与工程，2010 (33)：8191－8195.

[121] 黄和平，彭小琳，孔凡斌，等．鄱阳湖生态经济区生态经济指数评价 [J]．生态学报，2014 (11)：3107－3114.

[122] 任腾，陈晓春．基于 DEAHP 模型的区域生态经济系统可持续

发展评价［J］. 湖南大学学报（自然科学版），2015，42（3）：132－139.

［123］Sands G R，Podmore T H. A Generalized Environmental Sustainability Index for Agricultural Systems.［J］. Agriculture Ecosystems & Environment，2000（1）：29－41.

［124］Siche J R，Agostinho F，Ortega E，et al. Sustainability of Nations By Indices：Comparative Study Between Environmental Sustainability Index，Ecological Footprint and the Emergy Performance Indices［J］. Ecological Economics，2008（4）：628－637.

［125］Färe R，Grosskopf S，Hernandez－sancho F. Environmental Performance：an Index Number Approach［J］. Resource & Energy Economics，2004（4）：343－352.

［126］Perotto E，Canziani R，Marchesi R，et al. Environmental Performance Indicators and Measurement Uncertainty in Ems Context：A Case Study［J］. Journal of Cleaner Production，2008（4）：517－530.

［127］林清秀. 闽江流域生态经济评价及其空间特征研究［D］. 福建农林大学，2012.

［128］叶汤. 鄱阳湖地区生态、经济与金融空间耦合发展仿真研究［D］. 南昌大学，2014.

［129］熊专合，杨德刚，张新焕，等. 新疆生态经济系统可持续发展空间格局［J］. 生态学报，2015（10）：3428－3436.

［130］穆松林. 大都市郊区生态经济发展空间结构研究——以北京山区县域经济为视角［J］. 城市发展研究，2016（6）：98－104，132，2.

［131］洪伟东. 深圳市海洋生态经济发展空间布局研究［D］. 吉林大学，2017.

［132］李智，张小林. 江苏省县域生态经济系统协调度的空间分异及影响因素［J］. 水土保持研究，2017（6）：209－215.

［133］陈水英. 京津冀地区生态经济的协调发展与土地空间演化［J］. 生态经济，2018（3）：107－111.

［134］卢宗亮，王红梅，刘光盛，等. 生态—经济竞合下低效建设用

地再开发空间重构——以湛江市中心城区为例［J］. 中国土地科学，2018（12）：34－41.

［135］程丽. 区域环境经济协调发展的空间评价方法［D］. 天津师范大学，2016.

［136］刘瑞清. 基于区域协调发展的内蒙古城市化和生态环境综合水平测度研究［D］. 内蒙古大学，2016.

［137］任腾. 区域生态经济系统的效率评价研究［D］. 湖南大学，2015.

［138］陈琼. 能源—经济—环境（3E）系统协调度的空间差异性研究［D］. 湖南大学，2012.

［139］邓云君. 长江经济带生态经济发展水平评价与提升路径研究［D］. 长江大学，2018.

［140］蔡冰冰，赵威，李永贺，等. 中国区域创新与区域经济耦合协调度空间格局及影响因素分析［J］. 科技管理研究，2019，39（9）：96－105.

［141］王雯雯，何刚，朱艳娜，等. 区域人口—经济—生态环境耦合协调空间分异规律研究［J］. 安徽农业大学学报（社会科学版），2018（2）：28－33.

［142］谭程程. 黑龙江省生态经济系统能值分析与情景预测［D］. 东北林业大学，2012.

［143］周枭，王建军. 青海省生态经济发展水平空间差异分析［J］. 特区经济，2016（3）：17－22.

［144］洪伟东. 深圳市海洋生态经济发展空间布局研究［D］. 吉林大学，2017.

［145］李文文. 我国产业生态经济系统跨区域协同优化研究［D］. 东南大学，2018.

［146］束慧. 产业生态经济系统的空间均衡分析及布局优化［D］. 东南大学，2016.

［147］陈黎明. 基于绿色全要素生产率的产业生态经济系统优化研究

[D]. 东南大学, 2016.

[148] 叶定超, 许倍慎. 三峡生态经济合作区区域生态空间格局研究 [J]. 农家参谋, 2019 (1): 192, 265.

[149] 陈水英. 京津冀地区生态经济的协调发展与土地空间演化 [J]. 生态经济, 2018 (3): 107 - 111.

[150] 陈韵莹, 何芳. 中俄生态合作的现状及前景分析 [J]. 东北亚经济研究, 2018 (6): 43 - 53.

[151] 朱广芹, 佟光霁. 区域生态合作的演化博弈分析 [J]. 科技进步与对策, 2011, 28 (5): 29 - 34.

[152] 牛文元. 京津冀协同发展 加速雾霾治理的生态合作 [C] // 北京市社科联, 天津市社科联, 河北省社科联. 京津冀协同发展的展望与思考——2014 年京津冀协同发展研讨会论文集. 首都经济贸易大学出版社, 2014: 3.

[153] 张强, 冯悦, 张晋, 等. 生态合作中监管机制与地方政府演化博弈分析 [J]. 环境科学与技术, 2018, 41 (8): 199 - 204.

[154] 孔伟, 任亮, 治丹丹, 等. 京津冀协同发展背景下区域生态补偿机制研究——基于生态资产的视角 [J]. 资源开发与市场, 2019, 35 (1): 57 - 61.

[155] 关博. 生态补偿机制对区域经济发展的影响——以辽宁为例 [J]. 中外企业家, 2019 (7): 107.

[156] 刘薇. 基于京津冀区域生态格局变化的市场化生态补偿机制设计 [J]. 国土资源科技管理, 2018, 35 (2): 11 - 25.

[157] 陈儒, 姜志德. 中国省域低碳农业横向空间生态补偿研究 [J]. 中国人口·资源与环境, 2018, 28 (4): 87 - 97.

[158] 徐旭, 钟昌标, 李冲. 区域差异视角下森林生态补偿效果与影响因素研究 [J]. 软科学, 2018, 32 (7): 107 - 112.

[159] 刘志霞. 区域生态补偿模式下贫困乡村的旅游发展策略 [J]. 农业经济, 2017 (11): 41 - 43.

[160] 李晓燕. 关于区域耕地生态补偿标准探究——基于生态价值量

和支付能力视角 [J]. 价格理论与实践, 2016 (12): 188 - 191.

[161] 王德凡. 基于区域生态补偿机制的横向转移支付制度理论与对策研究 [J]. 华东经济管理, 2018, 32 (1): 62 - 68.

[162] 杜林远, 高红贵. 生态补偿标准空间差异与影响因素分析 [J]. 统计与决策, 2017 (1): 169 - 172.

[163] 边玉花, 解学竟, 张瑞. 基于会计体系对京张区域生态补偿标准的研究 [J]. 农业经济问题, 2016, 37 (4): 87 - 93, 112.

[164] 张跃胜. 基于区域分工与合作的生态补偿机制设计 [J]. 河南师范大学学报 (哲学社会科学版), 2016, 43 (3): 67 - 72.

[165] 谌蓓. 生态经济视角下企业环境信息披露的影响因素研究 [D]. 湖南师范大学, 2012.

[166] 李英姿. 生态经济与循环经济 [J]. 求索, 2007 (5): 71 - 73.

[167] 王贵珍. 基于生态—经济效益的家庭牧场管理模型研发 [D]. 甘肃农业大学, 2016.

[168] 李彦龙. 哲学视野中的生态经济 [D]. 中共中央党校, 2004.

[169] 封新林. 安徽省生态经济可持续发展评价指标体系与方法的研究 [D]. 安徽农业大学, 2005.

[170] 肖默. 长株潭地区林业生态圈与生态经济协调发展研究 [D]. 中南林业科技大学, 2007.

[171] 刘贵富. 传统经济生态经济循环经济的比较研究 [J]. 工业技术经济, 2005 (2): 10 - 12.

[172] 陈其伟. 大型水电项目开发效率提升研究 [D]. 武汉大学, 2014.

[173] 许涤新. 马克思与生态经济学——纪念马克思逝世一百周年 [J]. 社会科学战线, 1983 (3): 50 - 58.

[174] 于光远. 对生态研究的一些看法 [J]. 青海社会科学, 1983 (5): 3 - 12.

[175] 马传栋. 论生态效益和经济效益的价值论基础 [J]. 东岳论

丛，1986 (3)：13 - 21.

[176] 王梦奎．关于统筹城乡发展和统筹区域发展 [J]．管理世界，2004 (4)：1 - 8，29.

[177] 李小文，曹春香，常超一．地理学第一定律与时空邻近度的提出 [J]．自然杂志，2007 (2)：69 - 71.

[178] 胡圣武，王宏涛．空间关系的研究进展 [J]．测绘科学，2007 (1)：153 - 156，159，166.

[179] 戴俊生．塔里木河流域综合治理工程生态经济效益评价 [D]．新疆农业大学，2015.

[180] 林刚．洛川县苹果产业生态经济效益分析与综合评价 [D]．西北农林科技大学，2010.

[181] 丁鸿．江苏平原林业发展研究 [D]．南京林业大学，2010.

[182] Cortes C，Vapnik V. Support - vector Networks [J]. Machine Learning，1995 (3)：273 - 297.

[183] 何彬彬，郭达志，方涛．基于空间统计学的空间关联挖掘 [J]．计算机工程，2006 (5)：20 - 22.

[184] 杨璐，高自友．用神经网络进行变量选择 [J]．北方交通大学学报，1999 (3)：57 - 60.

[185] 童春富，陆健健，何文珊，等．湿地功能及生态经济价值评估研究 [J]．生态经济，2002 (11)：31 - 33.

[186] 张秀娟，周立华，陈勇．沙漠化逆转生态经济效益的非市场价值评估——以宁夏盐池县为例 [J]．中国沙漠，2013 (1)：271 - 280.

[187] 李丽，王心源，骆磊，等．生态系统服务价值评估方法综述 [J]．生态学杂志，2018 (4)：1233 - 1245.

[188] 周升起．农产品国际贸易生态经济效益研究 [D]．山东农业大学，2005.

[189] 薛冰，郭斌．西部生态环境治理的成本—收益分析——基于政府职能转变的视角 [J]．上海经济研究，2007 (12)：112 - 114，122.

[190] 罗华，袁中华．西藏生态旅游的成本收益分析 [J]．西藏大学

学报（社会科学版），2011（3）：17－22.

［191］刘通．天山枣业生态健康枣园成本收益调查报告［D］．新疆农业大学，2012.

［192］李逸康，骆新燎，张镡壬，等．南京市生态型和生产型农场成本收益对比［J］．安徽农业科学，2018（8）：208－210.

［193］任春燕．基于层次分析法的纸坊沟流域农业生态经济系统效益评价［J］．水土保持研究，2011（4）：214－217.

［194］李茜，胡昊，李名升，等．中国生态文明综合评价及环境、经济与社会协调发展研究［J］．资源科学，2015（7）：1444－1454.

［195］刘杨．基于 SG－MA－ISPA 模型的区域可持续发展评价研究［D］．重庆大学，2012.

［196］郑辽吉．乡村生态体验旅游开发研究［D］．东北师范大学，2013.

［197］陈英智，周江红．铁岭东沟小流域水土流失综合治理前后生态经济系统评价［J］．水土保持通报，2007（1）：132－134.

［198］金熙．基于价值工程的湘北农村住宅节能设计评价与优化研究［D］．湖南大学，2014.

［199］岳超慧．农业生态经济效益协调发展的定量评价方法［J］．河北农业科学，2007（2）：97－98.

［200］汤薇．生态经济学在主体功能区中的应用研究［D］．东北财经大学，2013.

［201］任春燕，王继军．黄土丘陵区农业生态经济效益评价指标体系的构建［J］．水土保持通报，2009（1）：155－159.

［202］尹科，王如松，周传斌，等．国内外生态效率核算方法及其应用研究述评［J］．生态学报，2012（11）：3595－3605.

［203］侯淑婧，周洋．区域生态经济效益评价指标体系构建研究［J］．中国经贸导刊，2016，829（18）：66－68.

［204］陈军才．主成分与因子分析中指标同趋势化方法探讨［J］．统计与信息论坛，2005（2）：19－23.

[205] 张慧，卢文冰，赵雄文，等．基于最小二乘支持向量机和小波神经网络的电力线通信信道噪声建模研究［J］．电工技术学报，2018（16）：3879－3888.

[206] 何自立，陆梦可，王正中，等．基于相空间重构小波神经网络径流式水电站发电量预测［J］．中国农村水利水电，2017（9）：178－180，190.

[207] 刘经纬，周瑞，赵辉，等．预测小波神经网络智能控制系统仿真研究［J］．系统仿真学报，2018（10）：3770－3780.

[208] 张红英，吴斌．小波神经网络的研究及其展望［J］．西南工学院学报，2002（1）：8－10，15.

[209] 侯霞．小波神经网络若干关键问题研究［D］．南京航空航天大学，2006.

[210] 王鹏．小波神经网络及其在环境系统建模中的应用［D］．哈尔滨工业大学，2007.

[211] 祝伟民．基于小波神经网络的区域景观生态评价研究［D］．南京农业大学，2008.

[212] 姜新华，刘霞，赵杏花．小波神经网络在生态环境敏感性分析中的应用——以呼和浩特市为例［J］．内蒙古农业大学学报（自然科学版），2012（2）：189－192.

[213] 祁亨年．支持向量机及其应用研究综述［J］．计算机工程，2004（10）：6－9.

[214] 李相梅，周敬宣，罗璐琴，等．基于支持向量机的城市生态足迹生态化评价［J］．资源科学，2007（5）：16－21.

[215] 丁世飞，齐丙娟，谭红艳．支持向量机理论与算法研究综述［J］．电子科技大学学报，2011（1）：2－10.

[216] 毕温凯．基于支持向量机的湖泊生态系统健康评价研究［D］．湖南大学，2012.

[217] 徐浩田．基于支持向量机的湿地遥感分类及生态系统健康评价研究［D］．沈阳农业大学，2017.

[218] 张晓光，匡颖芝，耿道华，等. 基于支持向量机的模糊小波神经网络 [J]. 华东理工大学学报（自然科学版），2006（11）：1351－1354，1368.

[219] 江婷，沈振中，徐力群，等. 基于支持向量机—小波神经网络的边坡位移时序预测模型 [J]. 武汉大学学报（工学版），2017（2）：174－181.

[220] 郑国威，王腾军. 基于支持向量机—小波神经网络的 PM_(2.5) 预测模型 [J]. 四川环境，2018（6）：141－144.

[221] 毛睿. 基于小波和 SVM 的人脸识别混合算法的研究 [D]. 江西理工大学，2018.

[222] 李宗利. 耦合视角下的生态产业与旅游产业协调分析——以湖南 2005—2014 年数据为例 [J]. 湖南财政经济学院学报，2015（6）：105－111.

[223] 张德刚，殷允超，周海燕. 生态经济视域下系统服务功能价值评估相关概念综述 [J]. 知识经济，2017（12）：25，27.

[224] 常尚新. 生态—经济协调发展下的乡村空间功能分区研究 [J]. 吉林农业，2017（23）：110.

[225] 王金龙，杨伶，张贵，等. 基于空间网络的湖南“森林生态·经济·社会”复合系统空间格局演变分析 [J]. 林业科学，2018（7）：118－129.

后 记

在新时代的背景下，高质量发展已经成为时代发展的新要求。要实现高质量发展，就必须以生态环境保护为前提和保障，实现经济发展和生态保护的良性循环。我国在国家层面提出了建设美丽中国、绿色发展、生态文明建设等重大战略，强调“绿水青山就是金山银山”，并加强了生态文明建设、生态环境保护等方面的政策制定和实施。同时，乡村振兴战略中也特别强调了生态环境的重要性，提出“生态宜居”是乡村振兴的内在要求之一，鼓励各地探索出适合本地区的生态文明建设和发展道路。在区域层面，各地积极推进生态环境建设，加大生态环境保护投入，推动绿色发展、低碳发展、循环发展等新型发展模式的建设，促进了经济发展和生态保护的有机融合。因此，探讨区域生态经济效益问题也成为一个重要且具有深远意义的课题。本书的研究初衷和目标是建立更科学的区域生态经济效益评价体系，构建更加科学的空间统计方法来分析区域生态经济效益。

针对目前区域生态经济效益评价研究较少的现状，以及常用生态环境质量评价方法存在的局限性，本书构建了一个能够综合反映区域生态经济效益的评价指标体系。该体系能够更全面地反映区域的经济发展、社会人文、自然资源和环境状况等方面的情况，为准确评价区域生态经济效益提供了基础。

鉴于传统空间权重矩阵取值的局限性，本书提出了基于支持向量机（SVM）和小波神经网络（WNN）混合人工智能技术的空间权重矩阵确定方法与实现算法。经过实证分析，研究结果显示，基于混合人工智能技术的空间权重矩阵确定方法，能够更有效地反映空间数据特性，避免“虚假的解释”。同时，该模型也能更全面地评价区域生态经济效益，充分考虑各因素之间的空间分布、相互作用关系和变化机理，真正实现生态效益和经济效益的统一。

在实践应用方面，本书还搜集了我国31个省份18年的统计数据，并进行了实证分析，提出了从区域内部和区域间两个层面提高区域生态经济效益的对策和建议。在区域内部，建议优化产业结构和能源消费结构，促进内部子系统协同发展，加大生态投入等。在区域间，建议实现区域间有效协同和优化，加强区域间生态合作和治理，并建立科学的生态补偿机制等。这些建议和对策希望能为政府决策和政策制定提供有力依据。

生态文明建设是关系中华民族永续发展的根本大计。党的二十大报告强调，尊重自然、顺应自然、保护自然，是全面建设社会主义现代化国家的内在要求。必须牢固树立和践行“绿水青山就是金山银山”的理念，站在人与自然和谐共生的高度谋划发展。生态兴则文明兴，生态衰则文明衰。大自然是包括人在内一切生命的摇篮，是人类赖以生存发展的基本条件。它提供了人类生存之本、生产之基、生活之源。推动绿色发展，促进人与自然和谐共生，要求我们一手抓环境保护治理，一手抓绿色低碳发展，做到“两手抓、两手硬”，实现常抓常新、常态长效。要坚持人与自然和谐共生，贯彻新发展理念，构建新发展格局，实现我国经济社会的绿色低碳可持续发展。

构建绿色低碳产业体系，加快发展方式绿色转型，推动经济社会发展绿色化低碳化；维护生态环境安全，实施生物多样性保护重大工程，提升生态系统多样性、稳定性、持续性，守住自然生态安全边界；健全现代环境治理体系，全面实行排污许可制，加快构建以排污许可制为核心的固定污染源执法监管体系，推动落实企业主体责任；顺应能源革命发展趋势，积极稳妥推进碳达峰碳中和，健全碳排放权市场交易制度，提升生态系统碳汇能力，提升能源系统智能化水平……统筹产业结构调整、污染治理、生态保护、应对气候变化，协同推进降碳、减污、扩绿、增长，努力建设人与自然和谐共生的美丽中国。因此，只有立足中国式现代化和社会主义现代化强国奋斗目标的战略高度，坚持以习近平生态文明思想为指引，以对人民群众、对子孙后代高度负责的态度，大力推动绿色发展，促进人与自然和谐共生，才能真正夯实中华民族永续发展的生态根基。

本书是在国家社会科学基金项目“基于多方法融合空间统计分析的区域生态经济效益评价研究”（13BJY026）的基础上编写而成的。研究团队的艰辛努力和辛勤付出，是研究得以顺利进行的保障，在此对团队成员致以深深的谢意。

最后，衷心感谢支持和帮助我们的各级领导和同事，也感谢各位专家的指点和同行的帮助与鼓励。

周 洋 周伟杰

2023 年 2 月